William W. Menzies y Stanley M. Horton

Doctrinas Bíblicas

Una perspectiva pentecostal

La misión de Editorial Vida es ser la compañía líder en satisfacer las necesidades de las personas con recursos cuyo contenido glorifique al Señor Jesucristo y promueva principios bíblicos.

DOCTRINAS BÍBLICAS: UNA PERSPECTIVA PENTECOSTAL
Edición en español publicada por
Editorial Vida – 1987
Miami, Florida

Rediseñado 2012

© **1987 por Editorial Vida**

Originally published in the USA under the title:
Bible Doctrines: A Pentecostal Perspective
©1993 por Gospel Publishing House

Diseño interior y de cubierta: *Good Idea productions Inc.*

ISBN: 978-0-8297-1853-9

CATEGORÍA: Iglesia cristiana / Crecimiento

IMPRESO EN ESTADOS UNIDOS DE AMÉRICA
PRINTED IN THE UNITED STATES OF AMERICA

12 13 14 15 ❖ 26 25 24 23 22

CONTENIDO

PREFACIO

EL ESTUDIO DE LAS DOCTRINAS BÍBLICAS ES MUY IMPORTANTE, ESPECIALMENTE EN estos días en que está en aumento el número de falsos maestros y falsos profetas. Muchos cristianos son «llevados por doquiera de todo viento de doctrina, por estratagema de hombres que para engañar emplean con astucia las artimañas del error» (Efesios 4:14). Por desdicha, algunos creyentes (quizá sin percatarse de que *doctrina* no es más que otra palabra para referirse a la «enseñanza») objetan el estudio de ella, que es precisamente lo que los propagadores de falsas doctrinas querrían que hiciera una persona. Esto lo convierte a uno en un probable candidato para su «viento de doctrina». Por eso Dios quiere que los cristianos crezcan hasta el punto de conocer las enseñanzas fundamentales de la Biblia. Tal conocimiento los protegerá de los falsos maestros y de las falsas doctrinas.

El libro *Understanding Our Doctrine* [Comprendiendo nuestra doctrina] fue escrito originalmente por el doctor William W. Menzies como una sola unidad en un curso de adiestramiento titulado «Fundamentals for Sunday School Workers» [Fundamentos para los obreros de la Escuela Dominical]. El doctor Menzies, actual presidente del Seminario Teológico del Asia del Pacífico (ex Facultad de Teología Avanzada del Lejano Oriente) en Baguío, República de las Filipinas, me autorizó gentilmente para revisar y ampliar esta excelente obra de uso general.

Los capítulos del libro siguen los dieciséis puntos de la «Declaración de verdades fundamentales», en la forma en que son aceptadas por las Asambleas de Dios. Sin embargo, nuestro propósito no es promover las doctrinas de las Asambleas de Dios, sino exponer las bases bíblicas y las aplicaciones de estas verdades fundamentales. Así pues, este estudio les será provechoso a los que creen en la Biblia, cualquiera que sea su confesión o experiencia. Los cristianos necesitan saber cuál es su posición con respecto a las doctrinas bíblicas.

A los pastores, este libro les será útil en la instrucción a los recién convertidos. A los maestros de la Escuela Dominical les será de ayuda para el trabajo durante el curso o como fundamento de su enseñanza. Y a los alumnos de universidades o seminarios bíblicos les dará una base sólida para seguir otros estudios de teología.

Deseo agradecer al doctor G. Raymond Carlson, superintendente general de las Asambleas de Dios; al Seminario Teológico de las Asambleas de Dios; a la Universidad Bíblica Central; a la División de Misiones Extranjeras de las Asambleas de Dios, y a otros que con su generosidad han hecho posible este proyecto. También doy gracias especialmente a Glen Ellard y a su equipo editorial por el experto servicio que me han prestado.

Para facilitar la lectura, las palabras hebreas, arameas y griegas se han transcrito al alfabeto español.

Se han usado las siguientes abreviaturas:

NVI: Nueva Versión Internacional

RVR: Reina-Valera Revisada, revisión de 1960

Stanley M. Horton, *doctor en teología*
Distinguido profesor emérito
de Sagrada Escritura y teología
del Seminario Teológico
de las Asambleas de Dios

Introducción

L AS ASAMBLEAS DE DIOS SE FORMARON COMO RESULTADO
del avivamiento pentecostal que comenzó a principios
del siglo veinte. Este avivamiento vino como la poderosa
respuesta sobrenatural de Dios al modernismo, el liberalismo religioso contrario a lo sobrenatural que se estaba ex-
tendiendo por las principales confesiones cristianas de los
Estados Unidos y el resto del mundo. Los seminarios donde
se preparaban sus ministros hacían caso omiso de los libros
escritos en defensa de la fe. Se negaba la posibilidad de que
Dios hiciera milagros. Se estaba produciendo un vacío espiritual. Como señala el doctor William Menzies:

> En los años comprendidos entre la Guerra Civil y el fin del siglo die-
> cinueve, los Estados Unidos se hallaban en un estado de agitación
> social y religiosa. La corrupción moral, política y económica incre-
> mentaba la tensión ocasionada por la urbanización, la industria-
> lización y la inmigración. Las grandes confesiones cristianas, que
> habían tenido éxito en la evangelización de la frontera, se habían
> vuelto complacientes, sofisticadas y carecían de visión y vitalidad
> para satisfacer las necesidades cambiantes de un pueblo
> angustiado. Diversos grados de adaptación a las ideas

populares, recientemente traídas de Europa, y que se introdujeron en las iglesias evangélicas ortodoxas, más tarde debilitaron a las grandes confesiones cristianas. Para contrarrestar la erosión producida en el mundo eclesial surgieron los movimientos fundamentalistas y de santidad. Estaba muy ajeno al interés espiritual despertado en este sector de la iglesia que naciera el anhelo de un nuevo Pentecostés. Antes de 1900 hubo manifestaciones carismáticas; pero estas fueron de naturaleza aislada y episódica. Sin embargo, se estaba preparando el escenario para un gran derramamiento del Espíritu Santo que rápidamente inundaría la tierra y traería una gran renovación en los últimos días[1].

El actual movimiento pentecostal tiene su origen en el avivamiento que hubo en el Instituto Bíblico Betel de Topeka, Kansas, y que comenzó el primero de enero de 1901. Los alumnos, luego de estudiar la Biblia, llegaron a la conclusión de que el hablar en lenguas (Hechos 2:4) es la señal inicial y externa del bautismo en el Espíritu Santo. Una de las alumnas, Inés Ozmán, dijo que sentía «como ríos de agua viva que corrían de su interior»[2].

El avivamiento se convirtió en una explosión pentecostal cuando, en 1906, W. J. Seymour consiguió un viejo edificio de dos pisos ubicado en Azusa 312, Los Ángeles, California. Durante unos tres años se realizaron cultos casi de continuo, desde las diez de la mañana hasta la medianoche. Muchos de los que allí recibieron el bautismo en el Espíritu Santo se dispersaron para difundir el mensaje. Se fundaron muchas iglesias pentecostales independientes. Entonces:

Después de comenzar los derramamientos pentecostales, aparecieron numerosas publicaciones que apoyaban sus enseñanzas y servían de medios para difundir informaciones y sostener misioneros en otros países. Una de estas publicaciones, Word and Witness [Palabra y testimonio], editada por Eudorus N. Bell, convocó en 1913 a una conferencia de creyentes pentecostales que se celebraría el año siguiente en Hot Springs, Arkansas. Esta fue la reunión en la que se fundó el Concilio General de las Asambleas de Dios[3].

Se dieron cinco razones fundamentales para convocar al Concilio General que se celebró del 2 al 12 de abril de 1914. Estas fueron: «1) Lograr una mejor comprensión y unidad de la doctrina; 2) saber conservar la obra de Dios en el país y en el extranjero; 3) consultar sobre el resguardo de los fondos destinados a las actividades misioneras; 4) ver las posibilidades de agrupar a las iglesias bajo un nombre legal, y 5) considerar el establecimiento de un instituto de preparación bíblica con una división de literatura»[4]. Votaron más de trescientas personas y eligieron a E. N. Bell como presidente de la nueva confraternidad de las Asambleas de Dios. Luego, en 1916, se confeccionó una «declaración de verdades», redactada principalmente por Daniel Warren Kerr, de Cleveland, Ohio[5], con el siguiente preámbulo:

> Esta declaración de verdades fundamentales no pretende ser un credo para la iglesia ni una base de comunión entre los cristianos, sino solo una base para la unidad del ministerio (es decir, para que todos hablemos una misma cosa. 1 Corintios 1:10, Hechos 2:42). La fraseología empleada en esta declaración no es inspirada ni se pretende que lo sea; pero las verdades presentadas por medio de ella son esenciales para el pleno ministerio del evangelio. No afirmamos que esta declaración contenga todas las verdades de la Biblia, sino solo que abarca las que son imprescindibles para nuestras necesidades actuales[6].

Durante muchos años la declaración original fue muy útil a las Asambleas de Dios. Hubo poco descontento con estos dieciséis puntos[7]. Pero debido a la brevedad con que se expusieron algunas de las doctrinas, se estimó necesario explicar y tratar extensamente algunas de ellas. En 1960, una comisión se abocó a esto, haciendo algunos cambios menores en la redacción y dilucidando algunos puntos oscuros. El trabajo fue aprobado y adoptado por el Concilio General de 1961. El único cambio significativo fue la eliminación de la frase «santificación completa», ya que debido a su ambigüedad diferentes teólogos la entendían de distintas maneras. «La aclaración hecha en 1961 puso énfasis en la creencia de que la justicia otorgada al creyente en la justificación debe manifestarse en una vida de santidad»[8].

Debido a la preocupación por preservar la integridad doctrinal del Movimiento se han escrito algunos artículos que tratan sobre nuestros puntos de vista. De cuando en cuando algunos ministros de las Asambleas de Dios pedían estos artículos a medida que se necesitaba más ayuda para dilucidar diversos asuntos al respecto. La mayoría de ellos fueron redactados por la Comisión de Pureza Doctrinal, comisión permanente designada por el Presbiterio Ejecutivo de las Asambleas de Dios. En diferentes ocasiones, algunos pastores, oficiales de distrito y profesores de las universidades y seminarios bíblicos han prestado sus servicios en esta comisión. Luego de ser aprobados por el Presbiterio Ejecutivo y el Presbiterio General, organismos rectores de las Asambleas de Dios, los artículos fueron impresos. Hasta 1989, todos ellos fueron agrupados y publicados bajo el título *Where We Stand* [Nuestra posición][9]. Sus títulos son los siguientes: 1) «La infalibilidad de las Escrituras»; 2) «¿Pueden los creyentes ser poseídos por demonios?»; 3) «El divorcio y el nuevo matrimonio»; 4) «El ministerio del cuerpo de Cristo»; 5) «La sanidad divina: parte integral del evangelio»; 6) «El discipulado y el movimiento de sumisión»; 7) «La meditación trascendental»; 8) «Diáconos y administradores»; 9) «El castigo eterno»; 10) «El punto de vista de las Asambleas de Dios sobre la ordenación»; 11) «La doctrina de la creación»; 12) «La seguridad del creyente»; 13) «La homosexualidad»; 14) «El arrebatamiento de la iglesia»; 15) «El creyente y la confesión positiva»; 16) «La señal física inicial del bautismo en el Espíritu Santo»; 17) «Una perspectiva bíblica sobre los juegos de azar»; 18) «La abstinencia»; 19) «Una perspectiva bíblica sobre el aborto»; 20) «El reino de Dios según se lo describe en las Sagradas Escrituras». Después de la publicación de *Where We Stand*, se publicó otro artículo intitulado *The Role of Women in Ministry as Described in Holy Scripture* [El papel de las mujeres en el ministerio según se lo describe en las Sagradas Escrituras]. Se escribirán otros más cuando haya necesidad. Ellos constituyen un valioso suplemento para que comprendamos la doctrina y la práctica de las Asambleas de Dios. Cuando se estime necesario, se tratará en este libro parte del material de dichos artículos.

Primera
verdad
fundamental

La regla autoritativa

Las Escrituras, tanto el Antiguo como el Nuevo Testamento, son verbalmente inspiradas por Dios y son la revelación de Dios al hombre, la regla infalible y autoritativa de fe y conducta (1 Tesalonicenses 2:13; 2 Timoteo 3:15-17; 2 Pedro 1:21).

CAPÍTULO 1

LAS ESCRITURAS INSPIRADAS

La regla autoritativa

¿CÓMO PUEDO SABER CUÁL ES LA RELIGIÓN VERDADERA? Esta es una pregunta importante que suelen hacer a menudo. Y bien merece una respuesta, puesto que está en juego el bienestar eterno de uno. Pero el verdadero punto en discusión es la cuestión de la autoridad.

Hay tres clases fundamentales de autoridad religiosa: 1) La razón humana, 2) la iglesia, y 3) la Palabra de Dios. Tal vez la más común hoy día sea la razón humana. No discutiremos el hecho obvio de que los seres humanos estamos equipados con una mente que ha producido un conjunto asombroso de logros admirables, especialmente en el campo de las ciencias. Tampoco descartaremos la necesidad de manejar nuestros asuntos diarios en forma lógica. El proceso mediante el cual podemos tratar nuestros problemas con sentido común se llama racionalización. No es pecado actuar a este nivel. Pero no debemos confundir la racionalización con el racionalismo. Este consiste en la creencia de que la máxima autoridad es la razón humana. Con tiempo suficiente, sostiene el racionalista, el genio humano descubrirá todos los secretos del universo y nos llevará a una vida perfecta, a la paz, la salud, la riqueza y la prosperidad continua.

Una forma de racionalismo es el cientificismo, que cree que la ciencia, con sus métodos y equipamiento moderno, será finalmente capaz de analizar y resolver todos los problemas. Sin embargo, tal punto de vista tiene serias limitaciones. Una de ellas es que no reconoce que la ciencia es incapaz de abordar algunas cosas. Por ejemplo, no puede trabajar directamente con las cualidades del color y el sonido. Se ve en la necesidad de expresarlas en términos cuantitativos. Pero las cualidades no son cantidades. Por eso las personas ciegas de nacimiento pueden comprender toda la ciencia y las cuestiones matemáticas relacionadas con las longitudes de onda de la luz; pero esto no significa que tengan alguna idea de a qué se parece una bella puesta de sol o una rosa roja, o cómo son los exquisitos colores de las alas de una mariposa. Los sordos de nacimiento pueden comprender toda la ciencia y las cuestiones matemáticas relacionadas con las ondas sonoras; pero esto no quiere decir que tengan idea de cómo suena una sinfonía o una congregación de personas que alaban a Dios y glorifican a Jesús en el Espíritu Santo. La ciencia no puede ocuparse de cosas que, como el alma humana, no se pueden pesar ni medir. Tampoco puede ocuparse de acontecimientos singulares. Por consiguiente, no puede ocuparse de los milagros, puesto que cada uno de ellos es una manifestación separada y diferente de la gracia y el poder de Dios y no se lo puede repetir para su análisis en el laboratorio.

En realidad, los que consideran el racionalismo como su autoridad generalmente terminan poniendo su propia razón como autoridad final. Pero, como observó Salomón: «Nada hay nuevo debajo del sol», pues esta misma clase de arrogancia se manifestó en los tiempos antiguos. En Génesis 11 leemos acerca de aquellos que intentaron desafiar a Dios y hacerse un nombre edificando en Babel una ciudad y una torre muy alta. Los racionalistas de todas las épocas son como ellos: ponen su confianza en su propia capacidad de razonar. Además, repetidas veces en los días de los Jueces «cada uno hacía lo que bien le parecía» (Jueces 17:6; 21:25). En los trágicos relatos consignados en este libro se describen vívidamente el caos y la confusión que acarrea la confianza en la razón humana como autoridad final.

Una segunda creencia común es que la iglesia es la autoridad final. Algunos sostienen que Cristo le dio su autoridad a Pedro, y que este les impuso las manos a los obispos que ordenó, dándoles a su vez autoridad para que les impusieran las manos a sus sucesores. Mediante esta «sucesión apostólica», se transmitió la autoridad de Cristo a los doce apóstoles y así sucesivamente a lo largo de los siglos. Por esto, ciertas iglesias se consideran como las únicas representantes autorizadas de Cristo, y de aquí que se crea que sus líderes tienen una autoridad especial para juzgar la verdad.

Este punto de vista de la sucesión apostólica está generalmente relacionado con la afirmación de que el Nuevo Testamento es una obra de la iglesia, lo que le da a esta una especie de prioridad sobre la Biblia. Debe notarse, sin embargo, que la teoría de la sucesión apostólica no apareció sino hasta fines del siglo segundo d.C. Además, el Concilio de Cartago que se celebró en el año 397 d.C. no autorizó la lista de libros del Nuevo Testamento que nosotros aceptamos hoy como canónicos, sino que solo aprobó lo que en general ya se reconocía y usaba en las iglesias de aquellos días. La muerte de Cristo puso en vigor el nuevo pacto (Hebreos 9:15-17). Después de su resurrección, Cristo y el Espíritu Santo fundaron la iglesia. Luego el Espíritu Santo inspiró a los escritores que nos dieron los libros del Nuevo Testamento. En nuestros días, como hay disputas y altercados entre cuerpos eclesiásticos, el corazón inquisitivo desea ardientemente una autoridad mayor que una organización eclesiástica terrenal.

La tercera opción es confiar incondicionalmente en la autoridad de la Palabra de Dios. Este concepto se basa firmemente en la convicción de que Dios, por naturaleza, se revela a sí mismo[1]. Él es un Dios que habla; por lo mismo desea comunicarse con sus criaturas. Hebreos 1:1-2 indica que él tiene estas características: «Dios, habiendo hablado muchas veces y de muchas maneras en otro tiempo a los padres por los profetas, en estos postreros días nos ha hablado por el Hijo».

Dios ha hablado. Su declaración final y más completa, como lo indica el pasaje de Hebreos 1:1-2, se halla en la persona de su Hijo, Jesucristo. A esta manera de hablar, en que lo divino se reviste de un cuerpo humano, la llamamos encarnación. Este es el grado más alto en que Dios puede comunicarse con nosotros, pues es una comunicación de persona a persona. Jesucristo, como nos lo recuerda el primer capítulo del Evangelio de Juan, es «el Verbo», el mensajero y el mensaje de Dios. Ahora bien, así como Cristo es la Palabra viviente, así también la Biblia es la Palabra escrita. Durante la ausencia de Cristo desde el momento de su ascensión hasta su Segunda Venida, la Biblia es la voz autoritativa de Dios, la cual el Espíritu Santo se complace en utilizar para guiar a las personas a Cristo. En Romanos 10:8-15, el apóstol Pablo señala dramáticamente que sin la proclamación de las buenas nuevas, el mensaje bí-

La regla autoritativa

blico, la gente no hallará a Dios. Solo ella nos proporciona el fundamento sobre el cual creemos en nuestro corazón y confesamos que «Jesús es el Señor», trayendo así la salvación.

La revelación de Dios a la humanidad

Si damos por sentado que Dios habla, ¿es la Biblia el único medio por el cual lo hace? Hasta cierto punto, Dios también se da a conocer a todos los hombres: 1) por medio de la creación, y 2) por medio de la conciencia. A esta manera como Dios habla se le llama usualmente revelación general o natural. En los capítulos 1 y 2 de la carta a los romanos se esboza esta forma de expresión que Dios ha empleado. Romanos 1:20 habla del conocimiento de Dios que en todas partes todos los hombres pueden adquirir por su conocimiento de la naturaleza: «Porque las cosas invisibles de él, su eterno poder y deidad, se hacen claramente visibles desde la creación del mundo, siendo entendidas por medio de las cosas hechas, de modo que no tienen excusa». En otras palabras, los hombres deben haber sabido y deben saber, que ningún diosito de hojalata pudo haber hecho el universo. Tampoco pudieron los numerosos dioses paganos, a los que representaron luchando siempre unos contra otros, haber creado la coherencia, el orden y la belleza que hallamos en la naturaleza. Quién podrá negar la inspirada expresión del Salmo 19: «Los cielos cuentan la gloria de Dios, y el firmamento anuncia la obra de sus manos».

La Biblia dice que Dios habla por medio de la conciencia de los hombres: «Porque cuando los gentiles que no tienen ley, hacen por naturaleza lo que es de la ley, éstos, aunque no tengan ley, son ley para sí mismos, mostrando la obra de la ley escrita en sus corazones, dando testimonio su conciencia, y acusándoles o defendiéndoles sus razonamientos» (Romanos 2:14-15). El mismo hecho de que en todas partes los hombres tienen conciencia, o sea, una idea de lo bueno y lo malo según lo que dice la Biblia, muestra que hay una autoridad más allá de los seres humanos y las circunstancias. Hasta las personas que han rechazado la Biblia retienen la conciencia, aunque esta suele actuar basándose en que lo que han llegado a creer que es correcto que hagan.

Dios ha hablado por medio del universo que creó y por medio de la conciencia de los hombres. Sin embargo, la tragedia consignada en Romanos 1 y 2 se debe a que la humanidad, pese a tener una vislumbre de la luz disponible en el universo, ha maldecido a Dios y se ha rebelado contra él. Aun así, hay bastante luz para que nadie pueda afirmar que Dios ha sido injusto. El resultado es que los hombres, al rechazar voluntariamente la luz de la revelación natural, se envían a sí mismos al castigo eterno. No es Dios quien los manda al infierno. Al contrario, son los que exigen que Dios los deje en paz para que puedan seguir su camino y tratar de satisfacer sus deseos, quienes se envían al infierno. Cuando Dios, con tristeza y renuencia, los deja hacer lo que les dé la gana, hay una expectativa horrenda e inevitable que es la perversión, la perdición y el infierno. Por lo tanto, la sola revelación natural es insuficiente para ayudar a los seres humanos caídos.

La revelación especial, mensaje que hallamos solamente en la Biblia, consiste en la maravillosa noticia de que Dios intervino en nuestra situación, obró para redimirnos y nos ofreció un medio por el cual podemos participar en esta redención. La naturaleza y la conciencia no revelan esto. El Antiguo Testamento señala al Redentor que vendría; el Nuevo Testamento nos habla de su venida e interpreta el significado de ella.

La Palabra de Dios verbalmente inspirada

La palabra griega *theopneustos* es la que más se acerca en su equivalencia a nuestro vocablo inspiración y se halla en 2 Timoteo 3:16. Significa literalmente «soplada por Dios». Por el soplo y poder divinos, el Espíritu Santo dirigió a los autores humanos de la Biblia con tal precisión que la obra refleja exactamente la intención de Dios mismo. Como fue Dios el que habló por medio de los profetas y apóstoles, los documentos originales que ellos escribieron llevaron las marcas especiales de la inspiración divina. Esto significa que los sesenta y seis libros canónicos, los cuales constituyen la Biblia, son en sus expresiones originales completamente dignos de confianza como la voz del Espíritu Santo (véase 2 Pedro 1:17-21).

Se deben tener presente varios puntos en cuanto a la manera como se llevó a cabo la inspiración. El dictado mecánico sostiene que Dios habló por medio de seres humanos dominándolos hasta el punto de anular su personalidad. Tal concepto es erróneo. Es obvio que se puede distinguir la personalidad y el vocabulario particular de los diversos escritores; se puede ver claramente una gran variedad de estilos de vida en los más de cuarenta autores de las Escrituras (pastores, estadistas, sacerdotes, pescadores, algunos bien instruidos y otros relativamente ignorantes). Los escritores no fueron manipulados, como autómatas, mientras estaban en trance; Dios no los escogió al azar para ordenarles que escribieran. Por ejemplo, él separó a Jeremías para ser su profeta y comenzó a prepararlo cuando estaba aún en el vientre de su madre (Jeremías 1:5). Dios hizo pasar a todos los autores de las Escrituras por diversas experiencias, preparándolos de tal manera que pudiera usarlos para presentar la verdad exactamente como él quería. De este modo se preservó cuidadosamente la integridad de los escritores como personas mediante las obras especiales de la inspiración y la guía del Espíritu Santo. Al mismo tiempo, el fruto de sus escritos es inequívocamente la Palabra de Dios. El Espíritu Santo «inspiró los pensamientos originales en las mentes de los escritores (Amós 3:8); luego los guió en la elección de las palabras para expresar tales pensamientos (Éxodo 4:12, 15), y finalmente ilumina la mente del lector de dichas palabras de manera que pueda prácticamente comprender la misma verdad que estaba al principio en la mente del escritor (1 Corintios 2:12; Efesios 1:17-18). De modo que el pensamiento y las palabras son reveladores e inspirados»[2].

Otro concepto acerca de la inspiración, ampliamente sostenido por algunos, es el que se conoce como inspiración dinámica. Este punto de vista considera que la Biblia no es para comunicar una «verdad proposicional»[3] acerca de Dios mismo; los que propugnan esta idea dicen esto porque han llegado a la conclusión de que es incognoscible. En efecto, afirman que Dios es «totalmente distinto»[4] y que solo revela la verdad de cómo debemos vivir.

A este concepto se le llama también interpretación funcional de la inspiración, ya que dice que la Biblia no puede revelar nada sobre lo que es Dios, sino que solo puede revelar sus obras. Esto constituye la esencia de muchos sistemas modernistas, o teológicamente liberales, que niegan lo sobrenatural. Además, se presta a la idea de que la Biblia es básicamente folclore, pero que en la medida en que habla sobre cómo vivir correctamente, habla de manera significativa a los hombres. En este concepto, la ética suplanta a la doctrina. Asimismo abre las puertas al relativismo, puesto que se desecha la mayor parte de los criterios de verdad. Entonces la gente interpreta por su cuenta lo que cree que es digno de aceptarse y lo que desea rechazar como simple folclore (cf. Jueces 17:6).

Tenemos una variante de este concepto en el énfasis que se pone en la relación que hay entre la salvación y la historia. En ella se reconoce claramente que Dios ha desarrollado una actividad salvadora en la historia. Se acepta la Biblia como un registro de dicha actividad divina; pero se afirma que es un registro meramente humano, esto es, expuesto a los errores del juicio humano, limitado por la experiencia y la cosmovisión de los escritores y sujeto a la in-

La Palabra de Dios verbalmente inspirada

terpretación humana de la actividad divina. El único punto importante donde este concepto está en lo correcto es cuando acepta la Biblia como un registro de los sucesos sobrenaturales por medio de los cuales Dios obra en la historia para redimir a los hombres. Su principal deficiencia consiste en no ver que la interpretación de dichos sucesos es inspirada por el Espíritu Santo. Si no fuera así, aún estaríamos en tinieblas, pues los sucesos mismos están llenos de ambigüedades; no hay revelación completa hasta que se los interpreta con autoridad.

¿Qué enseña la Biblia misma sobre la manera en que ocurrió la inspiración? Enfatiza la inspiración real de los escritores. En ciertos casos, Dios les habló con voz audible. En otros les dio la revelación en sueños y visiones. A veces les habló a sus mentes y corazones de tal manera que supieron que era Dios quien les hablaba. En Amós 3:8 se enfatiza esto: «Si el león ruge, ¿quién no temerá? Si habla Jehová el Señor, ¿quién no profetizará?». En cierta ocasión, Jeremías decidió que debía dejar de profetizar; parecía que nadie lo escuchaba. Sin embargo, la Palabra de Dios se volvió en su corazón como un fuego ardiente metido en sus huesos, y no pudo detenerse (Jeremías 20:9). No es de extrañar que en el Antiguo Testamento aparezca tantas veces una afirmación como «así dice Jehová» o «así ha dicho Jehová». El pasaje de 2 Pedro 1:20-21 nos muestra que ningún autor de las Escrituras dependió jamás de su propio razonamiento o imaginación durante el proceso de poner por escrito el mensaje: «Ante todo, tengan muy presente que ninguna profecía de la Escritura surgió de la interpretación del propio profeta. Porque la profecía nunca tuvo su origen en la voluntad humana, sino que los hombres hablaron de parte de Dios, impulsados por el Espíritu Santo» (NVI). «Impulsados» pudiera dar la impresión de que ellos estaban en medio del flujo del Espíritu Santo y este los impulsaba. Pero un estudio cuidadoso de las Escrituras nos muestra que Dios les enseñó y los guió (véase Éxodo 4:15). Y volviendo a 2 Timoteo 3:16, podemos ver claramente que la inspiración de las Escrituras se extiende también a las palabras y a todo el texto de los autógrafos o documentos originales de los escritores sagrados. Jesús aceptó la plena inspiración del Antiguo Testamento con su categórica declaración: «La Escritura no puede ser quebrantada» (Juan 10:35; véase además Mateo 5:18). A este concepto lo llamamos inspiración verbal (que se extiende aun a las palabras) plenaria (completa). Romanos 3:2 concuerda con este concepto cuando cita el Antiguo Testamento como «las palabras mismas de Dios» (NVI). De igual modo lo hace Hebreos 3:7-11

La Palabra de Dios verbalmente inspirada

cuando cita el Salmo 95:7-11, no como si este tuviera un autor humano, sino introduciendo la cita con las palabras «como dice el Espíritu Santo...».

Bien pudiera uno preguntar: «Eso está muy bien para el Antiguo Testamento; pero ¿qué hay en cuanto al Nuevo Testamento?». Jesús iba enseñando de aldea en aldea. Sin duda repitió muchas cosas al ir de un lugar a otro. Por consiguiente, dejó un conjunto de enseñanzas y les prometió a sus discípulos: «El Espíritu Santo [...] os recordará todo lo que yo os he dicho» (Juan 14:26).

Este conjunto de enseñanzas fue transmitido a la iglesia por los apóstoles (Hechos 2:42). Aquí también el Espíritu Santo dirigió a los escritores de los Evangelios en la selección del material que sería beneficioso para aquellos a quienes escribían. Por ejemplo, Lucas nos dice que escribió «después de haber investigado con diligencia todas las cosas desde su origen» (Lucas 1:3); podemos, pues, estar seguros de que el Espíritu Santo lo movió a hacer esto. Así que, durante la era apostólica continuó el proceso de revelación. Cristo fue el cumplimiento de las profecías del Antiguo Testamento. Para las generaciones venideras era necesaria una constancia de su nacimiento virginal, sus enseñanzas, su muerte y su resurrección (todo ello consignado en los Evangelios). Asimismo eran necesarios el relato de la institución de la iglesia con patrones normativos para toda la era de la iglesia (consignado en el libro de Hechos), la explicación del significado de la vida, muerte y resurrección de Jesús, con una ayuda práctica para las iglesias (consignada en las Epístolas), y una vislumbre de la consumación de los tiempos (consignada en el libro de Apocalipsis).

Que los apóstoles reconocieron la realidad de un nuevo pacto o testamento lo confirman pasajes como el de 2 Pedro 3:15-16: «Y tened entendido que la paciencia de nuestro Señor es para salvación; como también nuestro amado hermano Pablo, según la sabiduría que le ha sido dada, os ha escrito, casi en todas sus epístolas, hablando en ellas de estas cosas; entre las cuales hay algunas difíciles de entender, las cuales los indoctos e inconstantes tuercen, como también las otras Escrituras, para su propia perdición». Nótese la expresión «las otras Escrituras». Aquí hay un claro testimonio de que Pedro, en la séptima década del siglo primero, creía que Pablo estaba escribiendo un material que estaba al mismo nivel de las Escrituras del Antiguo Testamento. También Pablo declara en ciertos lugares que él tiene una palabra del Señor, o sea, un dicho de Jesús, para respaldar lo que escribe (véanse 1 Corintios 11:23; 1 Tesalonicenses 4:1-2, 15). Pero aunque no siempre lo dice, esto no significa

La Palabra de Dios verbalmente inspirada

que lo que él escribe sea menos inspirado por el Espíritu Santo (cf. 1 Corintios 7:12).

Por lo que a la Biblia misma se refiere, ella nos enseña que el Espíritu Santo guió de tal manera a los profetas y apóstoles que hasta las palabras de los documentos originales son completamente autorizadas. Si las palabras no fueran inspiradas, la gente sería libre para cambiarlas a fin de acomodarlas a sus propias ideas. Por lo tanto, la inspiración de las palabras fue necesaria para proteger la verdad. Y Jesús señaló la importancia de cada palabra de las Escrituras, diciendo: «Hasta que pasen el cielo y la tierra, ni una jota [en hebreo, la *yod*] ni una tilde pasará de la ley, hasta que todo se haya cumplido» (Mateo 5:18).

La regla infalible

La fuente y autoridad divina de las Escrituras nos asegura que la Biblia es también infalible; es decir, no es susceptible de error y, por lo tanto, no puede extraviarnos, engañarnos ni decepcionarnos. Algunos escritores hacen distinción entre inerrancia (cualidad de estar exento de error) e *infalibilidad*; pero estas palabras son casi sinónimas. «Si existe alguna diferencia en el matiz de significado entre ambos términos, ella consiste en que la inerrancia enfatiza la veracidad de las Escrituras, mientras que la infalibilidad recalca la confiabilidad de ellas. Ambas cualidades se aplican a toda la Escritura e incluyen la exactitud de la revelación así como la exactitud de los hechos. Por lo tanto, es la verdad (2 Samuel 7:28; Salmo 119:43, 160; Juan 17:17, 19; Colosenses 1:5)»[5].

La incredulidad humanística es la verdadera fuente de las objeciones a la autoridad e infalibilidad de la Biblia. Sus argumentos no son nuevos. Escritores de la antigüedad, como Ireneo, Tertuliano y Agustín, tuvieron que refutar algunos de ellos y al hacerlo, declararon su propia confianza en las Escrituras. Los reformadores Zwinglio, Calvino y Lutero también aceptaron la completa autoridad de las Escrituras[6]. Durante años, los críticos incrédulos han hecho extensas listas de lo que han llamado discrepancias de la Biblia, y algunos han afirmado que la Biblia está, indiscutiblemente, equivocada. En 1874, J. W. Haley hizo un estudio cuidadoso que aún vale la pena leer[7]. Clasificó estas supuestas discrepancias y halló que surgen debido a diferentes causas, entre las cuales están las siguientes:

1. Error al no leer exactamente lo que dice la Biblia.

2. Falsas interpretaciones de la Biblia, especialmente aquellas en que no se tienen en cuenta las costumbres y maneras de hablar antiguas.

3. Ideas erróneas acerca de la Biblia en conjunto y error al no reconocer que de cuando en cuando ella consigna las palabras de Satanás y de los malvados. Por ejemplo, Dios les dijo a los amigos de Job: «No habéis hablado de mí con rectitud» (Job 42:8). Pero aunque estaban errados, la Biblia proporciona un registro veraz de lo que ellos dijeron.

4. Error al no darse cuenta de que algunos relatos de lo que se dijo o se hizo están en forma condensada.

5. Dificultades cronológicas por el hecho de que los babilonios, egipcios, griegos y romanos usaban diferentes sistemas para medir el tiempo y fijar las fechas. Incluso Israel y Judá difieren a veces en sus métodos de considerar los reinados de sus reyes[8].

6. Aparentes discrepancias numéricas debido a que en algunos pasajes se usan números redondos, en tanto que en otros se dan cifras más exactas, según el propósito del escritor.

7. En algunos casos, existen errores de los copistas en ciertos manuscritos antiguos. Pero al compararlos se han corregido la mayor parte de estos errores. (En realidad, en casi todos los casos la mayoría de los eruditos concuerdan en lo que fue la lectura original[9]. Además, los casos en que no podemos estar seguros, no afectan de ningún modo a las enseñanzas de la Biblia).

8. Finalmente, algunas de las supuestas discrepancias eran una simple cuestión de una palabra hebrea o griega que tenía más de un significado, tal como ocurre con algunas de nuestras palabras. (Por ejemplo, compárese la palabra *paciente* utilizada en «paciente grave» con la utilizada en «espera paciente»).

Uno tras otro, los supuestos errores y discrepancias han resultado falsos. Y repetidas veces los nuevos descubrimientos de los arqueólogos y otros eruditos y científicos han mostrado que los supuestos errores eran errores de los críticos debido a su incredulidad y conocimiento insuficiente[10].

Sin embargo, algunos de los que niegan la infabilidad de las Escrituras creen que la Biblia es un libro de valor. Esto es, dicen que no importa si la historia y la ciencia de la Biblia son ciertas o no. Sostienen que un pecador puede ser salvo sin necesidad de conocer toda la Biblia ni sus afirmaciones en el sentido de ser inspirada. Es cierto que para ser salvo el pecador no necesita saber del nacimiento virginal, la sanidad divina, la santificación, el bautismo en el Espíritu Santo ni la Segunda Venida de Cristo. Pero una vez que una persona se hace creyente, dichas enseñanzas se convierten en medios para alcanzar madurez en la fe (cf. Hebreos 5:11 con Hebreos 6:2).

En cuanto a los que se sienten molestos con lo que consideran imprecisiones de la Biblia al describir fenómenos naturales, deben entender que la terminología científica se ha desarrollado solo en los tiempos modernos. Además, cada ciencia tiene su propio vocabulario. Por ejemplo, la palabra *núcleo* significa una cosa para el biólogo y otra muy diferente para el astrofísico. Aun a palabras ordinarias los científicos les pueden asignar nuevos significados. Para el botánico, por ejemplo, la palabra *transpirar* significa «eliminar humedad a través de los poros (stomata)». Por consiguiente, la Biblia emplea un lenguaje común, no técnico; por lo que podemos esperar el uso de frases tales como «sale el sol» o «se pone el sol», de la misma manera en que nosotros las empleamos, aunque ya sabemos que lo que se mueve es la tierra y no el sol. Pero cuando la Biblia hace una declaración autoritativa y proposicional como: «En el principio creó Dios los cielos y la tierra», podemos estar seguros de que es infalible.

La Biblia no nos llevará por un camino equivocado. Nos da una maravillosa revelación de Dios como nuestro Creador y Redentor; de un Dios personal que nos ama y se preocupa por nosotros; de un Dios que tiene un plan, que envió a su Hijo para que muriera por nosotros (1 Corintios 15:3) y que continuará su obra hasta que Satanás sea aplastado, la muerte sea destruida y se establezcan cielos nuevos y tierra nueva. Toda la Biblia nos muestra que él es fidedigno, digno de confianza y que su misma naturaleza garantiza la autoridad, infalibilidad e inerrancia de su Palabra.

El canon y las traducciones posteriores

Aunque se afirme que los manuscritos originales fueron inspirados por Dios, lo cierto es que ya no los tenemos. (Probablemente se gastaron con el uso frecuente y el repetido proceso de copiarlos). ¿Cómo, pues, podremos confiar en el texto que tenemos en nuestras Biblias modernas? La confiabilidad de nuestras Biblias está ligada a la historia del canon y a la transmisión y traducción de los libros que forman parte de la Biblia.

La palabra *canon* significa «regla» o «modelo». Por lo tanto, un libro considerado canónico es aquel que ha cumplido ciertos requisitos o normas. En la época de Jesús y los apóstoles, los treinta y nueve libros del Antiguo Testamento eran firmemente aceptados por el judaísmo como escritos inspirados por Dios. Jesús se refirió repetidas veces al Antiguo Testamento, reconociendo que Dios mismo era el que estaba hablando (por ejemplo, Mateo 19:4; 22:29). Para dar fe de la confianza que los escritores del Nuevo Testamento tenían en el Antiguo, solo se necesita considerar que, de los cientos de citas de pasajes del Antiguo Testamento dispersos por todo el Nuevo Testamento, no hay más que un solo lugar donde se cita un libro que posiblemente sea uno de los apócrifos (espurios o dudosos) del Antiguo Testamento. Dicha referencia se halla en Judas 14-15, la cual parece ser similar al libro de Enoc 1:9, y aun esta no es difícil atribuirla a la tradición oral común que estaba a disposición del escritor del libro de Enoc así como de Judas.

¿Y qué hay en cuanto al canon del Nuevo Testamento? Esta es una historia muy fascinante; pero vamos a trasladarnos a la conclusión de ella, allá por el siglo cuarto. En el año 367 d.C., Atanasio, el teólogo más ortodoxo de la época, el gran campeón de la verdad bíblica, escudriñó todos los libros que estaban circulando en el mundo mediterráneo con la pretensión de ser documentos apostólicos. Su examen reveló que veintisiete libros, los mismos que tenemos hoy, se podían considerar como Palabra de Dios[11]. Treinta años después, con total independencia de Atanasio, se reunió en Cartago un concilio de la iglesia para tratar el problema de qué libros constituían genuinamente la Escritura[12]. A los documentos que consideraron los sometieron a cuatro pruebas: 1) apostolicidad: ¿Fue escrito el libro por un apóstol o por un compañero suyo?; 2) universalidad: ¿Era ampliamente aceptado y usado en las iglesias?; 3) contenido: ¿Está su tema al mismo nivel de Las Escrituras conocidas?; 4) inspiración: ¿Tiene la cualidad especial que denota inspiración divina? Nótese que tres de las cuatro pruebas a que fueron sometidos los libros eran objetivas, esto es, se basaban en hechos. Tan solo la cuarta, la de la inspiración, se podría estimar subjetiva, como una cuestión de juicio personal. El concilio de Cartago, luego de considerar los hechos, concluyó que de los libros que circulaban en aquella época, los veintisiete que ahora tenemos en nuestro Nuevo Testamento eran los únicos que cumplían los requisitos establecidos. Por motivos de orden práctico, la cuestión del canon quedó concluida hasta la llegada del racionalismo moderno.

La otra pregunta que queda en cuanto a la confiabilidad de la Biblia tiene que ver con la exactitud de la transmisión del texto. La inspiración se extiende solamente a los originales; ninguna traducción (o versión) particular es inspirada. Así que, bien pudiera el lector preguntar: ¿Hasta qué punto concuerda mi Biblia con los documentos originales inspirados por Dios?

Demos primero un vistazo al Nuevo Testamento, que está más cerca de nosotros en lo que a tiempo se refiere que el Antiguo Testamento. Un hecho muy extraordinario es que hay más de cinco mil trescientos manuscritos (copias antiguas escritas a mano) del Nuevo Testamento en griego. Algunos son de los siglos tercero y cuarto. Un fragmento del Evangelio de Juan se remonta al año 125 d.C., tan solo a treinta años de la fecha en que se escribió originalmente. Esto está en marcado contraste con otros escritos de la antigüedad. En efecto, el manuscrito más antiguo que tenemos de Virgilio data de unos trescientos cincuenta años después de su muerte. Y el más antiguo que se tiene de Horacio data de novecientos años después de su muerte. La mayoría de los manuscritos de Platón datan de unos mil trescientos años después de su muerte[13]. Sir Frederic Kenyon, famoso erudito bíblico, hablando de los modernos descubrimientos de la arqueología bíblica, dijo: «Se ha establecido, con tal abundancia de pruebas que ninguna otra obra literaria de la antigüedad podría ni siquiera alcanzar, la autenticidad sustancial y la integridad del texto de la Biblia en la forma en que hoy la tenemos»[14].

En este siglo, un descubrimiento sensacional ha venido a favorecer el texto del Antiguo Testamento. Con el hallazgo de los Rollos del Mar Muerto en 1947, se han descubierto manuscritos, completos o parciales, de todos los libros del Antiguo Testamento a excepción de Ester. Son tan antiguos como el año 250 a.C., por lo que se remontan a mil años antes de los mejores manuscritos que había entonces en hebreo. En realidad, es probable que la contribución más importante de los Rollos del Mar Muerto sea la luz que han arrojado sobre el texto de los libros del Antiguo Testamento. Por consiguiente, ahora tenemos una gran confianza en la exactitud de nuestra Biblia. Estos rollos hacen posible la comparación de un gran número de textos que nos hacen saber que el Antiguo Testamento «ha permanecido prácticamente inalterable durante los últimos dos mil años»[15]. En realidad, hay una notable concordancia entre los documentos del Mar Muerto y los textos que conocemos en la actualidad.

El canon y las traducciones posteriores

El propósito que tuvo Dios al llamar a Abraham y escoger a Israel como siervo suyo (Isaías 44:1) fue preparar el camino para llevar bendición a todas las naciones de la tierra (Génesis 12:3; 22:18). Era, pues, necesario que la Biblia fuera traducida a las diversas lenguas de otras naciones. Todos los pueblos necesitan la Biblia porque es la espada del Espíritu (Efesios 6:17); ella es el único medio de obtener victorias espirituales. Es también el martillo de Dios, la herramienta que usa para doblegar a los que se oponen y llevar a cabo la obra de Dios (Jeremías 23:29). Es una lámpara que ilumina el camino de la vida (Salmo 119:105). Aunque la gente está ciega a causa del pecado, y la Biblia les parece locura, tal «locura» todavía le da a la predicación el sabio y poderoso contenido que el Espíritu Santo utiliza para salvar a los que creen (1 Corintios 1:18, 21). La Biblia es también necesaria para el continuo crecimiento de los creyentes. Por consiguiente, tan pronto como la iglesia comenzó a extenderse a los países donde no se hablaba ni el hebreo ni el griego bíblicos, los cristianos quisieron tener la Biblia traducida a sus propios idiomas.

La historia de las versiones (traducciones) de la Biblia es emocionante[16]. En realidad, comienza antes de los tiempos de Jesús. Como resultado de las conquistas de Alejandro Magno, el griego se convirtió en el idioma del comercio y la educación en el Oriente Medio. Y la ciudad de Alejandría en Egipto, se convirtió en el gran centro del idioma, la erudición y la cultura griega. Los judíos que vivían allí querían tener el Antiguo Testamento en griego. Durante el período comprendido entre los años 250 y 150 a.C., dieron al mundo la famosa Versión de los Setenta[17]. A menudo esta versión se utilizó por los cristianos de la iglesia primitiva en la predicación del evangelio durante la primera generación posterior al Pentecostés. (Esto lo indica el uso del Nuevo Testamento). Al mismo tiempo, el Espíritu Santo dirigió a los escritores del Nuevo Testamento a escribir sus libros, no en el griego clásico que los grandes filósofos griegos habían usado varios cientos de años antes, sino en el griego común que el pueblo hablaba en la calle y en el mercado.

Dios siempre ha deseado que su Palabra sea predicada en el idioma que habla el pueblo. Moisés no escribió la ley en los jeroglíficos empleados por los eruditos de Egipto, sino en el hebreo que se hablaba en las tiendas del pueblo israelita. Jesús predicó y enseñó en un lenguaje tan sencillo que hizo que el pueblo lo oyera con agrado (Marcos 12:37). Al propagarse el evangelio, la gente comenzó espontáneamente a traducir la Biblia a sus propios idiomas. Cuatro siglos después de Cristo, cuando ya no se hablaban ni el griego ni el latín antiguo en el Imperio Romano de Occidente, Jerónimo hizo una nueva traducción al latín «vulgar» o común que se hablaba en sus días. A esta versión se la conoce como la Vulgata[18].

Desafortunadamente la Vulgata se convirtió en la versión oficial de Europa occidental e Inglaterra. Aunque el pueblo ya no hablaba el latín, se desaprobó todo intento posterior de traducir la Biblia. Cuando en 1380 d.C. Wycliffe tradujo la Vulgata al inglés, muchas personas se convirtieron a Cristo. Pero después de su muerte, acaecida en 1384, se levantó una persecución contra sus seguidores debido a que rechazaban algunas doctrinas católico-romanas. En 1415, un concilio general de la iglesia católica romana condenó sus enseñanzas. Entonces, en 1428, el obispo Richard Fleming hizo que desenterraran sus restos, los quemaran y lanzaran sus cenizas al río[19]. También quemaron la mayoría de las copias de su Biblia manuscrita.

Dios, sin embargo, estaba obrando. La invención de la imprenta trajo un gran cambio. Entre 1462 y 1522, aparecieron por lo menos diecisiete versiones y ediciones de la Biblia en alemán. Estas contribuyeron a preparar el camino para la reforma que encabezó Martín Lutero y que llevó al pueblo a comprender la salvación por gracia por medio de la fe. Martín Lutero mismo acudió entonces al hebreo y al griego para hacer una nueva y mejor traducción al alemán. Como resultado de la influencia del reformador, en 1525 Guillermo Tyndale hizo la primera traducción impresa de importancia del Nuevo Testamento al inglés[20]. Muchos ejemplares fueron quemados, pero las imprentas insistieron en seguir imprimiendo grandes cantidades de Biblias. Como no pudieron quemar todas las Biblias, arrestaron a Tyndale y lo quemaron en la hoguera. Aun así, pronto siguieron otras traducciones.

Coincidiendo en gran parte con el Siglo de Oro de las letras españolas, el período de la Reforma es también el de las grandes traducciones de la Biblia al castellano[21]. El Nuevo Testamento de Enzinas es probablemente la primera versión castellana del Nuevo Testamento traducida directamente del texto griego. Fue hecha en 1543 por el reformista Francisco de Enzinas. Por publicar su Nuevo Testamento, Enzinas fue encarcelado por orden de la Inquisición. Felizmente logró escapar al cabo de dos años, pero muchos ejemplares de su versión fueron destruidos.

La Biblia del Oso fue la primera versión completa de la Biblia en el idioma castellano, pues todas las que se habían hecho hasta entonces eran solo versiones parciales. Fue traducida directamente de las lenguas originales por

Casiodoro de Reina y publicada en 1569. La gran mayoría de los ejemplares publicados fue a parar a las llamas por orden de la Inquisición.

Con el nombre de la Biblia de Valera se conoció durante muchos años a la versión que Cipriano de Valera publicó en Amsterdam, en 1602. En realidad, esta es más bien una revisión o edición corregida de la versión de Casiodoro de Reina, pues Cipriano de Valera, luego de comparar diligentemente la versión con los textos hebreo y griego, solo le introdujo algunos cambios. Con justicia, hoy día se la conoce como Versión de Casiodoro de Reina, revisada por Cipriano de Valera.

Esta versión, luego de otras revisiones, ha alcanzado un éxito extraordinario, tanto que su circulación en España y América Latina se calcula en miles de millones de Biblias, Nuevos Testamentos y porciones. En efecto, es la versión favorita del pueblo evangélico de habla castellana.

Traducir de un idioma a otro tiene sus propias dificultades. Por ejemplo, no existe ninguna palabra griega que equivalga a milagro, pero hay dos palabras que contienen esta idea (*dynamis* y *semeion*). Así que los traductores de la RVR usaron «milagro» para referirse a ambas. Para variar y ofrecer otros matices de significado, también las tradujeron por «poderes» (Hebreos 6:5), «poder» (Apocalipsis 12:10; Efesios 3:16), «prodigios» (2 Corintios 12:12), «señales» (Juan 20:30; Apocalipsis 13:13) y «signo» (2 Tesalonicenses 3:17).

En ciertas ocasiones, los traductores no tradujeron las palabras, sino solo hicieron la transliteración a las letras del alfabeto castellano. Tenemos un ejemplo de esto en la palabra griega *baptizo*, que significa «sumergir», «hundir», «zambullir», y de la cual procede nuestra voz bautizar. Otras veces los traductores fueron excesivamente literales. Separaron, por ejemplo, la palabra griega *monogenes* en sus partes componentes y tradujeron *mono* por «uni» (único) y *genes* por «génito» (engendrado), lo que dio origen a nuestra voz *unigénito*. Pero en los tiempos del Nuevo Testamento, la palabra *monogenes* había llegado a significar simplemente «único», en el sentido de singular, especial. En Hebreos 11:17 se usa para referirse a Isaac como el hijo especial, prometido, si bien Abraham tenía otro hijo, Ismael. De igual modo, aunque nosotros pasamos a ser «hijos» de Dios por medio de Cristo, Jesús es el Hijo amado de Dios en un sentido especial y único en que nosotros nunca podremos serlo.

En español tenemos que usar un gran número de palabras para describir un matiz diferente en el significado de una palabra griega. Esta es una de las razones por las que son de gran utilidad los comentarios y las traducciones amplificadas.

En muchos casos, sin embargo, los traductores y revisores de la RVR han tratado de expresar el matiz de significado que se enfatiza en un pasaje determinado. Por ejemplo:

ekballo «echar fuera» (Juan 6:37); «sacar» (Mateo 12:35); «enviar» (Mateo 9:38; Santiago 2:25); «dejar aparte» (Apocalipsis 11:2)

apolustrosis «redención» (Efesios 1:7); «rescate» (Hebreos 11:35)

hilasterion «propiciación» (Romanos 3:25); «propiciatorio» (Hebreos 9:5)

hilascomai «expiar» (Hebreos 2:17); «ser propicio»(Lucas 18:13)

Amen (hebreo) «amén» (Deuteronomio 27:15-26; Romanos 1:25; Jeremías 11:5); «verdad» (Isaías 65:16); «de cierto» (Mateo 5:18)

anomia «maldad» (Mateo 7:23); «infracción de la ley» (1 Juan 3:4); «injusticia» (2 Corintios 6:14)

hikanos «digno» (1 Corintios 15:9; Mateo 3:11); «suficiente» (2 Corintios 2:16); «idóneo» (2 Timoteo 2:2); «gran» (Marcos 10:46)

agape «amor» (Juan 15:9-10, 13); «ágape» (Judas 12); «amado» (Colosenses 1:13)

sozo «salvar» (Mateo 1:21); «sanar» (Hechos 14:9); «preservar» (2 Timoteo 4:18)

elegcho «convencer» (Juan 16:8); «reprender» (Apocalipsis 3:19); «acusar» (Juan 8:9); «redargüir» (Juan 8:46)

kairos «tiempo» (Marcos 12:2); «oportunidad» (Gálatas 6:10)

paraklesis «consolación» (Romanos 15:5); «exhortación» (Hechos 13:15); «ruego» (2 Corintios 8:4)

Desafortunadamente, todos los idiomas experimentan cambios constantes. Ya no empleamos las palabras del español de Cervantes ni de Casiodoro de Reina.

Los misioneros quieren tener la Biblia en la lengua que habla la gente. Y en todas partes los creyentes son bendecidos cuando pueden leer en su propio idioma una versión fácil de entender. El mundo, incluso el mundo hispanohablante, es hoy un campo misionero. Esta es la realidad que ha motivado la aparición de nuevas versiones en español moderno. Reconocemos que ninguna de ellas es perfecta, pero todas, a excepción de aquellas que publican algunas sectas, contienen verdades suficientes para que el Espíritu Santo las use de manera que expliquen el camino de salvación.

Cualquiera que sea la versión que uno escoja, es necesario buscar el significado preciso en los idiomas originales (griego, hebreo y arameo) usando concordancias, comentarios y diccionarios bíblicos, así como haciendo comparaciones con otras versiones.

Leer una nueva traducción puede estimular el pensamiento. Y comparar varias traducciones también contribuye a que uno vea los diversos matices de significado que aparecen en las Escrituras. Como lo señala el doctor Jack Lewis: «Los problemas religiosos del mundo no se deben a que la gente lea diferentes traducciones; el problema mas grave es que muchos no leen ninguna»[22].

La RVR sigue siendo una buena traducción y todavía es digna de respeto. Su belleza, especialmente en los Salmos, tal vez nunca sea superada. Pero lo importante es lograr que la gente lea la Biblia. A medida que la lean, el Espíritu Santo iluminará la mente y el corazón de ellos y hará que la verdad de la Palabra de Dios les sea real. En su providencia, Dios nos ha preservado las palabras inspiradas de los profetas y apóstoles de la antigüedad en el más maravilloso de todos los libros: la Santa Biblia.

La Biblia es un milagro del cuidado de Dios. El Espíritu Santo obró desde el momento en que se escribieron los primeros manuscritos. A esto lo llamamos inspiración. Él nos ha preservado el texto. Hoy, el mismo Espíritu Santo que inspiró a los escritores ayuda al que lee y al que oye. A los no regenerados no se les promete esta ayuda porque están ciegos a la verdad de Dios (1 Corintios 2:14). Pero al creyente se le promete una ayuda especial de parte del Espíritu Santo (Juan 16:13-16; 1 Corintios 2:10). Dios quiere hablarle al lector, y su Espíritu se complace en arrojar luz sobre la verdad y la aplicación para su vida.

Preguntas de estudio

1. ¿Por qué el racionalismo es insuficiente como base de la autoridad religiosa?
2. ¿Por qué la Biblia es mejor fundamento que la iglesia en cuanto a la autoridad religiosa?
3. ¿Qué nos enseña la misma Biblia acerca de su inspiración?

4. ¿Qué debemos hacer con los supuestos errores y discrepancias de la Biblia?

5. ¿Cuáles son las principales razones para que aceptemos como canónicos los sesenta y seis libros de nuestra Biblia, y no otros?

6. ¿Cuáles son las principales razones por las que a lo largo de los siglos se han hecho nuevas traducciones (versiones) de la Biblia?

7. ¿Por qué es necesario que la Biblia se traduzca al idioma que la gente habla?

8. ¿Cómo podemos recibir hoy la iluminación del Espíritu Santo para el estudio de la Biblia?

Segunda
verdad
fundamental

El único Dios verdadero

El único Dios verdadero se ha revelado a sí mismo como el «Yo soy» eterno y autoexistente, el Creador de los cielos y la tierra y el Redentor de la humanidad. Se ha revelado además como la personificación de los principios de parentesco y asociación, es decir, como Padre, Hijo y Espíritu Santo (Deuteronomio 6:4; Isaías 43:10, 11; Mateo 28:19; Lucas 3:22)*.

---

* El texto completo de este dogma aparece en las páginas 36-38.

CAPÍTULO 2

EL ÚNICO DIOS VERDADERO

EN 1913 SE REUNIÓ UNA GRAN MULTITUD EN ARROYO SECO, Pasadena del Sur, California, para oír a la Sra. María Woodworth-Ether en lo que se denominó un campamento pentecostal internacional[1]. Cierta noche John Scheppe, un inmigrante de Danzig, Alemania [pero que ahora pertenece a Polonia], despertó a todos mencionando a gritos el nombre de Jesús. Acababa de recibir una visión que lo hizo pensar que Jesús necesitaba que se le diera más honra. Uno de los pastores, Frank J. Ewart[2], ex ministro bautista, pronto se aprovechó de esto y dijo que la manera de dar honra a Jesús consistía en rebautizarse en agua, pero haciéndolo solo en el nombre de Jesús[3]. Pronto algunos estaban declarando que los que se negaran a recibir este nuevo bautismo perderían la salvación[4]. Afirmaban además que en la Deidad había una sola persona, Jesús, quien cumplía los oficios o modos de Padre, Hijo y Espíritu Santo según lo requería la ocasión. A los que reavivaron esta doctrina se los conoció poco después como El Nombre de Jesús, Solo Jesús o La Unidad, y se referían a sus enseñanzas como «El Nuevo Principio» (aunque en realidad esta era una antigua herejía reavivada)[5].

Poco después que se constituyeron las Asambleas de Dios en 1914, algunos comenzaron a difundir esta doctrina. Para contrarrestarla, las Asambleas de Dios incluyeron en 1916[6] una sección en su «Declaración de verdades fundamentales» intitulada «La adorable Deidad». Actualmente esta dice lo siguiente:

a) Definición de términos

Con relación a la Deidad, los términos *Trinidad* y *personas*, aunque no se hallan en las Escrituras, son palabras que están en armonía con ellas y por medio de las cuales podemos comunicar a otros nuestros conocimientos inmediatos de la doctrina de Cristo respecto al ser de Dios, a diferencia de los «muchos dioses y muchos señores». Por lo tanto, podemos hablar con toda propiedad del Señor nuestro Dios, que es un Señor, como de una Trinidad o un Ser de tres personas y, no obstante, atenernos estrictamente a las Escrituras (por ejemplo: Mateo 28:19; Juan 14:16-17; 2 Corintios 13:14).

b) Distinción y parentesco en la Deidad

Cristo enseñó que en la Deidad hay una distinción de personas, la cual expresó en términos específicos de relación y parentesco, como Padre, Hijo y Espíritu Santo, pero que en lo que a modo se refiere esta distinción y parentesco es *inescrutable* e *incomprensible*, porque no se la *explica* (Mateo 11:25-27; 28:19; Lucas 1:35; 1 Corintios 1:24; 2 Corintios 13:14; 1 Juan 1:3-4).

c) Unidad del Padre, el Hijo y el Espíritu Santo en un solo Ser

Por consiguiente, hay *algo* en el Padre que lo constituye *Padre*, y no Hijo; hay *algo* en el Hijo que lo constituye *Hijo*, y no Padre; y hay *algo* en el Espíritu Santo que lo constituye *Espíritu Santo*, y no Padre ni Hijo. Así que el Padre es el que engendra y el Hijo el engendrado, en tanto que el Espíritu Santo es el que procede del Padre y del Hijo. Por lo tanto, como estas tres personas están en unidad, no hay más que un Señor Dios Todopoderoso y uno es su nombre (véanse Zacarías 14:9; Juan 1:18; 15:26; 17:11, 21).

d) Identidad y cooperación en la Deidad

El Padre, el Hijo y el Espíritu Santo no son *idénticos* en lo que respecta a *persona*, ni se los *confunde* en lo relativo a *relación* o *parentesco*, ni están *divididos* en lo referente a la Deidad, ni se *oponen* en lo tocante a *cooperación*. En cuanto a la relación que hay entre ellos, el Hijo está *en* el Padre y el Padre *en* el Hijo. En cuanto a la comunión, el Hijo está *con* el Padre y el Padre *con* el Hijo. En lo que respecta a la autoridad, el Padre no procede *del* Hijo, sino que el Hijo procede *del* Padre. En lo tocante a la naturaleza, relación, cooperación y autoridad, el Espíritu Santo procede *del* Padre y *del* Hijo. De ahí que ninguna de las personas de la Deidad exista o actúe separada o independiente de las otras (véanse Juan 5:17-30, 32, 37; 8:17-18).

e) El título Señor Jesucristo

El título «Señor Jesucristo» es un nombre propio. En el Nuevo Testamento no se lo aplica nunca ni al Padre ni al Espíritu Santo. Por lo tanto, pertenece exclusivamente al Hijo de Dios (véanse Romanos 1:1-3, 7; 2 Juan 3).

f) El Señor Jesucristo, Dios con nosotros

En lo que respecta a su naturaleza divina y eterna, el Señor Jesucristo es el verdadero unigénito del Padre; pero en lo que se refiere a su naturaleza humana es verdadero Hijo del Hombre. Por lo tanto, se lo reconoce como Dios y como hombre. Por el hecho de ser Dios y hombre, es también «Emanuel», esto es, Dios con nosotros (véanse Mateo 1:23; 1 Juan 4:2, 10, 14; Apocalipsis 1:13, 17).

g) El título Hijo de Dios

En virtud de que el nombre *Emanuel* incluye a la naturaleza divina y a la humana en una misma persona: nuestro Señor Jesucristo, se entiende que el título Hijo de Dios se refiere a su deidad y el título Hijo del Hombre a su humanidad. Por lo tanto, el título Hijo de Dios corresponde al *orden eterno*, y el título Hijo del Hombre al *orden temporal* (véanse Mateo 1:21-23; Hebreos 1:1-13; 7:3; 1 Juan 3:8; 2 Juan 3).

h) Perversión de la doctrina de Cristo

Por lo tanto, es una perversión de la doctrina de Cristo afirmar que Jesucristo recibió el título de Hijo de Dios por el solo hecho de la encarnación o a causa de su relación con el plan de redención. Así que, negar que el Padre sea un Padre real y eterno y que el Hijo sea un Hijo real y eterno, es negar la distinción y relación que hay en la esencia de Dios, lo que equivale a negar al Padre y al Hijo, y a negar también la verdad de que Jesucristo ha venido en carne (Juan 1:1-2,14,18,29,49; Hebreos 12:2; 1 Juan 2:22-23; 4:1-5; 2 Juan 9).

i) Exaltación de Jesucristo como Señor

El Hijo de Dios, nuestro Señor Jesucristo, después de haber efectuado la purificación de nuestros pecados por medio de sí mismo, se sentó a la diestra de la Majestad en las alturas; ahora ángeles, principados y potestades están sujetos a su autoridad. Y una vez hecho Señor y Cristo, envió al Espíritu Santo para que nosotros, en el nombre de Jesús, doblemos nuestras rodillas y confesemos que Jesucristo es el Señor para gloria de Dios Padre hasta el fin, cuando el Hijo se sujete al Padre para que Dios sea todo en todos (véanse Hechos 2:32-36; Romanos 14:11; 1 Corintios 15:24-28; Hebreos 1:3; 1 Pedro 3:22).

j) Igual honra para el Padre y para el Hijo

Por lo tanto, como el Padre dio todo el juicio al Hijo, no solo es el *deber expreso* de todos los que están en los cielos y en la tierra doblar la rodilla, sino que es un gozo *inefable* en el Espíritu Santo asignar al Hijo todos los atributos de la deidad y darle a él toda la honra y la gloria contenida en los nombres y títulos de la Deidad excepto los que expresan relación (véanse los párrafos b, c y d), y así honremos al Hijo como honramos al Padre (véanse Juan 5:22-23; Filipenses 2:8-9; 1 Pedro 1:8; Apocalipsis 4:8-11; 5:6-14; 7:9-10).

La existencia de Dios

La Biblia no procura probar la existencia de Dios. El Génesis comienza reconociendo que él existe: «En el principio [...] Dios...». El Salmo 14:1 declara: «Dice el necio en su corazón: No hay Dios». Hebreos 11:6 expresa categóricamente que «es necesario que el que se acerca a Dios crea que le hay». Las Escrituras afirman lo que es la experiencia universal de la gente dondequiera que se hallen: Hay un Dios. Decir que no hay un ser supremo —o vivir como si no lo hubiera— es negar lo que todos saben por intuición (véanse Juan 1:9; Romanos 1:19). La existencia de Dios es tan esencial para el pensamiento humano que abandonar este concepto es aventurarnos en medio de un turbulento mar de irracionalidad que nos deja sin sentido ni propósito en la vida.

Aunque la Biblia no trata de presentar argumentos sobre la existencia de Dios, hay ciertas sugerencias que apoyan tales argumentos. Desde la época medieval se han esgrimido varios argumentos clásicos que, aunque limitados en sí mismos, juntos confirman y apoyan la verdad bíblica. Sirven de «punteros». El primero de estos punteros es el argumento ontológico. En pocas palabras, este sostiene que el concepto de Ser Perfecto exige que este Ser tenga existencia real, pues si dicho concepto no tiene una manifestación genuina en la realidad, es menos que perfecto. Por lo tanto, concebir un Ser Perfecto, como Dios, es una contradicción si uno no cree que él existe realmente[7].

El segundo argumento clásico es el cosmológico, que lógicamente se deriva del ontológico. El universo, como puede suponerse, carece de existencia propia. Todos los sucesos que conocemos dependen de alguna causa que trasciende los sucesos mismos. Si retrocedemos lo suficiente de causa en causa llegaremos finalmente a la Causa Primera, un Ser con existencia propia que no depende de ningún otro.

El tercer argumento clásico en favor de la existencia de Dios es el argumento teleológico o del diseño. El asombroso mundo descubierto por la investigación científica revela un extraordinario e impresionante orden en la naturaleza. La probabilidad matemática de que las maravillas de las estructuras vivas e inanimadas hayan ocurrido por casualidad, lleva a toda persona que piense seriamente a un sentido de terror y admiración ante el Diseñador responsable de tan admirable exposición. Podemos unir nuestras voces a la del salmista que dijo: «Los cielos cuentan la gloria de Dios, y el firmamento anuncia la obra de sus manos» (Salmo 19:1)[8].

El cuarto argumento clásico, el moral, se origina en el sentido innato que toda persona posee acerca del bien y del mal. La existencia de un gran Legislador del universo es la consecuencia lógica de la conciencia que uno tiene de la moralidad. Aunque las normas de moralidad varían ampliamente de una cultura a otra, se mantiene, no obstante, el conocimiento de los valores morales.

Similar al anterior es el quinto argumento clásico, que se basa en la estética o belleza. El hecho de que la gente tenga una escala de valores relativos en cuanto a la belleza y que aprecie esta cualidad (aunque varíen ampliamente las normas) señala en dirección de Uno que es el dador de la belleza y que es hermoso en grado sumo.

La naturaleza de Dios

Romanos 1:19-20 indica que todos pueden saber de la existencia de Dios por medio de la revelación general[9]. Pero para saber de la naturaleza de Dios es necesario acudir a la revelación especial, que es la Biblia. Dios se revela de diversas maneras en la Biblia. Entre estas, una manera importante de saber algo sobre él la tenemos en los nombres divinos.

'El (hebreo), «Dios», la forma singular, aparece unas doscientos cincuenta veces en la Biblia y enfatiza la idea de fuerza (véase Génesis 14:18-22). Una forma singular relacionada con la anterior, *'Eloah* (hebreo), figura cuarenta y dos veces en el libro de Job. Pero su plural, *'Elohim,* aparece más de dos mil veces en el Antiguo Testamento; generalmente está relacionado con el poder creador y el cuidado providencial de Dios para con el universo y la humanidad. Además, implica pluralidad en la Deidad (véanse Génesis 1:26; 3:22).

En algunas versiones *Yahweh* se traduce como «Señor»[10]. Este es el nombre distintivo del Dios que guarda el pacto (véanse Malaquías 2:5; 3:6). Aparece alrededor de siete mil veces en la Biblia, y significa «Él seguirá siendo». También implica que él mostrará qué clase de Dios es por lo que hace, y se relaciona especialmente con la promesa: «Yo estaré contigo» (Éxodo 3:12).

Los nombres compuestos especiales, formados con *'El* y *Yahweh,* enfatizan la naturaleza de Dios y sus pactos. Entre estos se incluyen: *'El Shaddai,* «El Dios Todopoderoso» (Génesis 17:1, de la raíz *shadu,* que significa «montaña»); *'El Elyon,* «El Dios Altísimo» (Génesis 14:18); *'El Ro'i,* «El Dios que me ve» (Génesis 16:13); *'El 'Olam,* «El Dios Eterno» (Génesis 21:33); *'El Elohe Yisra'el,* «Dios, el Dios de Israel» (que recalca la relación especial de Dios con Israel, Génesis 33:20); *Yahweh-ropheka,* «Jehová tu sanador [personal]» (Éxodo 15:26); *Yahweh-nissi,* «Jehová es mi estandarte» (Éxodo 17:15); *Yahweh-shalom,* «Jehová es paz» (Jueces 6:24); *Yahweh-ro'i,* «Jehová es mi pastor» (Salmo 23:1). El que perdona lo denota *Yahweh-tsidkenu,* «Jehová, justicia nuestra» (Jeremías 23:6). El nombre de la nueva Jerusalén será *Yahweh-shammah,* «Jehová está allí» (Ezequiel 48:35). Y el nombre celestial de Dios es *Yahweh-sabaoth,* «Jehová de los ejércitos [incluso las huestes angelicales]» (Salmo 148:2; cf. Mateo 26:53).

Hay otros términos importantes que describen la naturaleza de Dios: *'Adonai* (hebreo) y *Kyrios* (griego), «Señor»; *'Attiq Yomin* (arameo), «el Anciano de días», título dado con relación al hecho de que juzgará a los reinos de este mundo y reinará sobre ellos (Daniel 7:9,13,22); *Quedosh Yisra'el* (hebreo), «el Santo de Israel» (usado veintinueve veces por Isaías); *Tsur* (hebreo), «Roca»; *Ab* (hebreo), *'Abba* (arameo) y *Ho Pater* (griego), «Padre», u «Oh Padre» (esta última, una forma de tratamiento muy respetuosa en los tiempos bíblicos); *Melek* (hebreo), «Rey» (Isaías 6:1,5); *Go'el* (hebreo), «Redentor»; *Despotes* (griego), «Señor», «Amo», «Dueño»; y *Rishon wa-'acharon* (hebreo) y *Ho Pro-*

tos kai Ho Eschatos (griego), «El primero y el postrero» (refiriéndose a su dominio sobre todo el curso de la historia, Isaías 44:6; 48:12; Apocalipsis 2:8).

Dejando a un lado los nombres y títulos que se usan en las Escrituras y que hablan de la naturaleza de Dios, demos ahora un vistazo a algunos conceptos importantes que describen dicha naturaleza. Dios es, ante todo, infinito, sin límites de ninguna especie. Es mayor que el universo, puesto que él fue quien lo creó. Esta es una descripción demasiado grande para que nuestra mente finita la pueda captar, pero es necesario aceptar este postulado para comprender a Dios (véase 1 Reyes 8:27). Estrechamente relacionado con este concepto está el de la unidad de Dios. No hay más que un Dios (Deuteronomio 6:4; Isaías 44:6,8).

Al mismo tiempo, Dios es trascendente (está por encima y más allá del universo que creó y es mayor que él) e inmanente (está presente en el universo y participa en él). Solo la enseñanza cristiana acerca de Dios unifica adecuadamente estos dos conceptos. La trascendencia preserva la distinción entre Dios y el universo que creó. No hacer esta distinción lo haría caer a uno en el panteísmo, creencia en la cual Dios y el universo se confunden sin esperanza[11] y se desecha la idea de un Dios supremo personal. La inmanencia, que reconoce que Dios está presente en el universo que creó, es necesaria para preservar la amorosa relación de Dios con los hombres de la tierra que creó (Éxodo 8:22; Hechos 17:24-25, 27-28). «No está lejos de cada uno de nosotros» (Hechos 17:27). Los que no dan suficiente lugar a la cercanía de Dios caen en el error del deísmo, el cual concibe a Dios simplemente como una Causa Primera, algo parecido al indiferente fabricante de relojes que echó a andar el universo y luego se fue para dejarlo funcionar solo.

Dios es también inmutable (no susceptible de cambios) y eterno. Esto significa que la naturaleza de Dios no cambia, y nunca lo hará (véase Malaquías 3:6). En el Antiguo Testamento se utilizan dos vocablos hebreos muy importantes para describir a Dios: *chesed* (amor fiel, constante, que guarda el pacto) y *'emeth* (confiabilidad, permanencia, continuidad, fidelidad, verdad). Él es *'Elohe 'emeth* «verdadero Dios» (2 Crónicas 15:3), y será fiel consigo mismo. Por ejemplo, estos términos aparecen repetidas veces en el Salmo 89. Y describen vívidamente la confiabilidad de Dios.

La naturaleza de Dios

Los atributos de Dios

Además de los atributos que describen su naturaleza interior, Dios mantiene relaciones especiales con su creación. A estos se los denomina atributos comunicables, porque se pueden hallar también (desde luego, en grado mucho menor) en la naturaleza humana. Pueden dividirse en dos categorías: naturales y morales.

Entre estos atributos naturales está la omnipotencia de Dios (la característica de ser todopoderoso). Él disfruta de libertad y poder para hacer todo lo que sea compatible con su naturaleza. Él es soberano sobre el universo. Isaías 40:15 describe la majestad del Rey de reyes: «He aquí que las naciones le son como la gota de agua que cae del cubo, y como menudo polvo en las balanzas le son estimadas; he aquí que hace desaparecer las islas como polvo». Pero pudiera uno preguntar: Si Dios es soberano, ¿por qué hay pecado en el mundo? La respuesta radica en el hecho de que Dios es soberano sobre sí mismo y tiene el poder de limitarse[12]: Él decidió libremente crear seres (los hombres y los ángeles) con la facultad de la elección moral. Y determinó que no intervendría en la libertad de la voluntad humana. Finalmente, uno debe reconocer que Dios, quien concede la libertad personal, es además el Señor de la historia y tiene el control del destino de las naciones y el universo. Todo el libro de Apocalipsis, junto con pasajes importantes de Daniel (por ejemplo 4:34-35; 5:20-21; 7:26-27; 8:19-25) y de Ezequiel (por ejemplo 37:24-28; 38:3; 39:1), revelan claramente el control que tiene Dios sobre el futuro de nuestro universo. Pero entre tanto, Dios ha permitido a los hombres, por razones que solo él conoce, la libertad de la elección personal y el pecado que esta acarrea.

Dios es omnipresente, es decir, está presente en todas partes (Salmo 139:7-10). No está limitado en el espacio. En todo lugar está de muchas y maravillosas maneras con la gente y con todo lo que ha creado; amando y cuidando hasta al pajarillo que cae a tierra (Mateo 6:25-29; 10:29). Pero aunque Dios está presente en todo lugar, uno debe recordar que, mientras se revela a sí mismo y su gloria en los cielos, habita en la tierra únicamente en íntima relación personal con los que se humillan y deciden admitirlo en el santuario de su corazón (Isaías 57:15; Apocalipsis 3:20).

Dios es omnisciente, es decir, tiene un conocimiento y discernimiento infinito, universal y completo. Ve la realidad desde una perspectiva diferente de la nuestra. Nosotros vemos las cosas como una sucesión de conocimientos. Para nosotros, la vida es como un movimiento a lo largo de una línea cronológica.

Por ejemplo, miramos hacia el futuro, que con el tiempo se convierte en presente y luego en pasado. Dios, sin embargo, conoce toda la realidad. Todos los sucesos —pasados, presentes y futuros— están ante él como conocimiento presente (cf. Romanos 8:27-28; 1 Corintios 3:20). Ahora bien, tal vez alguien se pregunte cómo puede Dios saber quiénes se perderán y permitir que se pierdan. La presciencia de Dios no predetermina la elección de una persona, porque él ha decidido no violar el libre albedrío de cada uno. En Efesios 1:3-14 tenemos un esbozo del panorama de la historia universal predeterminada, pero esta vislumbre en la predestinación del curso del universo no excluye los «espacios de libertad» que Dios ha reservado para las decisiones que tomen las personas de manera libre. Dios no envía a la gente al infierno; al contrario, les permite escoger su propio destino eterno.

Además de los atributos naturales de Dios, que constituyen una categoría importante de sus atributos comunicables, hay varios atributos morales. Uno de ellos es la bondad. En realidad, Dios es un Dios bueno. Él está dispuesto a velar de continuo por el bienestar de su creación. No se pone a armarles trampas a sus criaturas. El mal es un enemigo de Dios así como de la creación. La Biblia esta llena de descripciones de la bondad de Dios, en las cuales la gente le atribuye características tales como el amor (1 Juan 4:8), la fidelidad (Salmo 89:1), la gracia (Hechos 20:24) y la misericordia (Efesios 2:4). El acto más grande del amor de Dios se manifiesta en el clímax de su plan de redención en la cruz. Nadie tiene mayor amor que este.

Dios es santo. La santidad de Dios ocupa el primer Lugar en el mensaje bíblico acerca del carácter divino. En la Biblia, santo significa básicamente «separado, dedicado». En la santidad de Dios hay dos aspectos importantes: 1) Él está separado y por encima de todo lo transitorio, finito, imperfecto, así como de todo lo malo, pecaminoso y erróneo. 2) También está separado y dedicado a llevar a cabo su gran plan de redención, el advenimiento de su reino y, finalmente, el establecimiento de los nuevos cielos y la nueva tierra. Este concepto de Dios es absolutamente necesario para entender bien lo que es la adoración. Es un correctivo útil para la «creencia fácil y barata» y las experiencias religiosas superficiales, las cuales no sirven para dedicarnos a hacer su voluntad. Dios inspira temor reverente porque es santo (véase Isaías 6:1-5).

Dios es también justo. Esto significa que se puede confiar en que actuará con justicia (véanse Deuteronomio 32:4; Daniel 4:37; Apocalipsis 15:3). Además de esto, significa que es la justicia personificada (Salmo 71:19). Ser justo corresponde a su naturaleza, y él es siempre fiel a su manera de ser (Isaías 51:4-6). Esta característica de Dios es la que le da el orden moral al universo. Los atributos de justicia, verdad y enojo o ira tienen que ver con esta sublime manera de ser y con esta elevada norma de conducta. Dios trata con imparcialidad a las personas (2 Crónicas 19:7). Esto es justicia. El hecho de que él sea la personificación de la verdad se basa en su pureza absolutamente manifiesta. A la justicia y a la verdad les es necesario servirse de la demostración de un enojo o ira santos para con los que se rebelan contra él (Apocalipsis 16:1-5). Pero al mismo tiempo, Dios anhela redimir a la humanidad caída. (2 Pedro 3:9). Esto es amor. ¡Es en la cruz de Cristo donde confluyen la ira y el amor de Dios! (Romanos 3:22-25).

La Trinidad

Tenemos por delante un gran misterio, pues, como hay un solo Dios, una sola Trinidad, no tenemos analogías o comparaciones adecuadas que nos ayuden a comprender la trinidad de la Deidad (el hecho de que el Ser divino, exista en una unidad de tres personas distintas)[13]. Aunque puede ser difícil comprender la verdad, esta es una doctrina vital y urgente. La historia de la iglesia consigna los trágicos relatos de grupos que no hicieron justicia al concepto de la Trinidad.

La oración diaria de la familia judía, tomada de Deuteronomio 6:4, recalca la gran verdad de la unidad de Dios. «Oye, Israel: Jehová nuestro Dios, Jehová uno es»[14]. Junto a esta importante verdad tenemos el concepto de personalidad con relación a Dios. La personalidad incluye el conocimiento (o inteligencia), los sentimientos (o afectos) y la voluntad. El Padre, el Hijo y el Espíritu Santo poseen cada uno estas características de un modo especial. El Espíritu Santo, por ejemplo, hace cosas que muestran que no es una simple cosa o poder (véanse Hechos 8:29;11:12;13:2, 4; 16:6-7; Romanos 8:27; 15:30; 1 Corintios 2:11; 12:11).

La personalidad exige también comunión. Pero antes de la creación del universo, ¿dónde existía la posibilidad de tener comunión? La respuesta radica en la compleja disposición existente en la Deidad. La unidad de esta no excluye la pluralidad de personalidades. Hay tres personalidades distintas, cada una completamente divina, pero correlacionadas tan armoniosamente que son una sola esencia. Esto es muy diferente de decir que hay tres dioses.

La Trinidad

Una manera útil de descubrir la distinción de personas que hay en la Deidad consiste en observar las funciones que se le atribuyen especialmente a cada una. Por ejemplo, a Dios el Padre se le atribuye principalmente la obra de la creación; Dios el Hijo es el agente principal en la aplicación de la obra de redención a la humanidad; Dios el Espíritu Santo es las arras o el depósito (como el primer pago de una compra a plazos) que garantiza nuestra herencia futura. Esta triple distinción se esboza en Efesios 1. Pero no se debe poner demasiado énfasis en ella, porque hay también abundante testimonio bíblico sobre la cooperación del Hijo y el Espíritu Santo en la obra de la creación: el Padre creó por medio del Hijo (Juan 1:3) y el Espíritu Santo se cernió suavemente sobre la tierra en preparación para los seis días de creación (Génesis 1:2). El Padre envió a su Hijo al mundo para llevar a cabo la redención (Juan 3:16) y el Hijo mismo, durante su ministerio, anduvo «en el poder del Espíritu» (Lucas 4:14). El Padre y el Hijo participan también en el ministerio del Espíritu Santo para la santificación del creyente.

En la Deidad, la Trinidad es una comunión armoniosa. Esta comunión es también una comunión amorosa, pues Dios es amor. Pero su amor es un amor que se exterioriza; no es un amor egocéntrico. Esta clase de amor exige que antes de la creación existiera más de una persona en la esencia de Dios.

Un término importante que debemos tener presente con respecto a la doctrina de la Trinidad es la subordinación. Existe una especie de subordinación en el orden de las relaciones que hay entre las personas, pero no de la naturaleza de ellas. Se dice que el Hijo y el Espíritu «proceden» del Padre. Esta es una subordinación en cuanto a la relación, pero no de la esencia. Se dice que el Espíritu procede del Padre y del Hijo. Esta es la confesión ortodoxa de la iglesia occidental, la cual fue adoptada por el Concilio de Nicea en el año 325 d.C. e incorporada en los credos cristianos oficiales y en las declaraciones doctrinales.

Dos de las principales herejías que se apartaron de la opinión general de la iglesia en cuanto a la interpretación de la enseñanza bíblica sobre la Trinidad fueron el sabelianismo y el arrianismo. Como a mediados del siglo tercero d.C., Sabelio, en un intento de evitar la posibilidad de enseñar que había tres dioses, promovió la idea de que había un solo Dios y con una sola personalidad, pero que se manifestaba de tres modos diferentes. Primero estaba Dios el Padre, el Creador. Después Dios se manifestó como Hijo, el Redentor. Ahora se manifiesta como Espíritu. Para Sabelio, Dios simplemente estaba presentando tres «máscaras» diferentes. Por el año 1915 irrumpió en círculos pentecosta-

La Trinidad

les una forma moderna de esta herejía, adoptando el nombre de «Solo Jesús» o «La Unidad»[15]. Esta es una especie de unitarismo, que simplifica excesivamente la Trinidad[16], rebajando a Dios al nivel humano. A este nivel hay una sola persona en cada ser. Y cualquiera que sea la parte de ella (por ejemplo, la voluntad, las emociones) que actúe, debe decir: «Yo lo hice». Pero a nivel divino hay tres personas en un solo ser. Dios tiene tres «lugares» donde puede decir: «Yo». ¿Y por qué no? ¡Debemos esperar que él sea mayor que nosotros!

La mayoría de los que ahora siguen la doctrina de Solo Jesús enseñan que la gente no es salva hasta que es bautizada en el Espíritu Santo y habla en lenguas. Esto proviene de su confusión en cuanto a las personas divinas, ya que no distinguen entre la redención que es en Cristo y la unción e investidura de poder que se recibe por el ministerio del Espíritu Santo.

La otra herejía que ha afligido periódicamente a ciertos sectores de la iglesia es el arrianismo. En el año 325 d.C., Arrio cayó en el extremo opuesto, poniendo tanto énfasis en la distinción que hay entre las personas de la Deidad que la dividió en tres esencias distintas. El resultado fue una subordinación, no solo de relación, sino también de naturaleza respecto al Hijo y al Espíritu Santo. Esto redujo a Jesucristo, así como al Espíritu Santo, a una posición inferior a la de completa deidad. Arrio negó la eterna filiación de Cristo, estimando que él había comenzado a existir después del Padre. Además, dijo que el Espíritu Santo había comenzado a existir por la operación del Padre y del Hijo, haciéndolo aun menos divino. En la actualidad, muchos grupos sostienen que ni el Hijo ni el Espíritu son completamente divinos. Tales grupos están ligados a Arrio, su ancestro espiritual[17].

Aunque en la Biblia no hay ningún pasaje específico en que se emplee el término *Trinidad*, sí hay numerosos pasajes en que se hace alusión a ella. Tenemos un ejemplo vívido de esto en la descripción del bautismo de Jesús por Juan el Bautista en el río Jordán: «Y Jesús, después que fue bautizado, subió luego del agua; y he aquí los cielos le fueron abiertos, y vio al Espíritu de Dios que descendía como paloma, y venía sobre él. Y hubo una voz de los cielos, que decía: Este es mi Hijo amado, en quien tengo complacencia» (Mateo 3:16-17). Reconocemos que la Trinidad es un misterio, un misterio demasiado grande para la comprensión humana. Sin embargo, como ocurre con tantas verdades que a una persona no regenerada les son difíciles de aceptar, el Espíritu de verdad nos ayuda en nuestra debilidad e incapacidad (1 Corintios 2:13-16). Adoramos al Padre, al Hijo y al Espíritu Santo, y reconocemos sus personali-

La Trinidad

dades en lo que vemos en la Biblia. Por lo tanto, reconocemos humildemente que son uno en comunión, propósito y sustancia.

Preguntas de estudio

1. Aunque los incrédulos no aceptan los argumentos clásicos sobre la existencia de Dios, ¿en qué sentido pueden estos argumentos ser de ayuda a los creyentes?

2. Cuando la Biblia habla del gran nombre de Dios, la palabra nombre puede ser colectiva e incluir todo lo que se revela en los diversos nombres de Dios que figuran en la Biblia. ¿Qué clase de Dios revela el Antiguo Testamento? ¿Qué añade a esto el Nuevo Testamento?

3. ¿Cómo es posible que Dios sea trascendente a la vez que inmanente?

4. ¿Cómo usted puede relacionar los atributos de Dios con la experiencia que tiene con él?

5. ¿Cuáles son los dos aspectos importantes de la santidad de Dios y cómo se relacionan con la santidad que él quiere ver en nosotros?

6. ¿Qué diferencia hay entre santidad y justicia?

7. ¿Por qué es necesario reconocer a Dios como una Trinidad de personas en un solo Ser en vez de tres dioses separados?

8. ¿Cuáles son algunas de las maneras en que la Biblia indica que el Padre, el Hijo y el Espíritu Santo son personas distintas?

9. ¿Cuáles son algunas de las maneras en que la Biblia muestra que en realidad hay una Trinidad?

Tercera verdad fundamental

La deidad del Señor Jesucristo

El Señor Jesucristo es el eterno Hijo de Dios. Las Escrituras declaran:

a) Su nacimiento de una virgen (Mateo 1:23; Lucas 1:31, 35).

b) Su vida sin pecado (Hebreos 7:26; 1 Pedro 2:22).

c) Sus milagros (Hechos 2:22; 10:38).

d) Su obra sustitutiva en la cruz (1 Corintios 15:3; 2 Corintios 5:21).

e) Su resurrección corporal de entre los muertos (Mateo 28:6; Lucas 24:39; 1 Corintios 15:4).

f) Su exaltación a la diestra de Dios (Hechos 1:9, 11; 2:33; Filipenses 2:9-11; Hebreos 1:3).

CAPÍTULO 3

La deidad del Señor Jesucristo

La persona de Cristo

JESUCRISTO ES EL ETERNO HIJO DE DIOS. JUAN 1:18 EXPRESA su deidad de una manera muy explícita: «A Dios nadie le vio jamás; el unigénito Hijo, que está en el seno del Padre, él le ha dado a conocer». Su posición «en el seno del Padre» expresa, no una distinción en cuanto a esencia ni alguna clase de inferioridad, sino una estrecha relación con el Padre y una participación en la autoridad de él. El primer versículo de este gran capítulo de Juan dice que en el principio el «Verbo» estaba con el Padre, una clara afirmación de la coexistencia del Hijo con el Padre desde la eternidad. También afirma que «el Verbo era Dios», esto es, divino[1].

Jesús mismo reconoció su deidad, o por lo menos lo insinuó, cuando dijo: «El que me ha visto a mí, ha visto al Padre» (Juan 14:9). También recibió la adoración de la gente (Mateo 2:2, 11; 14:33; 28:9) y ejerció autoridad divina perdonando pecados (Marcos 2:1-12). Sus discípulos lo reconocieron como el Hijo de Dios (Mateo 16:16). Incluso el «incrédulo» Tomás se convenció de la deidad de Jesucristo en aquel dramático encuentro que tuvo con él en el aposento alto (Juan 20:28). Y de igual modo hoy, los que tienen un encuentro con el Cristo resucitado, caen ante él en adoración, diciendo: «¡Señor mío, y Dios!».

La deidad de Cristo incluye su coexistencia temporal y eterna con el Padre y con el Espíritu Santo. Como lo indica el prólogo de Juan, el «Verbo» tenía pre-existencia eterna. Es significativo el uso del término «Verbo» (en griego, *Logos*), pues Jesucristo es el principal agente de la Deidad para expresar la voluntad divina. No solo es el único mediador entre Dios y los hombres (1 Timoteo 2:5), sino que fue también el mediador en la creación. Dios mandó que el universo existiera por medio del Hijo como la Palabra viviente, y «sin él [aparte de él] nada de lo que ha sido hecho [en la creación], fue hecho» (Juan 1:3). Como lo dice Colosenses 1:15, Cristo es «la imagen del Dios invisible». Hebreos 1:1-2 también proclama la gran verdad de que Cristo es la mejor y más completa revelación de Dios para la humanidad. Desde el principio, el «Verbo», la misma expresión de Dios, lo ha estado revelando eficazmente. Y luego, «cuando vino el cumplimiento del tiempo» (Gálatas 4:4), «aquel Verbo fue hecho carne, y habitó entre nosotros» (Juan 1:14).

Antes de aquella gran manifestación de Dios en una nueva forma en la historia de la humanidad, el Verbo existía eternamente, actuando como re-velador de Dios. Es muy probable que las teofanías o apariciones divinas del Antiguo Testamento fueran en realidad «Cristofanías», ya que en su estado preexistente, estos breves encuentros de Cristo con la gente para revelarles la voluntad de Dios estarían perfectamente de acuerdo con su oficio de revelador. Considere, por ejemplo, pasajes como Génesis 21:17-20; 48:16; Éxodo 23:20. En estos, «el ángel de Dios» se identifica claramente con la Deidad, pero se di-ferencia de Dios el Padre. Génesis 48:16 se refiere específicamente al mensajero celestial como el que «liberta». En otros pasajes donde el ángel de Jehová se identifica con Dios a la vez que se distingue de él, o donde el ángel de Jehová es objeto de adoración (como en Jueces 13:16-22), parece obvio que el ángel era una manifestación de Cristo[2]. Tales manifestaciones de la segunda persona de la Trinidad prefiguran la encarnación, cuando Cristo vendría a habitar entre los hombres de este mundo.

Jesucristo era completamente divino, pero también completamente hu-mano. No era en parte divino y en parte humano. Era y es ciento por cien-to divino y a la vez ciento por ciento humano. Es decir, reunía en una misma persona todas las cualidades divinas y todas las cualidades humanas, de tal manera que estas no se interferían entre sí. Actualmente sigue siendo el Dios-Hombre en el cielo y un día volverá como el «mismo Jesús» que ascendió al cie-lo desde el monte de los Olivos (véase Hechos 1:11). Numerosos pasajes ense-

La persona de Cristo

ñan claramente que Jesús de Nazaret tuvo un cuerpo verdaderamente humano y un alma racional. En él se hallaban todas las características que tenían los seres humanos antes de la caída (esto es, las de Adán y Eva). En realidad, era el postrer Adán (véanse 1 Corintios 15:45, 47). Los relatos de los Evangelios dan como un hecho la humanidad de Cristo. En efecto, se lo describe como un niño acostado en un pesebre y sujeto a las leyes humanas del crecimiento (véase Lucas 2:40, 52). Él adquirió conocimientos por medio del aprendizaje, tuvo hambre y sed, y sintió cansancio (véanse Marcos 2:15; Juan 4:6). Tuvo ansiedad y desilusiones (véase Marcos 9:19), sufrió dolores físicos y mentales, y experimentó la muerte (véanse Marcos 14:33, 37; 15:33-38). En la Epístola a los Hebreos se tiene mucho cuidado de mostrar la total identificación de Cristo con la humanidad (Hebreos 2:9,17; 4:15; 5:7-8; 12:2).

La verdad es que en la persona del Señor Jesucristo habita una naturaleza completamente divina y otra completamente humana: dos naturalezas bien definidas que moran en una sola persona. En realidad, él es plenamente divino y plenamente humano; el cielo y la tierra se juntan en la más maravillosa de todas las personas.

Antes de terminar este breve estudio sobre la persona de Cristo, veamos el significado del título completo que se le da en la Biblia, a saber, «el Señor Jesucristo». Este título lo describe y nos ayuda a ver más claramente quién es él.

El término «Señor» es la traducción de la palabra griega *Kyrios* y de la hebrea *Adonai*[3]. Para las culturas del antiguo Cercano Oriente, «Señor» ha sido siempre un atributo que denotaba gran reverencia cuando se lo aplicaba a los gobernantes. Las naciones vecinas lo usaron para dirigirse a sus reyes de la misma manera en que lo usaban para dirigirse a sus dioses, pues la mayoría de los reyes de los pueblos paganos afirmaban que eran dioses. El término indicaba, pues, adoración y obediencia. *Kyrios* se podía usar para dirigirse a personas comunes como un simple término de cortesía, esto es, una forma amable de decir: Señor. Sin embargo, la Biblia declara que fue el Padre quien le dio a Jesús el título de «Señor», identificándolo de esta manera como Señor divino (Filipenses 2:9-11). Los cristianos no tuvieron ninguna dificultad en adoptar este término, reconociendo a Jesús como Señor divino, e insinuando con su uso que servían en todo al Ser Supremo y se sometían por completo a él. Un título favorito de Pablo al hablar de sí mismo era «siervo» (en griego, *doulos*, «esclavo», esto es, un esclavo por amor) de Cristo Jesús (Romanos 1:1; Filipenses 1:1). Desde luego, la rendición absoluta es la actitud que corresponde tener con un Amo absoluto. El significado práctico de este término es asombroso en cuanto a sus consecuencias para la vida diaria. Porque cada faceta de la vida de un creyente debe estar bajo el señorío de Cristo. Él debe ser el dueño de todo y de cada instante de la vida de todos los que han nacido en la familia de Dios.

Esto no quiere decir que él sea un tirano. En efecto, Jesús dijo: «Los reyes de las naciones se enseñorean de ellas, y los que sobre ellas tienen autoridad son llamados bienhechores; mas no así vosotros, sino sea el mayor entre vosotros como el más joven, y el que dirige, como el que sirve. Porque, ¿cuál es mayor, el que se sienta a la mesa, o el que sirve? ¿No es el que se sienta a la mesa? Mas yo estoy entre vosotros como el que sirve» (Lucas 22:25-27, véase también Mateo 20:25-28). Jesús vivió y enseñó el liderazgo del siervo.

El nombre personal «Jesús» proviene del nombre hebreo Josué, que significa «Jehová es salvación». Este es el nombre del Hijo de Dios, nombre que por disposición divina le fue puesto antes de su nacimiento (véanse Mateo 1:21; Lucas 1:31). Este nombre es un recordatorio del gran propósito que tenía Dios con la encarnación: traer a los hombres salvación y liberación de la esclavitud del pecado. Es necesario destacar que la Biblia tiene cuidado al designar a una persona en particular en una época especial de la historia como la personificación de la salvación de Dios. No es simplemente un hombre cualquiera, sino aquel a quien la gente llamó «Jesús de Nazaret», «el carpintero», «el hijo de María». Un rasgo singular del cristianismo es que está centrado en un personaje histórico, y no relegado a los sistemas filosóficos que no son más que el fruto del razonamiento y la imaginación humanos. El cristianismo está anclado en hechos históricos y también en una persona histórica.

Sin embargo, debe señalarse que, aunque el nombre «Jesús» describe su humanidad, la Biblia protege muy cuidadosamente la forma de su nacimiento de la mera procreación natural. Él nació de una virgen. Su concepción fue milagrosa; fue la obra creadora del Espíritu Santo por el poder del Altísimo, quien cubrió con su sombra a la virgen María (véase Lucas 1:34-35). Esto lo profetizó Isaías más de setecientos años antes de que ocurriera (véase Isaías 7:14)[4], y se cumplió a su debido tiempo de acuerdo con el relato del Evangelio (véase Mateo 1:18-25). Jesús difiere de nosotros por este hecho único: tener dos naturalezas en una sola persona. Él era libre pecado, porque el Espíritu Santo lo protegía de los efectos de la caída de Adán; pero pasaría por todas las pruebas que tenemos como seres humanos y nos representaría ante el tri-

La persona de Cristo

bunal celestial. Era humano en todo sentido, pero no un hombre común. Zacarías 9:9 lo presenta literalmente como «Salvador».

«Cristo» (del griego *Christos*) es el título que relaciona a Jesús de Nazaret con las profecías del Antiguo Testamento acerca de Aquel que vendría. Es la traducción de la palabra hebrea *Mashiach*, «Ungido». El término se empleó para referirse a los reyes que Dios ungió, pero vino a describir especialmente al Hijo de David, de quien se había profetizado que vendría[5]. Jeremías 33 e Isaías 9 y 11 tuvieron una visión anticipada del ungido que vendría a traer liberación y a reinar.

Los oficios de Cristo

El concepto de los oficios divinos de Cristo tiende un puente entre la enseñanza de quien es él y lo que vino a hacer. Hay tres términos que designan estos oficios. Él es «profeta», «sacerdote» y «rey» ungido por Dios. Cada uno de estos términos enfatiza la obra mediadora de Cristo entre el Padre celestial y la gente de la tierra.

La palabra profeta proviene del vocablo griego *prophetes*, que significa «uno, que habla»[6]. Vino a ser un término técnico para referirse a uno que habla en nombre de Dios[7]. Lleva en sí la idea de proclamación, predicación e información. Isaías 42:1-7 habla de Cristo como el siervo ungido que iluminaría a las naciones, e Isaías 11:2 y 61:1 mencionan que el Espíritu de Jehová está sobre él. El Nuevo Testamento presenta a Jesús como predicador, así como maestro (en griego, *didaskalos*) y sanador (Mateo 9:35). En efecto, él anunció la salvación a los pobres (Lucas 4:18-19). En los tiempos bíblicos el término *profeta* no incluía necesariamente la capacidad de predecir el futuro. Los profetas eran simples voceros de Dios, y si él predecía el futuro para confirmar o hacer más claro su mensaje, era Dios, y no el profeta, quien veía y revelaba el futuro. El profeta era tan solo una boca que Dios usaba. A los profetas también se los llamaba videntes porque Dios les permitía ver su mensaje, algunas veces en la mente y otras en sueños o visiones.

Sin embargo, Jesús cumplió el ministerio profético en el exacto sentido de la palabra. En efecto, dijo: «La palabra que habéis oído, no es mía, sino del Padre que me envió» (Juan 14:24). Especialmente en el último año de su ministerio público, Jesús les enseñó a sus discípulos muchas cosas acerca de los sucesos venideros. En los Evangelios hallamos capítulos enteros de discursos, como Mateo 24, que son profecías sobre el futuro. Es evidente que Jesús cumplió el oficio de profeta. En los primeros días de su ministerio comenzó a proclamar que lo que habían predicho los profetas del Antiguo Testamento se estaba cumpliendo en él (véase Lucas 4:16-21). El reino ya se había acercado en su persona y ministerio (véase Mateo 4:17). El mensaje profético iba acompañado de un llamado al arrepentimiento y, como en el caso de los profetas del Antiguo Testamento, dicho llamado brotaba de un corazón lleno de amor a las almas y de un deseo de ver la bendición de Dios sobre ellas.

Jesucristo desempeñó también el oficio de sacerdote. Un sacerdote es una persona especialmente consagrada que representa a Dios delante de los hombres, y a los hombres delante de Dios. Los sacerdotes del Antiguo Testamento ofrecían sacrificios por sí mismos y por el pueblo para procurar el perdón y el favor divino y para celebrar su relación con el Señor (véase Hebreos 8:3). En Cristo, como tan bien desarrolla este tema la Epístola a los Hebreos, hallamos al gran sumo sacerdote, un representante perfecto de entre el pueblo. Además, él no tenía necesidad de purificarse a sí mismo como lo hacían los sacerdotes comunes ni tampoco tenía que ofrecer sacrificios por sí mismo. Él mismo vino a ser el sacrificio perfecto, puro y sin pecado. En efecto, se ofreció a Dios el Padre como expiación suficiente para cubrir y perdonar los pecados del mundo entero así como para pagar por ellos.

De igual modo se le adjudica a Cristo el oficio de rey. Él es nuestro sacerdote y nuestra expiación. Es nuestro amo y Señor. Pero además de esto es Aquel que ha quebrantado el poder de la muerte, el infierno y la tumba, y ha vencido. ¡Él reinará en majestad por los siglos de los siglos! Las profecías del Antiguo Testamento predijeron a uno que vendría y reuniría en sí mismo las funciones de profeta, sacerdote y rey. A David se le prometió que habría un reino sin fin (2 Samuel 7:16). Isaías miró con los lentes de una visión profética y vio a uno que llevaría sobre su hombro el emblema de autoridad (Isaías 9:6) y que haría eterno el trono de David (Isaías 9:7). El libro de Apocalipsis describe al Cordero de Dios en la victoria final, reinando como Rey de reyes (Apocalipsis 5:6-13; 11:15). Entre tanto, él está sentado a la diestra del Padre en los lugares celestiales y reina como cabeza de la iglesia (Efesios 1:22-23).

La obra de Cristo

Jesucristo vino a vivir una vida sin pecado, para ser un ejemplo de justicia perfecta, un modelo por el cual sus discípulos pudieran evaluar su propio comportamiento. No solo nació sin pecado, sino que también vivió sin pecado (véase

Hebreos 4:15). Un término importante respecto a esto es el despojamiento (en griego, *kenosis*, que significa literalmente «vaciamiento») de Jesús. Durante su permanencia en la tierra, Jesús se «despojó» (en griego, *ekenosen*) a sí mismo de la gloria y los privilegios de que gozaba con el Padre en la eternidad pasada (Filipenses 2:7). Aunque hubo ocasiones pasajeras en que resplandeció su gloria celestial, tal como la espectacular transfiguración en el monte de Galilea (Mateo 17:1-13), gran parte de su ministerio terrenal lo ejerció en el poder del Espíritu Santo y por medio de él (véase Hechos 10:38). Él oró para que el Padre le restaurara la gloria que había tenido (véase Juan 17:5), y en efecto se la restauró después de su ascensión (véase Hechos 26:13). La gran doctrina de la *kenosis* tiene su expresión más completa en Filipenses 2:1-11.

Aunque Jesús vino a este mundo de manera milagrosa, y a pesar de que vivió una vida igualmente milagrosa, la razón principal de su encarnación tiene que ver con su muerte. En 1 Corintios 15:3, Pablo lo expresa sucintamente: «Cristo murió por nuestros pecados, conforme a las Escrituras». Jesús vino principalmente para morir. En cierto sentido, la sombra de la cruz estuvo sobre él desde su nacimiento (véase la profecía de Simeón a María en Lucas 2:34-35). La cruz es el principal acontecimiento de toda la historia. Esto es lo que diferencia al cristianismo de todos los demás sistemas religiosos. El cristianismo adquiere su mayor significado, no de la vida y las enseñanzas de su fundador, bien que ellas son importantes, sino de su muerte. Los cuatro Evangelios no son biografías en el sentido estricto de la palabra, pues relatan rápidamente la vida y las enseñanzas de Jesús para llegar a los sucesos que llevaron a su muerte. Por ejemplo, Juan llega a la narración de la última semana, la semana de la pasión[8], en el capítulo 12, que está solo un poco más adelante de la mitad de su libro. Esto muestra la importancia que, por medio de los evangelistas, le concede el Espíritu Santo a este pavoroso espectáculo. Las epístolas están llenas de referencias a la cruz y al significado de la muerte de Cristo. (En el capítulo siguiente trataremos más detalladamente sobre la doctrina de la expiación).

Cuando Jesús dijo: «Consumado es» y murió, acabó la obra que había venido a hacer por nuestra redención. Solo necesitaba hacer una cosa más: resucitar para nuestra justificación (véase Romanos 4:25). La resurrección de Cristo fue la audaz proclamación al universo de que su muerte fue eficaz: que en realidad las huestes de las tinieblas fueron vencidas y que el Cristo triunfante se levantó del sepulcro, garantizando con su resurrección la nuestra. En

La obra de Cristo

la Biblia, 1 Corintios 15, el gran capítulo que trata sobre la resurrección, termina con un anuncio arrobador: «Sorbida es la muerte en victoria. ¿Dónde está, oh muerte, tu aguijón? ¿Dónde, oh sepulcro, tu victoria? Ya que el aguijón de la muerte es el pecado, y el poder del pecado, la ley. Mas gracias sean dadas a Dios, que nos da la victoria por medio de nuestro Señor Jesucristo» (vv. 54-57).

Es importante destacar que la resurrección de Jesús fue una genuina resurrección corporal de una muerte real. Este es el milagro principal de la Biblia, milagro en el cual se basan nuestra fe y nuestra salvación. Los que rechazan de manera categórica la posibilidad de que ocurran milagros en el universo, tratan desesperadamente de descartar con explicaciones la resurrección de Jesús. Algunos niegan que él murió realmente, y afirman que solo «se desmayó» y que luego recobró el conocimiento con el aire fresco de la tumba. Pero un Jesús medio muerto que salió arrastrándose de la tumba difícilmente podría haber inspirado a los apóstoles a arriesgar su vida por la proclamación del evangelio. Otros sostienen que resucitó solo su espíritu. Pero los discípulos pudieron tocarlo (véase Juan 20:27). Él no era un simple espíritu ni un fantasma (véase Lucas 24:37-39). Otros dicen que Pedro se quedó dormido a bordo de la barca, soñó que veía a Jesús en la playa y que, dormido todavía, saltó al agua y se dirigió en su sueño hacia la orilla. Cuando llegó a esta, vio las cenizas de una fogata que alguien había dejado el día anterior, y todo le pareció tan real que comenzó a decirles a los demás que había visto a Jesús. Esto hizo que otros tuvieran alucinaciones masivas en los lugares en que simplemente creyeron que veían al Jesús resucitado. Pero los que dicen esto necesitan mucha fe para creer que Pedro no despertó al tocar el agua o que tales alucinaciones masivas convencieron a todos los discípulos y a los otros que vieron a Jesús. Aun otros insinúan que en su entusiasmo los discípulos falsearon los hechos. Pero una vez más afirmamos que difícilmente habrían dado su vida por el evangelio si hubieran sabido en sus corazones que habían mentido.

Es preciso tener presente varios puntos indiscutibles con respecto a la prueba de la resurrección real de nuestro Señor. La piedra fue removida de la tumba. Pero ¿quién lo hizo? Los judíos y los romanos pusieron una guardia; ellos no habrían hecho esto. Ciertamente los soldados sabían que si lo hacían se enfrentarían a la pena de muerte. En cuanto a los discípulos, tenían miedo y estaban escondidos. Y las mujeres que fueron a la tumba no tenían fuerzas suficientes para hacerlo. La respuesta de la Biblia en el sentido de que los responsables fueron los ángeles es la única explicación razonable[9].

La gran cantidad de testimonios, provenientes de más de quinientos testigos y que abarcan no menos de diez apariciones registradas del Señor después de su resurrección, es una confirmación convincente de que el hecho fue real; cuando se escribieron los relatos evangélicos, cualquiera de los contemporáneos que hubiera querido objetar su testimonio podría haberlo hecho con facilidad (1 Corintios 15:6). Pero no hay ninguna prueba de que alguien rebatiera a los discípulos. Y a no ser que haya habido una genuina resurrección, uno no puede dar razones adecuadas para explicar el dramático cambio que se efectuó en los discípulos. Se necesitaría algo más que alucinaciones masivas para hacerlos obedecer al Señor y quedarse en Jerusalén, esperando el Espíritu Santo prometido. Por otra parte, los judíos no pudieron mostrar el cuerpo del Señor; un argumento favorito que usaron entonces consistió en decir que los discípulos hurtaron el cuerpo y falsearon los hechos. Pero no es fácil deshacerse de un cadáver, y no hay nada que indique que los líderes judíos hubieran comisionado a alguien para buscarlo. Por el contrario, les dieron dinero a los soldados para que falsearan lo que había ocurrido (véase Mateo 28:11-15). Al examinar objetivamente todo, no hay ninguna explicación adecuada, aparte de la tumba vacía, que dé razón de la supervivencia, crecimiento e impacto de la pequeña iglesia de Jerusalén en la civilización mundial.

El cuerpo resucitado de Jesús tenía varias características extraordinarias. Pero la explicación cabal de lo que ocurrió en él permanece envuelta en un misterio que el Señor ha estimado conveniente no revelar (véase 1 Corintios 15:35-44). No obstante, se nos dicen algunas cosas. En efecto, los Evangelios nos revelan que el cuerpo resucitado de Jesús era real; era el mismo cuerpo que había sido sepultado. El Señor tenía aún la capacidad de realizar actividades físicas propias del cuerpo humano. Por ejemplo, comió lo que le dieron sus discípulos (véase Lucas 24:39-44). Pero además de las capacidades humanas normales, el cuerpo resucitado de nuestro Señor se transformaba y tenía algunas propiedades poco comunes. Algunas de las limitaciones típicas del cuerpo humano habían desaparecido. Cuando Pedro entró en el sepulcro, vio el sudario, que había estado sobre la cabeza de Jesús, enrollado como un turbante[10] y los lienzos con que lo habían envuelto aún en su lugar; pero parece que al principio no comprendió lo que había ocurrido. Luego, cuando entró Juan, «vio, y creyó» (Juan 20:8); es decir, se dio cuenta de que Jesús había re-

La obra de Cristo

sucitado precisamente de entre las envolturas, y por consiguiente, creyó (véase Juan 20:6-8). Jesús pasó también a través de puertas cerradas para estar con sus discípulos, y desapareció de la vista de dos de ellos que caminaban con él en dirección a Emaús. Quizá las breves visiones del cuerpo resucitado de Cristo sean una muestra de las características de los cuerpos gloriosos que tendremos en la resurrección final de los creyentes, cuando todos seamos transformados (véase 1 Corintios 15:51).

Los cuarenta días de apariciones de Jesús a sus discípulos después de su resurrección finalizaron con su ascensión. Allí en el monte de los Olivos, situado enfrente de la ciudad de Jerusalén, Jesús ascendió corporalmente mientras lo observaba una gran multitud de sus discípulos (véase Hechos 1:9,11). Este dramático momento final puso fin al período de la encarnación durante el cual el Dios-Hombre, Cristo Jesús, participó físicamente con la gente de la tierra. Cuando la nube lo ocultó de la vista de sus discípulos, Jesús entró en el cielo (véanse Hebreos 4:14; 1 Pedro 3:22) y allí comenzó una nueva fase de su ministerio. La obra de redención la había acabado con éxito: había instruido cuidadosamente a sus discípulos en la iglesia el programa que había iniciado para ellos. Entre tanto, debían esperar la promesa del Padre, el Espíritu Santo, quien continuaría la obra de Cristo en la tierra por medio de ellos. Ahora, acabada la fase de su obra relacionada con la humillación y la muerte, su ascensión inauguraba el comienzo de un reinado de exaltación.

Como creyentes, nosotros recibimos varios beneficios importantes de la ascensión y exaltación de Cristo. El Señor exaltado es ahora nuestro amigo y abogado a la diestra del Padre, y ejerce el ministerio de interceder por nosotros (véanse Romanos 8:34; Hebreos 7:25; 1 Juan 2:1). Él ha comenzado una nueva fase de su ministerio sacerdotal. Porque habiendo consumado el sacrificio expiatorio, nuestro gran sumo sacerdote se ha sentado, lo cual es una prueba de que ha acabado su obra, y defiende nuestra causa en el cielo. Tenemos la seguridad de que «si confesamos nuestros pecados, él es fiel y justo para perdonar nuestros pecados, y limpiarnos de toda maldad» (1 Juan 1:9). Y por el hecho de estar ya en el cielo, Jesucristo es nuestra garantía de que allí se está preparando un lugar para nosotros y de que él procurará que haya lugar suficiente para cada uno de nosotros (véase Juan 14:1-3)[11]. Finalmente, su exaltación fue acompañada del envío del Espíritu Santo para que fuera nuestro «otro Consolador» o Ayudador (en griego, *parakletos*, que significa «ayudador», «intercesor»[12] (véase Juan 14:16-26). Por consiguiente, aunque hoy el Señor está físicamente separado de nosotros, podemos disfrutar de una genuina unión con él mediante el ministerio del Espíritu Santo, el cual Dios nos lo ha dado para que tome de las cosas de Cristo y las ponga en nuestro corazón. Por lo tanto, en este importantísimo sentido Jesucristo está hoy al alcance de todos, libre ya de las restricciones de la apariencia física con la cual actuó durante su ministerio terrenal. En realidad, estas son bendiciones maravillosas que están a nuestra disposición a causa de la ascensión y exaltación de Cristo.

Preguntas de estudio

1. ¿Cuáles son algunas de las maneras en que la Biblia declara, reconoce o revela la deidad de nuestro Señor Jesucristo?

2. ¿Cómo demuestra la Biblia que durante su vida y ministerio terrenal Jesús fue completamente humano, a la vez que completamente divino?

3. ¿Cómo pudo Jesús ser Señor y siervo al mismo tiempo?

4. ¿Qué importancia tiene el nacimiento virginal?

5. ¿Cómo desempeñó Jesús los oficios de profeta, sacerdote y rey ungido durante su ministerio terrenal? ¿Cómo los está desempeñando hoy? ¿Cómo los desempeñará cuando venga otra vez?

6. ¿En qué sentido Jesús «se despojó a sí mismo» cuando vino a la tierra y tomó forma humana?

7. ¿Cuáles son las pruebas de la resurrección corporal de Jesús?

8. En vista de lo que dice 1 Juan 3:2, ¿qué muestra el cuerpo resucitado de Cristo con relación a la naturaleza de nuestro futuro cuerpo resucitado?

9. ¿Qué beneficios nos reporta la ascensión y exaltación de Cristo?

Cuarta verdad fundamental

La caída del hombre

El hombre fue creado bueno y justo. En efecto, Dios dijo: «Hagamos al hombre a nuestra imagen, conforme a nuestra semejanza» (Génesis 1:26). Pero el hombre cayó por transgresión voluntaria y de este modo se acarreó, no solo la muerte física, sino también la muerte espiritual, que es separación de Dios (Génesis 1:26-27; 2:17; 3:6; Romanos 5:12-19).

CAPÍTULO 4

LA CAÍDA DEL HOMBRE

El origen de la humanidad

¿Qué somos nosotros como seres humanos? Esta es una pregunta que se han hecho los pensadores a lo largo de los siglos. Desde luego, es una pregunta importante, ya que si no se tiene una respuesta adecuada, el significado de la vida sigue siendo incierto. Gran parte del desasosiego que existe entre la juventud se puede atribuir a esta búsqueda apremiante.

Un buen punto de partida para nuestro estudio sería reflexionar en dos pasajes del libro de los Salmos. ¿Qué es el hombre, para que tengas de él memoria, y el hijo del hombre, para que lo visites? Le has hecho poco menor que los ángeles, y lo coronaste de gloria y de honra. Le hiciste señorear sobre las obras de tus manos; todo lo pusiste debajo de sus pies» (Salmo 8:4-6). En este pasaje, la palabra ángeles es la traducción de la voz hebrea 'Elohim, que es un vocablo general para referirse a Dios, a los dioses o a los ángeles, según cuál sea el contexto en que se use. Inspirado por el Espíritu Santo, el escritor de la Epístola a los Hebreos incorporó en su obra este texto del Antiguo Testamento (véase Hebreos 2:5-9) y aplicó los versos del salmista a Jesús (como nuestro representante y como aquel por medio del cual podemos llegar al destino que el pecado nos había negado). Al hacerlo, tradujo 'Elohim por la palabra griega angelous, «ángeles», y de este modo dilucidó el sentido del original hebreo. Pero el punto importante es que la perspectiva del salmista con respecto a los seres humanos es de arriba, de su relación con el cielo. Aquí es evidente un marcado contraste entre los seres humanos y el resto de la creación.

Otro salmo comienza diciendo: «Oh Jehová, ¿qué es el hombre, para que en él pienses, o el hijo de hombre, para que lo estimes? El hombre es semejante a la vanidad; sus días son como la sombra que pasa» (Salmo 144:3-4). Este concepto de los seres humanos revela nuestra condición. Al fin y al cabo, no somos más que frágiles criaturas. Separados de nuestro Creador, estamos en peligro. Entre estos dos importantes modos de considerar a la humanidad —aquel en que se nos estima como un objeto especial del interés creador de Dios y el otro en que se cree que dependemos del poder sustentador de Dios— está la descripción realista de la Biblia. Todos los otros modos de considerar a la humanidad, que por lo demás son ajenos a la Biblia, adolecen de ser demasiado altos o demasiado bajos. Pero la Biblia nos describe tal como somos.

¿Dónde se originaron los seres humanos? La Biblia no nos da un informe preciso y detallado de la creación, tal como el que los científicos modernos podrían presentar. El lenguaje científico tal y como lo conocemos no se desarrolló hasta los tiempos modernos. La Biblia utiliza el lenguaje común, y en este sentido antecede al científico en sus categorías y vocabulario, pero no es falso ni místico. El relato de la creación es un informe de los hechos escrito con sentido común y en un lenguaje apropiado para los pueblos del antiguo Cercano Oriente. Pero lo extraordinario es que a pesar de los milenios transcurridos y de nuestra cultura complicada y orientada a la ciencia, el lenguaje del Génesis aún comunica la información esencial que necesitamos. Al fin y al cabo, la ciencia no es más que un sistema de clasificación de datos empíricos. Y aunque los científicos pueden especular sobre los orígenes, no tienen ninguna posibilidad de regresar al pasado para comprobarlos. Pero nosotros estamos seguros de nuestro origen por los hechos que Dios nos ha revelado en su Palabra. No hay contradicción entre la verdadera ciencia y la Biblia.

En cuanto al origen de los seres humanos, lo que dice Génesis 1:26-28, no obstante ser sumamente profundo, es muy sencillo:

> Entonces dijo Dios: Hagamos al hombre a nuestra imagen, conforme a nuestra semejanza; y señoree en los peces del mar, en las aves de los cielos, en las bestias, en toda la tierra, y en todo animal

que se arrastra sobre la tierra. Y creó Dios al hombre a su imagen, a imagen de Dios lo creó; varón y hembra los creó. Y los bendijo Dios, y les dijo: Fructificad y multiplicaos; llenad la tierra, y sojuzgadla; y señoread en los peces del mar, en las aves de los cielos, y en todas las bestias que se mueven sobre la tierra.

Debe notarse que este pasaje no implica la explotación del mundo natural, sino su cuidado y uso adecuado. Sojuzgar la tierra significa servirse de sus recursos mediante un uso y control apropiado. Esta fue la autorización que Dios concedió para que una ciencia física ayudara a la gente a aprender acerca de la tierra y cómo hacer buen uso de ella. Señorear en el mundo animal incluye un cuidado adecuado y el respeto a sus criaturas. En este caso la autorización divina fue para que una ciencia biológica ayudara a la gente a aprender sobre los seres animados y cómo tratarlos. Por desdicha, como lo señala Romanos 1, los hombres echaron a Dios del trono, se pusieron a sí mismos en lugar de él y cayeron en toda clase de idolatría, pecado y perversión. Después, cuando creyeron en muchos dioses —ninguno de los cuales poseía el control total y muchos luchaban unos con otros— no pudieron creer en ninguna clase de armonía, uniformidad u orden en la naturaleza, como tampoco pudieron creer en las leyes naturales. No fue sino hasta los últimos años de la Edad Media, cuando los teólogos cristianos dijeron que Dios tenía un plan y que él era fiel y consecuente, cuando también la gente comenzó a darse cuenta de que en la naturaleza había armonía. En efecto, los teólogos cristianos le dieron el primer impulso a las investigaciones científicas y la ciencia comenzó a progresar.

Del relato del Génesis se pueden sacar varias conclusiones cruciales y de largo alcance. En primer lugar, Adán y Eva fueron el resultado de la creación especial de Dios. La Biblia exige explícitamente un punto de vista creacionista, en marcado contraste con el evolucionismo, que enseña un desarrollo orgánico desde los animales inferiores hasta los seres humanos. Aunque el relato bíblico no especifica el tiempo en que ocurrió la creación, con solo decir «en el principio»[1], muestra una clara diferencia entre la creación de los otros seres vivos y la creación especial de Adán y Eva. Las diversas teorías de la evolución biológica, que oscurecen la diferencia que hay entre los seres humanos y los animales, exigen un concepto de las Escrituras muy diferente del que tuvieron los apóstoles. Para Pablo, había un Adán literal, y llama la atención sobre una cuestión teológica por el hecho de que Adán fue el primer hombre (Romanos 5:12-21). Y si hubo un Adán literal, la evolución se ve en apuros para explicar cómo pudo Adán haber evolucionado hasta convertirse en Eva. Generalmente los evolucionistas plantean que en el linaje humano la mujer apareció primero.

Los conceptos evolucionistas son de dos clases fundamentales: teístas y ateístas. Podemos desechar la evolución ateísta como una doctrina que por definición está fuera de los límites, aunque en la actualidad la mayoría de los evolucionistas creen que la evolución ha tenido lugar por los mismos procesos naturales que vemos hoy y que en sí mismos constituyen una explicación suficiente. Por lo tanto, no ven ninguna necesidad de una intervención divina. Pero incluso algunos de ellos están pasando por tiempos difíciles tratando de explicar el origen de muchas de las estructuras complejas de la naturaleza[2].

Sin embargo, hay numerosos cristianos sinceros que creen que deben acomodar las enseñanzas de la Biblia a varios de los llamados hechos de la ciencia, y así deciden adoptar una posición conocida como evolución teísta. Aunque los motivos que tienen para tomar tal posición son plausibles, esta exige una clase de hermenéutica bíblica que suscita más interrogantes de los que resuelve. En efecto, obliga a una interpretación mítica, o por lo menos figurada o alegórica, de parte del Génesis. Ninguno de estos conceptos concuerda con el del apóstol Pablo. Además, parece que la capitulación de los evolucionistas teístas a las exigencias de ciertas teorías científicas sería prematura. Debido a recientes investigaciones científicas, hoy hay muchos que tienen objeciones más serias contra la teoría de la evolución biológica de lo que sucedía hace una generación. La Biblia no niega que haya cambios y desarrollo. Dios creó a un hombre y una mujer. Pero hoy tenemos todas las variedades que observamos en las diversas razas. Aun así, todos seguimos siendo seres humanos, mucho más semejantes que diferentes. Parece que Dios proporcionó los medios para que en la creación se desarrollaran otras variedades más. Pero el desarrollo y los cambios se ven en los géneros que él creó. Los registros de fósiles muestran también que los principales grupos de animales se remontan en línea recta hasta el período cámbrico, en el cual se han hallado los fósiles más antiguos. Por ejemplo, un equinodermo (animal de la familia de la estrella de mar) del período cámbrico era similar a los de hoy día. Otro tanto se puede decir del *quetognato* (especie de lombriz marina con forma de flecha) de este mismo período. La mayoría de las presuntas pruebas de la evolución se basan en las transformaciones producidas en los diversos géneros[3].

En realidad, la teoría de la evolución se ha convertido más en una doctrina filosófica que en una teoría científica. Como creemos en la Biblia, podemos estar seguros de que los hechos responden a las legítimas exigencias de las Escrituras[4]. Ciertamente Dios habla por medio de la naturaleza. Pero la Biblia es la eterna Palabra de Dios. A menudo lo que la ciencia descubre se interpreta de diversas maneras; pero hoy día miles de personas se dedican a actividades científicas o tienen instrucción científica y creen que no hay ningún conflicto entre la ciencia y la Biblia. El que cree en la Biblia no tiene por qué temer a la verdad[5].

La naturaleza de la humanidad

Del relato del Génesis acerca de la creación especial de Dios se desprenden varias conclusiones importantes en cuanto a la naturaleza de los seres humanos. Una es que todos tenemos los mismos ancestros: Adán y Eva. Esto da testimonio de la unidad del género humano. Básicamente existe una sola raza, y no varias. La enseñanza de Romanos 5:12-21 con respecto a la caída se basa precisamente en la solidaridad y unidad del género humano. Debido a esta unidad, la tendencia al pecado ocasionada por la caída de Adán alcanza a todos los integrantes del linaje humano. De la misma manera, la redención que tenemos por medio de Cristo, el postrer Adán, tiene una eficacia similar (Romanos 5:18).

Cuando Dios creó al hombre, formó primero su cuerpo del polvo de la tierra. Luego sopló en su nariz aliento de vida[6] y fue «un ser viviente»[7]. La Biblia nos habla después del cuerpo material, de un alma inmaterial y de un espíritu igualmente inmaterial. A los que enfatizan estas tres categorías se los llama *tricotomistas*. Hay justificación para esta triple distinción en pasajes como 1 Tesalonicenses 5:23: «Y el mismo Dios de paz os santifique por completo; y todo vuestro ser, espíritu, alma y cuerpo, sea guardado irreprensible para la venida de nuestro Señor Jesucristo». Otros se basan en las afirmaciones de 2 Corintios 4 y 5 para señalar que hay básicamente dos categorías: el cuerpo y el hombre interior. A los que ponen énfasis en este aspecto dual, material e inmaterial, sin prestarle especial atención a la distinción entre el alma y el espíritu, se los llama *dicotomistas*[8].

Cualquiera que sea el campo en que uno se clasifique en cuanto a este asunto, es evidente que la naturaleza humana tiene tres funciones, a las cuales se refieren las tres categorías antes mencionadas. El cuerpo es la parte de nuestro ser por medio de la cual nos enteramos del mundo. Los órganos sensoriales que Dios nos dio —la vista, el tacto, el oído, el olfato y el gusto— nos permiten tener conciencia del ambiente físico que nos rodea. Es principalmente por estos medios que nos comunicamos con nuestro entorno. Nuestros apetitos corporales son parte de nuestra constitución fisiológica y psicológica.

En ninguna parte de la Biblia se dice que dichos apetitos sean malos en sí mismos. Esto es muy importante, ya que los griegos, así como otros pueblos paganos de los primeros siglos, estimaban el cuerpo como una «cárcel». Pero los escritores bíblicos no pensaban así. El cuerpo que Dios creó es bueno. Está destinado a ser la morada del Espíritu Santo. Y un día resucitará. Pero incluso en nuestro estado glorioso necesitaremos un cuerpo para alcanzar la plena expresión de nuestra naturaleza, ya que siempre seremos seres finitos. Este conocimiento del cuerpo humano y del valor que Dios le concede es de suma importancia para tener una conducta ética adecuada. Si el cuerpo fuera malo en sí mismo, podríamos argumentar que somos víctimas de circunstancias irremediables cuando nuestros apetitos nos incitan a pecar y, desesperados, nos dejamos dominar por nuestras pasiones. Como cristianos, no debemos permitir que los apetitos corporales gobiernen nuestro comportamiento, sino que más bien, con el ejercicio de una disciplina adecuada, debemos hacer que nuestro cuerpo se convierta en instrumento útil para cumplir los mandamientos de Dios (Romanos 6:13; 1 Corintios 9:27).

Las dos facetas de nuestra naturaleza inmaterial, el alma y el espíritu, están íntimamente relacionadas entre sí y son prácticamente inseparables; sin embargo, ambas se emplean de manera bastante distinta para que podamos notar la diferencia. Por lo general el término *alma* se usa teológicamente para denotar la personalidad, en especial con respecto a nuestra vida consciente (Apocalipsis 6:9). El alma nos permite tener conciencia de nosotros mismos. Esto es lo que hace a un individuo una personalidad genuina, con las características que le son propias. Generalmente se considera que las facultades del alma son el intelecto, las emociones y la voluntad. Las tres juntas constituyen una persona. Proporcionan una conciencia de la personalidad. El alma es el enlace entre el espíritu y el cuerpo; el alma gobierna toda la personalidad.

La naturaleza de la humanidad

También tenemos espíritu. Desde luego, Dios es espíritu (Juan 4:24). Por otra parte, la Biblia habla del espíritu humano como algo que está en uno mismo (1 Corintios 2:11); es decir, el ser humano no es espíritu, pero alberga un espíritu. Nuestro espíritu es el que tiene relación con el mundo espiritual invisible, ya sea del bien o del mal. Es aquella facultad que nos permite tener conciencia de Dios. En Efesios 2:1-10, Pablo describe el estado de las personas no regeneradas como muertas en «delitos y pecados». Tales personas tienen cuerpo como sus contemporáneos cristianos. Tienen también capacidades psicológicas semejantes, con la facultad de razonar, querer y tener sentimientos. Pero están «muertos» con respecto a Dios. Están separados de él; están espiritualmente inertes. Cuando el Espíritu Santo vivifica a las personas no regeneradas, dándoles una vida nueva, se restaura en ellas la capacidad de relacionarse con Dios.

La imagen de Dios

Génesis 1:26-27 nos habla de la creación del hombre (tanto del varón como de la mujer) a imagen y semejanza de Dios. Se usa la palabra imagen (en hebreo, *tselem*) para referirse a estatuas y maquetas. Da a entender que en el ser humano se refleja algo de la naturaleza de Dios. La palabra semejanza (en hebreo, *demuth*) se utiliza para referirse a patrones, figuras o formas que son algo parecidas a lo que representan. Insinúa que hay algo en nosotros que se parece a Dios. Los dos vocablos hebreos implican la posibilidad de que el ser humano se siga desarrollando. En otras palabras, Adán y Eva no fueron creados tal como habían de ser; porque aunque hubo perfección en la creación de ellos, esta fue más bien como la perfección de un botón que como la de una flor o un fruto. Pero nunca seremos iguales a Dios, puesto que somos seres finitos y dependemos de él. En Juan 5:26 Jesús declaró: «Como el Padre tiene vida en sí mismo, así también ha dado al Hijo el tener vida en sí mismo», es decir, por naturaleza y por derecho propio. Dios jamás ha hecho esto con ningún otro. Solo tenemos vida eterna mientras la vida de Cristo está en nosotros por medio de una unión vital con él (véase Juan 15:1-6).

La imagen de Dios que está en nosotros consiste en una imagen natural y una imagen moral, pero no en una imagen física. Nuestro cuerpo fue hecho del polvo. Antes de la encarnación, Jesús no tenía apariencia de hombre (véase Filipenses 2:5-7). Dios le advirtió a Israel que no se hiciera imágenes porque, debido a su naturaleza, él no tiene una forma de la cual se pueda hacer una

(Deuteronomio 4:15-19). Por consiguiente, ninguna imagen puede ser como Dios, y adorar una es adorar algo que no es Dios. En realidad, lo que vieron Moisés e Israel fue la gloria divina (Éxodo 33:18, 22). La imagen natural incluye aquellos elementos de la personalidad que pertenecen a todas las personas, ya sean humanas o divinas, y que, por lo tanto, se hallan en todos nosotros así como en Dios. El intelecto, las emociones, la voluntad: todos ellos son categorías que constituyen la verdadera personalidad y forman una clara línea divisoria entre los seres humanos y los animales. Las grandes capacidades naturales de la humanidad, la potencialidad para lo que llamamos cultura y civilización, radican en esta armonía que tenemos con nuestro Creador.

La imagen moral incluye la voluntad y la esfera de la libertad, en la cual podemos ejercer la facultad de tomar nuestras propias decisiones. Esta es la parte de la imagen que hace posible la comunión y la comunicación con Dios[9]. Dios es amor (1 Juan 4:8), y nosotros podemos amar y tenemos la obligación de hacerlo, primero con Dios (Deuteronomio 6:5), correspondiendo a su amor (1 Juan 4:19), y luego con nuestro prójimo, incluso el extranjero (véanse Levítico 19:18, 33-34; Deuteronomio 10:19; Mateo 5:43-44; Lucas, 10:27-37). Nuestro intelecto informa a nuestra voluntad, y por esto contraemos también una obligación. La imagen moral es también la cualidad de nuestra personalidad que tiene que ver con el buen o mal empleo de nuestras facultades. Esta nos da una naturaleza moral y un enorme potencial para hacer gran mal o para mostrar verdadera bondad, rectitud y santidad. En el principio, cuando Dios creó a Adán y a Eva, los dotó de genuina santidad de corazón y no solo de inocencia. Ellos tenían una verdadera inclinación a Dios y deseaban caminar y hablar con él. Con la caída se malogró esta inclinación a Dios, convirtiéndose en aversión a él. Pero por medio de Cristo nos hemos vestido de un «nuevo hombre, creado según Dios en la justicia y santidad de la verdad» (Efesios 4:24). Esto nos muestra que Dios está especialmente interesado en la imagen moral y desea verla restaurada en los hombres. Es, pues, necesario que lo sea si queremos tener comunión con él.

El origen del pecado

Un problema que los filósofos han tratado de resolver y en el cual han discurrido desde la época de los antiguos griegos es cómo explicar la entrada del mal en el mundo. A lo largo de los años se han propuesto muchas y diversas ideas, todas ellas ajenas a la Biblia. A uno de estos conceptos se lo conoce como dualismo. Sostenido por los antiguos seguidores de Zoroastro y después por herejes como los gnósticos (que causaron problemas en la iglesia primitiva) y por los maniqueos, este punto de vista tiene una larga historia. Los dualistas afirman que existe un principio eterno del mal en conflicto perpetuo con el del bien. Por lo general consideran a la materia, o al universo físico, como intrínsecamente malo. Por consiguiente, estiman que el cuerpo es malo por naturaleza. Esta convicción los lleva a reprimir los deseos físicos, o a resignarse por completo entregándose a un vulgar desenfreno. Para la teología, las consecuencias son igualmente graves, pues el dualismo estima que Dios no es absoluto ni infinito o bien concibe dos dioses, uno bueno y otro malo. Por ejemplo, algunos dualistas creen que el dios malo creó el universo aprovechándose de que el dios bueno no estaba mirando. Otros creen que solo el espíritu es bueno, y por lo tanto, suponen que el cuerpo físico de Jesús no era más que una ilusión. Aun otros dicen que el espíritu de Cristo estaba muy por debajo de Dios, bastante separado de él para que no lo contaminara, y que vino sobre Jesús en el momento de su nacimiento o de su bautismo (incluso algunos sostienen que el espíritu de Cristo se fue de él un poco antes de su crucifixión).

Otro concepto en cuanto al origen del mal es que este es simplemente parte de la condición finita del hombre. El pecado no es más que una «negación del ser». Esta creencia se inclina al panteísmo, puesto que en ella se confunde el ser con la moralidad. Si el hecho de ser criatura lleva automáticamente consigo el concepto de pecado, entonces esto elimina la responsabilidad moral de los seres humanos. Así el pecado no es más que el resultado de la ignorancia y la debilidad, siendo el medio más culpable que el individuo. La gente ha tratado de echarle la culpa a otro desde el mismo día de la caída (véase Génesis 3:12-13).

Una variante del concepto precedente es que el pecado es mayormente, si acaso no totalmente, un mal social. Reinhold Niebuhr escribió un famoso libro intitulado *Moral Man and Immoral Society* [El hombre moral y la sociedad inmoral][10]. En esta obra trata de demostrar que el mal que un hombre no tendría valor para hacerlo solo, lo haría si formara parte de un grupo, tal como una turba o una corporación, donde su personalidad se fundiría con la de otros que entonces compartirían en conjunto la responsabilidad. Aunque Niebuhr reconoció el pecado personal, otros han tratado de ir mucho más allá de su posición, recalcando el aspecto social del pecado con la omisión total de la

El origen del pecado

responsabilidad personal. Por ejemplo, una generación antes de la de Niebuhr, Carlos Marx enseñaba que el pecado no era más que la injusticia social.

Un malentendido común es estimar que el pecado tiene la naturaleza de una sustancia. Pero si el pecado fuera una sustancia, o una cosa, tendría que haberlo creado Dios, y por lo tanto, sería esencialmente bueno. En vista de que la Biblia en conjunto muestra que Dios aborrece el pecado, los maestros cristianos han rechazado por años la idea de que este tenga su origen en él. Aunque el pecado no es una sustancia ni una cosa, esto no quiere decir que no sea una realidad. La oscuridad es la falta de luz. Pero aunque a veces se compare al pecado y al mal con las tinieblas, en realidad, estos son más que la falta del bien. Asimismo el pecado es más que un defecto. Es una fuerza activa, perniciosa y destructora.

¿Qué enseña la Biblia en cuanto a un tema tan importante como este? El concepto bíblico es que el pecado tuvo su origen en el mal uso de la libertad que Dios les concedió a las criaturas dotadas de voluntad. Dios no creó el mal. El mal es una cuestión de relación y no una cosa. Fundamentalmente, este hace caso omiso de la gloria de Dios, de la voluntad de Dios y de la Palabra de Dios. Rompe las relaciones de obediencia a Dios y fe en él y toma la decisión de decepcionarlo. Pero Dios permitió, por motivos que solo él conoce, la posibilidad del fracaso moral[11]. El libre albedrío es una consecuencia natural e importante de la personalidad. La acción moral es lo que determina el carácter. Y esto lleva consigo un peligro muy grande, el peligro de fracasar. Cuando Dios les concedió la libertad de tomar decisiones morales a los ángeles y a los seres humanos que había creado, tuvo que permitir la posibilidad de que algunas de sus criaturas fracasaran. Si no hubiera esta posibilidad, no habría verdadera libertad ni verdadera personalidad[12]. Lo maravilloso es que Dios proveyó al mismo tiempo un remedio para los que cayeran.

El pecado tuvo, pues, su origen en la libre elección de las criaturas de Dios. Cuando la serpiente[13] tentó a Eva, comenzó con una pregunta (como suele hacerlo Satanás): «¿Conque Dios os ha dicho: No comáis de todo árbol del huerto?». Con ello quería decir: «Si Dios fuera tan bueno, ¿les impediría hacer algo que ustedes quisieran?». Pero después de la pregunta formuló una abierta negación: «No moriréis; sino que sabe Dios que el día que comáis de él, serán abiertos vuestros ojos, y seréis como Dios, sabiendo el bien y el mal». Con esto, Satanás insinuaba que Dios decía que los había creado a su imagen y quería que fueran como él, pero que les había prohibido lo único que los haría ser como él. Entonces, cuando Eva dejó que Satanás la hiciera fijar su atención en el fruto prohibido, su mente comenzó a razonar sobre si efectivamente esto sería bueno para ella. Por lo tanto, Satanás no tuvo que tomar el fruto ni obligarla a comerlo. Ella misma siguió mirándolo y tomó la decisión. Lo tomó, comió y dio a su marido, inculcándole probablemente el mismo razonamiento que la indujo a ella a pecar. Cuando nuestros primeros padres cedieron a la tentación y pecaron, se produjeron varios resultados de dicho acto. En primer lugar, pasaron a un estado de culpabilidad. Es decir, no solo tuvieron conciencia de su mala acción y de la separación de Dios que esta implicaba, sino que también quedaron expuestos al castigo. En efecto, fueron condenados por el mandamiento que Dios les había dado, mandamiento que traía aparejado un castigo[14].

Dios no podría ser santo y pasar por alto la transgresión de la ley divina. Por esta razón, Dios debe tratar el pecado con ira y juicio (véanse Romanos 1:18; Hebreos 10:31; 12:29; 2 Pedro 2:9; 3:7).

Adán y Eva se acarrearon, pues, las consecuencias personales del pecado (véase Génesis 3:16-19). Además, todo el género humano se contaminó con el pecado. De ahí en adelante, los niños que nacieran vendrían por naturaleza contagiados con la inclinación al pecado. Cuando un niño llega a la edad de la responsabilidad moral[15], esta enfermedad de la naturaleza humana acarrea inevitablemente actos pecaminosos, por lo que el individuo cae bajo la ira de Dios. Muchas veces se le llama pecado original al efecto del pecado de Adán sobre el género humano. El pecado original, aunque no es en sí la razón por la cual Dios condena a los pecadores, los lleva al pecado personal manifiesto. Por eso el apóstol Pablo dice con tristeza: «Todos pecaron y están destituidos de la gloria de Dios» (Romanos 3:23). Como consecuencia del pecado de Adán, se perdió la inocencia, se deformó y se empañó la imagen divina estampada en la humanidad, los hombres se convirtieron en esclavos del pecado (véase Romanos 6), y la discordia y la muerte entraron en el mundo.

Una consecuencia obvia del pecado ha sido la ruptura de las relaciones que prevalecían en el huerto del Edén. En primer lugar, Adán y Eva se separaron de Dios. En vez de ayudarlos, su conciencia los hizo esconderse de la presencia de Dios entre los árboles del huerto y coser hojas de higuera para cubrirse. Luego, cuando Dios les enrostró su pecado, trataron de echarle la culpa a otro (algunos lo han estado haciendo desde entonces). Pero Dios no aceptó esto, sino que los hizo responsables de sus actos.

El origen del pecado

El pecado, pues, tuvo su origen en la libre elección de las criaturas de Dios. En vez de creer y confiar en Dios en respuesta a su amor y cuidado maravilloso, lo destronaron para entronizarse ellos. La incredulidad y el deseo de exaltarse a sí mismos fueron los elementos clave de su pecado. Isaías 14 nos muestra hasta qué extremos puede llegar esto. En esta profecía contra Tiglatpileser, que adoptó el título de «rey de Babilonia»[16], se registran las afirmaciones extravagantes que hizo con respecto a sí mismo. Al igual que la mayoría de los reyes de la antigüedad, trató de exaltarse sobre todos los dioses y sobre el Dios verdadero. Dos años después se cumplió la profecía y los que vieron su cadáver decían: «¿Es este aquel varón[17] que hacía temblar la tierra?» (Isaías 14:16-20)[18]. La esencia del pecado consiste, pues, en la sustitución del objetivo original y supremo de la vida (buscar a Dios y su justicia) por la satisfacción personal. El resultado es toda clase de pecado, corrupción y perversión[19].

Desde un punto de vista negativo, el pecado se puede describir como la infracción de las leyes de Dios (véase 1 Juan 3:4). Tanto en el Antiguo como en el Nuevo Testamento se emplea una gran variedad de términos, cada uno de los cuales aporta matices de significado que se centran en esta interpretación fundamental del pecado como exaltación de sí mismo e infracción de la ley divina. La palabra hebrea que más se utiliza para referirse al pecado es *chatta'th*, que fundamentalmente significa «errar el blanco», ya sea por quedarse voluntariamente corto o por ir deliberadamente a uno u otro lado (véanse Isaías 53:6; Romanos 3:9-12,23)[20]. Se utiliza otra palabra, *resha'*, para referirse a un arranque de cólera contra Dios (Ezequiel 21:24). *Pesha'* es una rebelión deliberada, premeditada (Jeremías 5:6). Otros vocablos nos hablan de un comportamiento desviado y torcido, contrario al propósito de Dios para con nosotros. Pero todos se reducen básicamente a una incredulidad que no confía en Dios ni le obedece (véase Hebreos 3:19; 4:1).

Con la animosidad que surgió entre Caín y Abel se consigna el primer ejemplo de relaciones tirantes que han corrompido a la sociedad desde la caída del hombre. Las guerras y peleas han provocado indecibles aflicciones a lo largo de la dilatada historia de la humanidad. Y esto seguirá ocurriendo hasta que Jesús, el Príncipe de paz, regrese a establecer su reino sobre la tierra (véase Mateo 24:6-8). Además, cada pecador se debate en una dura lucha interior (véase Romanos 7). El conflicto mental que atormenta al hombre caído es una consecuencia directa del pecado. «¡Miserable de mí! ¿Quién me librará

El origen del pecado

de este cuerpo de muerte?» es el grito de la persona atormentada por la falta de armonía en su vida (Romanos 7:24).

Incluso la naturaleza sufre las consecuencias de la caída. La tierra misma fue maldita (Génesis 3:14-24). No solo el mal moral se convirtió en una oscura nube que se cierne sobre el mundo, sino que la caída ocasionó también el mal natural. Las pestilencias, las enfermedades y las sequías que han azotado a la humanidad —haciendo que su trabajo sea en realidad «con el sudor» de su rostro— son el resultado de la rebelión inicial contra Dios que Adán y Eva protagonizaron en el huerto.

El pecado trajo la muerte. Dios le advirtió al hombre que comer del fruto prohibido tendría por resultado una muerte segura (véase Génesis 2:17). A menudo en la Biblia la palabra *muerte* significa separación. Así que el primer efecto del pecado fue la muerte espiritual; en realidad, el pecado separó a Adán y a Eva de Dios. Luego la rebelión de ellos introdujo la muerte física en el mundo. Por consiguiente, «está establecido para los hombres que mueran una sola vez, y después de esto el juicio» (Hebreos 9:27). Además de esto, los pecadores no arrepentidos están también destinados a sufrir la segunda muerte (véase Apocalipsis 2:11; 20:15), que es la separación eterna de la fuente de vida, Dios mismo, en el lago de fuego.

El hecho de que la paga de todo pecado sea la muerte (Romanos 6:23) nos llama también la atención a lo seria que es la naturaleza del pecado. Pablo señala que el pecado puede incluso utilizar algo bueno como la ley para llevar a cabo malos propósitos. Dios permite esto para que el pecado llegue a ser «sobremanera pecaminoso» (Romanos 7:13). Esto significa que no hay ninguna posibilidad de que podamos ni siquiera minimizar el pecado más leve. Ningún pecado es demasiado pequeño para que lo pasemos por alto y no pidamos perdón por él. Santiago nos recuerda también que «Dios no puede ser tentado por el mal, ni él tienta a nadie; sino que cada uno es tentado, cuando de su propia concupiscencia es atraído y seducido. Entonces la concupiscencia, después que ha concebido, da a luz el pecado; y el pecado, siendo consumado, da a luz la muerte» (Santiago 1:13-15). En otras palabras, si dejamos que nuestra mente se fije en alguna tentación o deseo malo, esto tendrá por resultado un acto pecaminoso, y si hacemos del pecado un hábito o una manera de vivir, este nos acarreará la muerte espiritual y eterna, esto es, la separación final de Dios. No es extraño que la Biblia diga: «Todo lo que es verdadero, todo lo honesto, todo lo junto, todo lo puro, todo lo amable, todo lo que es de buen nombre; si hay virtud alguna, si algo digno de alabanza, en esto pensad» (Filipenses 4:8). No tenemos que aceptar los malos pensamientos o deseos que vengan a nuestra mente ni deleitarnos en ellos. En sí mismos no son pecados; pueden infiltrarse en nuestros pensamientos por medio del mundo que nos rodea. Pero sí podemos rechazar tales pensamientos. Porque solo cuando nos aferramos a ellos y les permitimos incubarse, nos llevan a pecar. Por ejemplo, cuando Jesús dijo: «Yo os digo que cualquiera que mira a una mujer para codiciarla, ya adulteró con ella en su corazón» (Mateo 5:28), la palabra griega que se ha traducido por *mira* es un participio que quiere decir «sigue mirando». El hecho de que un pensamiento pasajero se introduzca en nuestra mente no significa que seamos culpables y hayamos pecado. De ninguna manera. Con la ayuda del Espíritu Santo podemos rechazar tal pensamiento y obtener así una victoria para la gloria de Dios.

Por todo lo dicho podría parecer que no existe ningún pecado menor. Sin embargo, la Biblia sí hace distinción cuando juzga los pecados; pero esta es sobre bases diferentes (por ejemplo, no con respecto a cuál de los dos es más grave, si el hurto o el asesinato). En el Antiguo Testamento se hace diferencia entre pecados cometidos sin intención, y por los cuales se podía ofrecer una ofrenda (véase Levítico 4:1-5:13), y pecados deliberados y provocativos, para los cuales se prescribía un castigo ejemplar (véase Números 15:30-31). Al respecto, el Nuevo Testamento añade: «Porque si pecáremos voluntariamente después de haber recibido el conocimiento de la verdad, ya no queda más sacrificio por los pecados, sino una horrenda expectación de juicio, y de hervor de fuego que ha de devorar a los adversarios. El que viola la ley de Moisés, por el testimonio de dos o de tres testigos muere irremisiblemente. ¿Cuánto mayor castigo pensáis que merecerá el que pisoteare al Hijo de Dios, y tuviere por inmunda la sangre del pacto en la cual fue santificado, e hiciere afrenta al Espíritu de gracia?» (Hebreos 10:26-29). De este modo la Biblia nos advierte que nunca tengamos una actitud burlona o indiferente con respecto al pecado. En realidad, el mundo necesita el evangelio. Asimismo todos necesitan la salvación que Dios ha provisto. Gracias a Dios, nosotros podemos andar en luz, tener comunión con él y hacer que la sangre de Jesucristo nos limpie de todo pecado (1 Juan 1:7).

El origen del pecado

Preguntas de estudio

1. Génesis 1 nos da un relato gradual de la creación y pone énfasis en el Creador. Génesis 2 narra parte del sexto día y nos da más detalles con respecto a la creación de la humanidad. Juntando los relatos de ambos capítulos, ¿qué se puede decir acerca de la naturaleza del hombre y de la mujer que Dios creó?

2. Considerando solo los dos primeros capítulos del Génesis, ¿qué aprendemos sobre el Creador?

3. ¿Cómo se pueden definir mejor los términos cuerpo, alma y espíritu?

4. ¿Qué aspectos de la «imagen» de Dios están incluidos en los seres humanos?

5. ¿Qué tienen de malo el dualismo y el panteísmo?

6. ¿Qué nos enseña la Biblia sobre la naturaleza del pecado y el mal?

7. ¿Cuáles fueron los pasos que dio Satanás en la tentación de Eva? ¿Ha cambiado sus tácticas hoy? Si lo ha hecho, ¿de qué manera? Y si no, ¿por qué?

8. ¿Qué les ocurrió a Adán y a Eva a consecuencia de su pecado?

9. ¿Qué consecuencias acarreó el pecado de ellos al género humano?

10. ¿Qué significa la muerte espiritual?

Quinta verdad fundamental

La salvación del hombre

La única esperanza de redención del hombre se hace realidad por medio de la sangre que derramó Jesucristo, el Hijo de Dios.

a) Condiciones para la salvación

La salvación se recibe por medio del arrepentimiento para con Dios y la fe en el Señor Jesucristo. Por el lavamiento de la regeneración y por la renovación en el Espíritu Santo, y justificado por gracia por medio de la fe, el hombre viene a ser heredero de Dios conforme a la esperanza de la vida eterna (Lucas 24:47; Juan 3:3; Romanos 10:13-15; Efesios 2:8; Tito 2:11; 3:5-7).

b) Pruebas de la salvación

La prueba interna de la salvación consiste en el testimonio inequívoco del Espíritu (Romanos 8:16). Y la prueba externa para todos, en una vida de justicia y santidad (Efesios 4:24; Tito 2:12).

CAPÍTULO 5

LA SALVACIÓN DEL HOMBRE

DESDE ANTES DE LA CREACIÓN DEL MUNDO, DIOS INCLUYÓ en su programa un plan para la redención del género humano. La muerte de Jesucristo por los pecados del mundo no fue ni un segundo plan ni una medida tomada de improviso para una creación descarriada. Él es el «Cordero que fue inmolado desde el principio del mundo» (Apocalipsis 13:8). Dios tomó esta medida con la sabiduría de su presciencia, aun antes de la caída del hombre en el Edén (véase Efesios 1:4). El cristianismo no es un recién llegado entre las religiones del mundo, sino que fue instituido en la mente de Dios antes del principio del tiempo.

El concepto de sacrificio

Algo esencial para comprender la relación que hay entre la muerte de Cristo en la cruz y nuestra salvación es el concepto de sacrificio. Dios ordenó esta institución, la cual prefiguraba el sacrificio mejor que había de venir (véase Hebreos 10:1-14) a la vez que proporcionaba una lección perpetua para todos en cuanto al pecado, la santidad, la culpa y el castigo por el pecado. Es un interesante hecho antropológico que el sacrificio sea una práctica casi universal entre las diversas culturas del mundo[1]. Aun en la sociedad moderna, la gente tiene necesidad de compensar o expiar de algún modo sus pecados. A veces hace esto por medio de diversos recursos psicológicos, los cuales son también una forma de sacrificio. Ya en la época de Génesis 3:21 se registra la práctica del sacrificio en la historia de la humanidad.

En el tiempo de la ley de Moisés, Dios dispuso un medio para que los israelitas tuvieran verdadero perdón de pecados, el cual consistió en la institución del sacrificio cruento bajo la dirección del sacerdocio levítico. Este programa sacerdotal abunda en tipos y símbolos que prefiguran a Cristo. Al mismo tiempo, proporcionó una manera de preocuparse del pecado y la culpa en la era precristiana. Por fe, Abraham, Moisés y sus descendientes espirituales aceptaron lo que Dios les proveyó por su gracia; le ofrecieron sacrificios y él los perdonó (véase Romanos 4).

El derramamiento de sangre era una parte importante de tales sacrificios, porque «la paga del pecado es muerte» (Romanos 6:23) y la sangre representa la vida derramada en la muerte (Levítico 17:11). Por lo tanto, la ley de Moisés exigía que casi todo fuera purificado con sangre porque «sin derramamiento de sangre no se hace remisión» (Hebreos 9:22)[2]. La sangre de los toros y de los machos cabríos fue una institución buena, pero temporal, carente de perfección como lo confirma la necesidad de su constante repetición (Hebreos 10:11). En realidad, la sangre de los sacrificios de animales no podía quitar el pecado (Hebreos 10:4). La razón por la que Dios pudo aceptarlos y conceder verdadero perdón fue que Cristo iba a morir, y su muerte y el derramamiento de su sangre bastarían para los pecados del mundo entero. Y así, cuando se cumplió el tiempo, Jesús se ofreció a sí mismo como el sacrificio perfecto y sin pecado, acabando de una vez para siempre con la necesidad de los frecuentes y repetidos sacrificios de animales (Hebreos 9:11-14).

La expiación

El concepto de sacrificio se basa en la necesidad de hacer expiación. «Expiación» es la traducción de la palabra hebrea *kippur*, forma intensiva que significa «cubrir con un precio». El pecado aparta al pecador del Dios santo: desde el mismo momento en que le volvemos las espaldas, él, el Santo, ya no puede tener consideración con el pecado. La expiación es el acto por medio del cual Dios cubre los pecados con el precio de la sangre derramada, mostrando así que se ha pagado el precio del pecado y que él puede mirarnos otra vez con agrado[3]. ¿Cómo se efectuó la expiación? Dios no solo es santo, sino también amoroso. En su gran amor estuvo dispuesto a sufrir el castigo de nuestros pecados, el sufrimiento que había acarreado la violación de la ley divina. La santidad y el amor de Dios convergen en la cruz de Cristo. Allí se satisfizo la santidad de Dios y se exaltó su amor delante del universo. Dios el Hijo, el sacrificio perfecto, sufrió en sí mismo la ira del Dios ofendido para que los pecadores no tengan que soportar un castigo infinito. El castigo eterno en el lago de fuego es la consecuencia lógica para la gente finita que peca contra el Dios infinito y santo.

Con respecto a la expiación hay varios términos que es necesario examinar. Por ejemplo, el sacrificio de Cristo fue un sacrificio vicario. *Vicario* significa «que sustituye a otro». Jesús no murió por sus propios pecados, pues él no tenía pecado (véanse Juan 8:46; 1 Pedro 2:22). Como profetizó Isaías, él fue herido «por *nuestras* rebeliones» (Isaías 53:5, cursivas añadidas), por lo que Pablo señaló: «Cristo murió por *nuestros* pecados, conforme a las Escrituras» (1 Corintios 15:3, cursivas añadidas). Por esa razón los evangélicos hablan del sacrificio sustitutivo. Cristo murió en nuestro lugar. «Nadie tiene mayor amor que este, que uno ponga su vida por sus amigos» (Juan 15:13). «Dios muestra su amor para con nosotros, en que siendo aún pecadores, Cristo murió por nosotros» (Romanos 5:8).

El sacrificio expiatorio de Cristo en la cruz fue suficiente. En efecto, satisfizo las exigencias de la ley de Dios y su justicia. Nos proporcionó una posición delante de él, la cual le permite considerarnos justos. «Ahora [...] se ha manifestado la justicia de Dios [...] por medio de la fe en Jesucristo, para todos los que creen en él. Porque no hay diferencia, por cuanto todos pecaron, y están destituidos de la gloria de Dios, siendo justificados gratuitamente por su gracia, mediante la redención que es en Cristo Jesús, a quien Dios puso como propiciación [en griego, *bilasterion*, y que se ha traducido por «propiciatorio» en Hebreos 9:5] por medio de la fe en su sangre, para manifestar su justicia, a causa de haber pasado por alto, en su paciencia, los pecados pasados, con la mira de manifestar en este tiempo su justicia, a fin de que él sea el justo, y el que justifica al que es de la fe de Jesús». (Romanos 3:21-26). Es decir, los sacrificios del Antiguo Testamento mostraban la paciencia de Dios pero no podían mostrar su justicia, porque la muerte de un animal no puede ser un sustituto suficiente de la vida de un ser humano. Fue necesaria la sangre de Cristo, cuya vida y persona son de infinito valor, para que fuera un sacrificio suficiente tanto para los santos del Antiguo Testamento como para los que ahora creen en Jesús, mostrando de este modo que Dios es verdaderamente justo. En otras palabras, el sacrificio de Cristo es eficaz para las personas del Antiguo Testamento que creyeron en Dios así como para los que ahora creemos en Jesús. Esto implica también que una vez que se ha apaciguado su ira, Dios puede volver a mirar con agrado a los que han sido perdonados y cuyos pecados han sido cubiertos con la sangre de Cristo como precio suficiente y quitados para siempre de delante de sus ojos.

Resultados de la obra de Cristo en el Calvario

De este concepto de sacrificio expiatorio se deriva la idea de la reconciliación. Así como la expiación es la causa, la reconciliación es el efecto. Nos hemos reconciliado con Dios debido a la cruz de Cristo (Romanos 5:10; 2 Corintios 5:18-19).

La expiación que hizo Cristo lleva también consigo la idea de redención. La muerte de Cristo se representa como el pago de un rescate, un precio dado para librar a otro que está esclavizado o cautivo. Mateo 20:28 y Marcos 10:45 describen a Cristo como el que vino para «dar su vida en rescate por muchos». («Muchos» incluye a todos los que creen en él). Se habla también de la obra de Cristo como una redención (véanse Lucas 1:68; 2:38; Hebreos 9:12). ¿A quién se le pagó este rescate? De seguro no fue a Satanás, aunque algunos teólogos de la antigüedad enseñaron esto. A Satanás no le debemos nada. El rescate, el precio, la deuda solo tiene que ver con la justicia de Dios. Es a él a quien hemos ofendido con nuestro pecado. Pero cuando no pudimos pagar, Dios el Hijo pagó todo el precio que exigía el carácter de Dios. Tenemos una hermosa ilustración de esto en Oseas 3, donde Dios envía al profeta a comprar de nuevo a su esposa que lo había dejado para ir a servir a dioses falsos y estaba en venta como esclava. No había ninguna posibilidad de que se pudiera redimir ella misma. Pero Oseas, luego de pagar un gran precio, la redimió y amorosamente la retomó para sí. Para que Dios nos redimiera, el gran precio que tuvo que pagar fue la muerte de su Hijo unigénito (Juan 3:16).

¿Cuáles son algunos de los resultados de esta maravillosa obra de Cristo en el Calvario? En primer lugar, tenemos el perdón de las transgresiones y los pecados. Con su obra expiatoria, Cristo pagó totalmente la deuda que habíamos contraído al ofender a Dios y que no teníamos esperanza de pagar. Y quitó para siempre la mancha de nuestros pecados pasados. Ya no se exige el castigo a los que se acercan con fe para recibir el perdón gratuito que obtuvo nuestro Salvador (véanse Juan 1:29; Efesios 1:7; Hebreos 9:22-28; Apocalipsis 1:5).

Tenemos también la liberación del dominio del pecado. La expiación no solo quita totalmente la culpa para que los creyentes sean hechos justos, como si nunca hubieran pecado, sino que quebranta también el poder del pecado que los encadenaba cuando eran incrédulos. Este es el gran tema de Romanos desde el capítulo 6 hasta el 8. Aunque podemos pecar después de haber recibido a Cristo como nuestro Salvador y Señor, pues seguimos siendo criaturas con libre albedrío, con todo hemos sido librados y podemos tener la ayuda del Espíritu Santo para que no pequemos. Aunque tenemos siempre por delante la posibilidad de caer, Pablo se estremece ante la idea de que uno que ha sido librado de la esclavitud del pecado considere siquiera el regreso a las tinieblas (véase Romanos 6:1).

Otro gran triunfo que obtenemos mediante la muerte expiatoria de Cristo es la liberación de la muerte. Cristo fue «coronado de gloria y de honra, a causa del padecimiento de la muerte, para que por la gracia de Dios gustase la muerte por todos» (Hebreos 2:9). Por lo tanto, los que adoptan las medidas que él tomó ya no necesitan tener temor de la muerte espiritual. La muerte física es el postrer enemigo que destruirá el Cristo victorioso (véase 1 Corintios 15:26). Aunque el diablo es un enemigo vencido y su juicio es seguro, aún actúa en nuestro mundo, y la muerte física es el destino de cada uno hasta el regreso de Jesús (véanse 1 Corintios 15:26; 1 Tesalonicenses 4:16-18). Pero a pesar de la muerte física, los creyentes, cuyas vidas están escondidas con Cristo en Dios, no estarán sujetos a la muerte espiritual, «la muerte segunda», la eterna separación de Dios en el lago de fuego (cf. Hebreos 2:14-15; Apocalipsis 2:11; 20:14-15). Su porción es el don de la vida eterna (Juan 3:16).

Aquí es necesario decir algo más. Cristo murió por todos y no solo por unos pocos. La redención abarca prácticamente a toda la creación. El deseo de Dios es que todos sean salvos (véanse 1 Timoteo 2:4; 2 Pedro 3:9). Aun así, los efectos prácticos de la redención se extienden solo a los que responden a la amorosa invitación de Dios. Y esta respuesta trae consigo salvación.

La conversión a Dios

Todo lo que el hombre debe hacer para ser salvo de la ira que vendrá sobre el pecado es mirar a Cristo y vivir. (Cf. Números 21:4-9; Juan 3:14-15; 12:31-32).

La salvación no consiste en una serie complicada de ritos y fórmulas religiosas, ni en un conjunto de pasos místicos. Más bien se produce al instante en la vida de quien busca sinceramente a Dios cuando cree de corazón. Sin embargo, aun cuando no haya un orden cronológico o evidente de los sucesos, sí hay una secuencia lógica que uno ve cuando examina la Biblia.

Hay varios términos cruciales que están vitalmente relacionados con la maravillosa experiencia de la salvación. Ante todo, debemos comenzar con el ministerio de la convicción. Al respecto, Jesús dijo: «Ninguno puede venir a mí, si el Padre que me envió no le trajere; y yo le resucitaré en el día postrero» (Juan 6:44). Aunque en este pasaje se atribuye al Padre esta bondadosa atracción divina, lo cierto es que él la lleva a cabo en su mayor parte por medio del Espíritu Santo. En efecto, el Espíritu Santo es el ejecutor de la Deidad, el que aplica los méritos de la redención a los que creen. «Y cuando él [el Consolador, el Ayudador, el Espíritu Santo] venga, convencerá al mundo de pecado, de justicia y de juicio. De pecado, por cuanto no creen en mí; de justicia, por cuanto voy al Padre, y no me veréis más; y de juicio, por cuanto el príncipe de este mundo ha sido ya juzgado» (Juan 16:8-11). El principal instrumento que usa el Espíritu Santo en esta obra es la Palabra de Dios. «La fe es por el oír, y el oír, por la palabra de Dios» (Romanos 10:17). El Espíritu Santo no obliga a los pecadores a aceptar sus atenciones, sino que los llama para que vengan a Cristo. A esto se conoce a veces como doctrina de la vocación o llamamiento. Tanto los arminianos como los calvinistas están de acuerdo en que Dios toma la iniciativa en cuanto a la salvación de los pecadores. Él es quien hace la invitación.

La palabra conversión se usa para referirse al acto de volverse o dar media vuelta. Las Escrituras contienen numerosas referencias a personas que se convirtieron o se volvieron a Dios (Proverbios 1:23; Isaías 31:6; Ezequiel 14:6; Joel 2:12; Mateo 18:3; Hechos 3:19). La conversión es la respuesta del pecador al llamamiento del Espíritu Santo. Este acto de volverse se compone de dos elementos: el arrepentimiento y la fe.

El arrepentimiento se puede considerar como el lado negativo de la conversión. Se centra en aquello de lo cual uno se vuelve, y consiste en abandonar el pecado. En el arrepentimiento hay un elemento intelectual. En efecto, la palabra griega que se usa para referirse al arrepentimiento, metanoia, significa «cambio de idea». Este no es un cambio superficial ni temporal, sino un cambio radical en cuanto a las actitudes. Se produce un cambio en la manera de considerar el pecado. Ya no se lo pasa por alto, ni se lo excusa, ni se lo llama «un estilo de vida alternativo». El pecador arrepentido reconoce que es pecador y culpable delante de Dios. Hay asimismo un cambio de actitud para con Dios y su justicia, un cambio de la rebelión y la indiferencia al amor y el interés. En el arrepentimiento hay también un elemento afectivo. En realidad, implica un verdadero dolor por el pecado (lo cual es evidente en pasajes como: Salmo 51:1; Mateo 21:29-30; 2 Corintios 7:8). En el arrepentimiento hay, por último, un elemento volitivo (un acto definido de la voluntad para aceptar y recibir lo que Dios ofrece). Por otra parte, la palabra griega *metanoia* pone un marcado énfasis en el hecho de que uno, además de tener conciencia del pecado y de lamentarse por él, experimenta tal aversión al pecado que ejecuta un acto de la voluntad para rechazarlo y seguir a Cristo, teniendo un profundo deseo de aprender más de él (véanse Mateo 3:8; Hechos 5:31; 20:21; Romanos 2:4; 2 Corintios 7:9-10; 2 Pedro 3:9).

El lado positivo de la conversión necesita un énfasis aún mayor. El pecador no solo debe *volverse de* algo, sino también *volverse a alguien*. Nos volvemos del pecado a Dios. Volverse a Dios es un acto de fe. Consiste en comenzar una relación positiva con Dios. Para la experiencia cristiana es esencial poner énfasis en la importancia de la fe. «Pero sin fe es imposible agradar a Dios; porque es necesario que el que se acerca a Dios crea que le hay [tal y como se revela en las Escrituras], y que es galardonador de los que le buscan» (Hebreos 11:6). Todas nuestras relaciones con Dios están ancladas en la fe.

Pero ¿qué significa la *fe*? También esta, como el arrepentimiento, se puede considerar en tres niveles. En primer lugar, hay un elemento intelectual. La fe se basa en la información. No se nos pide que no creamos en nada. Los hechos del mensaje del evangelio se presentan, ante todo, al intelecto de la persona (véase Romanos 10:17). Necesitamos conocer los hechos fundamentales del evangelio antes de que se espere que los creamos. Asimismo hay un elemento afectivo en la fe salvadora. La explicación que dio Jesús de la parábola del sembrador (Mateo 13:20-21) describe vívidamente este nivel de la fe: la semilla que cayó en pedregales y creció con rapidez, pero pereció por el calor del día. Así es, hay muchos que parecen lamentarse por el pecado (lo que es un nivel afectivo del arrepentimiento) y estar embelesados en sus experiencias religiosas (lo que es un nivel afectivo de la fe), pero que no parecen establecerse firmemente en los principios fundamentales de la fe en Dios. Tan pronto como se presenta la adversidad, los problemas o la persecución, tales experiencias desaparecen. Muchos de los supuestos descarriados nunca han sobrepasado el nivel afectivo de la fe salvadora. Hay, sin embargo, un nivel de fe que llega hasta lo más íntimo de la personalidad, el centro de la voluntad. La fe volitiva sobrepasa el mero asentimiento intelectual, sobrepasa el sentimiento de ser religioso, hasta llegar a una entrega decisiva de todo nuestro ser a la gracia de Dios. No podemos aceptar a Jesús como nuestro Salvador sin aceptarlo como nuestro Señor. Hay una entrega absoluta de la voluntad al señorío de Jesucristo. Las palabras griegas y hebreas que se han traducido por *creer* comunican la idea de una sumisión total, la entrega absoluta de la voluntad, y una obediencia continua y fiel. En el Antiguo Testamento, bien podría haberse traducido la palabra *fe* por *fidelidad*. En el Nuevo Testamento se la podría traducir por *fe-obediencia*, pues no puede haber fe sin obediencia.

Creer es un verbo transitivo que aparece siempre ligado a su complemento. Abraham «creyó a Jehová», y no solo la promesa del Señor (Génesis 15:6). Además de la voz hebrea *'aman*, que se ha traducido por *creer*, hay otras palabras afines que nos pueden ayudar a comprender el significado original. Una es *'omeneth*, la cual se emplea para referirse a una niñera fiel, de quien se puede estar seguro de que no dejará caer al niño que han puesto en sus brazos. Otra es la palabra *'amna*, que se utiliza para referirse a un fundamento sólido que no cederá ni siquiera bajo la carga más pesada[4]. Por consiguiente, los creyentes pueden confiar plenamente en Dios; es decir, la verdadera creencia es una relación. En la Biblia no hay tal cosa como tener «fe en la fe»; hay que tener siempre fe en Dios, un compromiso total con él (véase Juan 1:12; 5:24; 6:53-54)[5].

Una de las palabras más sublimes de la Biblia es *justificación*, término judicial que se refiere al acto de declarar justo a uno. El pecador culpable comparece ante el gran tribunal del Dios santo, el Juez justo. La justificación es el emocionante anuncio de que el pecador no es culpable. A los ojos de Dios, el pecado ha desaparecido; él lo ha hecho alejar de nosotros tan lejos como está «el oriente del occidente», lo que significa una distancia infinita (véase Salmo 103:12). Miqueas 7:18-19 lo expresa con estas hermosas palabras: ¿Qué Dios como tú, que perdona la maldad, y olvida el pecado del remanente de su heredad? No retuvo para siempre su enojo, porque se deleita en misericordia. Él volverá a tener misericordia de nosotros; sepultará nuestras iniquidades, y echará en lo profundo del mar todos nuestros pecados».

La conversión a Dios

Del maravilloso veredicto de inculpabilidad se deducen tres conclusiones. En primer lugar, al pecador se le ha remitido el castigo de sus pecados. La paga del pecado es muerte, lo que implica tanto la muerte física como la espiritual (véanse Génesis 2:16-17; Romanos 5:12-14; 6:23). Esta pena fue removida por la muerte de Cristo, quien sufrió en su cuerpo sobre el madero el castigo que nosotros merecíamos (véanse Isaías 53:5-6; I Pedro 2:24). Además, la justificación habla de la restauración del pecador al favor divino. Estos no solo han incurrido en el castigo que merecen por sus pecados, sino que también han perdido el favor de Dios. Es que Dios no podría tener comunión con el pecado (véanse Juan 3:36; Romanos 1:18). Por la fe en Cristo somos restaurados a la comunión con Dios (véanse Gálatas 3:26; 1 Juan 1:3). Por último, la justificación implica una atribución de justicia. Porque como la paga del pecado fue «cargada en nuestra cuenta», de la misma manera en la justificación la justicia de Cristo fue «abonada en nuestra cuenta» (cf. Filipenses 3:9 y Génesis 15:6). Hemos sido revestidos de su pureza. Él ha venido a ser nuestro vestido de boda (véase Mateo 22:11-12).

¿Cómo se justifica uno delante de Dios? Una y otra vez las Escrituras ponen énfasis en que esto es un don de Dios, que es por su gracia, que se obtiene por la sola fe en la muerte expiatoria de Cristo (véanse Marcos 10:17-22; Romanos 3:24; 4:1-5; Gálatas 3:24; Efesios 2:5, 8).

La conversión consiste en volverse del pecado a Dios; la justificación es la declaración de que el pecador que ha creído es justo delante de Dios; pero la regeneración es el acto por el cual se le imparte la vida divina (de Cristo) al recién convertido[6]. Así como la conversión es principalmente una respuesta humana, la regeneración es la respuesta de Dios, la obra de su Espíritu Santo en el corazón del nuevo creyente por medio de la cual le imparte vida espiritual (véanse Juan 3:5; 10:10; 1 Juan 5:11-12). Es el nuevo nacimiento, literalmente nacimiento «de arriba» (Juan 3:3): el impartirnos una naturaleza nueva (cf. Jeremías 24:7; 2 Pedro 1:4). La regeneración es un acto creador de Dios (véanse 2 Corintios 5:17; Efesios 2:10; 4:24). La depravación en que estaba esclavizado el pecador desde antes de su conversión se cambia en una naturaleza limpia, de modo que ahora llega a formar parte de la familia de Dios (véase Efesios 2:19). Esto es la nueva vida en Cristo. Es «Cristo en vosotros, la esperanza de gloria» (Colosenses 1:27).

Adopción es otro término judicial, semejante a la justificación en el sentido de que lleva la connotación de una sala de justicia. Como la regeneración es el impartimiento de la vida divina al converso, la adopción es la maravillosa declaración de que el «niño» de la familia divina ha sido plenamente aceptado como miembro adulto, esto es, con todos los privilegios que son propios de la situación legal en que se halla en dicha familia[7]. *Adopción* significa literalmente «condición de hijo». El gran pasaje bíblico que enseña esta verdad es Gálatas 4:1-5, en el que Pablo explica claramente la condición en que Dios puso a sus hijos por los meritos de Cristo. El apóstol nos dice que Dios se propuso adoptar a los creyentes desde antes del comienzo del tiempo (véase Efesios 1:5). En la actualidad, la primera fase se hace realidad en el momento en que el pecador acepta a Jesucristo como su Señor y Salvador (véase Gálatas 3:26).

La adopción es también la obra del Espíritu Santo, porque es él quien obra en los creyentes como el Espíritu de adopción, esto es, el Espíritu que tienen los que son hijos de Dios, herederos de Dios y coherederos con Cristo (véase Romanos 8:15) en contraste con el espíritu de esclavitud que es el que tienen los esclavos. Pero lo que recibimos ahora es tan solo un anticipo. Cuando Cristo regrese y nosotros seamos transformados, recibiremos todo lo que constituye nuestra salvación y adopción; tendremos cuerpos nuevos que serán incorruptibles e inmortales, que no estarán sujetos al envejecimiento, ni a la enfermedad, ni a la muerte. Entonces recibiremos toda nuestra herencia (véanse Romanos 8:23; 1 Corintios 15:42-44, 52-54). ¡Qué salvación tan completa ha provisto Dios por medio de Cristo: somos salvos, estamos siendo salvos y seremos salvos! ¡Qué maravilloso es tener nueva vida en Cristo!

Preguntas de estudio

1. ¿Qué hicieron los sacrificios de la ley por los que en el Antiguo Testamento creyeron en el Dios verdadero? ¿Qué no pudieron hacer?
2. ¿Qué significa la palabra *expiación*?
3. ¿Qué aspectos incluye la expiación hecha por Cristo en la cruz?
4. ¿Por qué la expiación implica la redención y el rescate?
5. ¿Cuál es la prueba de que Cristo murió por todos?
6. ¿Qué incluye la conversión a Cristo?
7. ¿Qué aspectos implica la fe salvadora?
8. ¿Qué diferencia hay entre la *justificación* y la *adopción*?

Sexta
verdad
fundamental

Las ordenanzas de la iglesia

a) El bautismo en agua

En las Escrituras se enseña la ordenanza del bautismo en agua por inmersión. Deben bautizarse todos los que se arrepienten y creen en Cristo como Señor y Salvador. De este modo declaran ante el mundo que han muerto con Cristo y que también han resucitado con él para andar en una vida nueva (Mateo 28:19; Marcos 16:16; Hechos 10:47-48; Romanos 6:4).

b) La Santa Comunión

La Cena del Señor, que consiste en ciertos elementos, como son el pan y el fruto de la vid, es el símbolo que representa nuestra participación en la naturaleza divina de nuestro Señor Jesucristo (2 Pedro 1:4); es también un recordatorio de sus sufrimientos y su muerte (1 Corintios 11:26) y una profecía de su Segunda Venida (1 Corintios 11:26). Todos los creyentes deben participar de ella «hasta que él venga».

CAPÍTULO 6

LAS ORDENANZAS DE LA IGLESIA

EL CRISTIANISMO BÍBLICO NO ES RITUALISTA NI SACRAMENTAL. El sacramentalismo es la creencia de que Dios concede una gracia especial a los que participan de ciertos ritos ordenados por la Iglesia. Por lo general, en las iglesias sacramentales se sostiene que el participante recibe la gracia independientemente del hecho de que tenga fe viva o no. Todo lo que uno tiene que hacer es cumplir con el ritual. Pero aunque en el Nuevo Testamento se enseña la obediencia a dos ordenanzas, no hay ningún mérito especial con relación a tal obediencia[1]. Estas dos ceremonias, que el Señor instituyó y ordenó, deben entenderse como ocasiones de recordatorio. No hay ningún poder salvador en la ejecución mecánica de dichos actos; la bendición que uno pueda recibir es una cuestión del corazón.

El bautismo en agua

El bautismo en agua es una ceremonia que simboliza el comienzo de la vida espiritual. Es una confesión pública de nuestra identificación con Cristo en su muerte y resurrección, ya que ambas hicieron posible nuestra nueva vida en él (véase Romanos 6:1-4). Al respecto, Pedro hace una comparación con Noé y su familia, que soportaron el diluvio en el arca:

> *En la cual pocas personas, es decir, ocho, fueron salvadas por agua. El bautismo que corresponde a esto ahora nos salva (no quitando las inmundicias de la carne, sino como la aspiración de una buena conciencia hacia Dios) por la resurrección de Jesucristo, quien habiendo subido al cielo está a la diestra de Dios; y a él están sujetos ángeles, autoridades y potestades.*
>
> —1 Pedro 3:20-21

Con el diluvio Dios hizo venir juicio sobre un mundo corrupto y lleno de violencia (véase Génesis 6:5, 11). Así que el bautismo en agua simboliza el juicio que con su muerte sufrió Jesús en lugar de todos los hombres de todos los tiempos. El agua del diluvio no salvó a Noé, pero el hecho de que él y su familia lo soportaron y fueron salvos del juicio fue un testimonio de la fe que tuvieron antes del diluvio, fe que los hizo creer y obedecer a Dios construyendo el arca; así tampoco el agua del bautismo nos salva, pero es un testimonio de nuestra fe en el Señor Jesucristo resucitado, fe que debemos tener antes de ir a las aguas del bautismo. Por lo tanto, no es el agua misma la que nos salva, sino lo que representa el hecho de soportarla: la resurrección de Cristo, la resurrección que mostró que Dios había aceptado el sacrificio de Cristo en nuestro lugar. El Nuevo Testamento nos muestra claramente que es la sangre de Jesús y no el agua del bautismo la que nos trae limpieza y perdón: en su sangre somos justificados (Romanos 5:9), por su sangre son limpias nuestras conciencias (Hebreos 9:14) y con su sangre somos redimidos (1 Pedro 1:19).

Cuando Pedro dijo que el acto de bautizarse era «para perdón de los pecados» (Hechos 2:38), usó en griego la misma construcción que cuando Juan el Bautista dijo: «Yo a la verdad os bautizo en agua para arrepentimiento» (Mateo 3:11). El bautismo de Juan no producía arrepentimiento. En realidad, él se negó a bautizar a los fariseos y saduceos hasta que estos hicieran frutos dignos de arrepentimiento, es decir, hasta que mostraran que ya se habían arrepentido (véase Mateo 3:7-8). La frase «para arrepentimiento» quiere decir «debido al arrepentimiento» o «como testimonio de arrepentimiento». Así también «para perdón de los pecados» significa «debido al perdón de los pecados» o «como testimonio de que los pecados han sido perdonados». El bautismo en agua no significa nada, a no ser que primero una persona haya creído, y haya sido salva por la sangre de Cristo. Pero para aquel que verdaderamente ha nacido de nuevo, esto es, que ha sido salvo y justificado por su sangre, el bautismo se convierte no solo en un testimonio, sino también en la señal de que seguirá viviendo una vida nueva en el poder del Cristo resucitado.

¿Para quiénes, pues, es el bautismo en agua? El Nuevo Testamento enseña que el bautismo en agua es solo para los creyentes. Según la ilustración de Pedro, Noé creyó en Dios antes que viniera el diluvio (véase Hebreos 11:7). Jesús les ordenó a sus discípulos que hicieran discípulos y que luego los bautizaran (véase Mateo 28:19). En Marcos 16:16 el creer antecede al bautismo. Cuando el diácono Felipe fue a Samaria, su predicación y sus milagros produjeron «gran gozo en aquella ciudad» (Hechos 8:8). «Cuando creyeron a Felipe, que anunciaba el evangelio del reino de Dios y el nombre de Jesucristo, se bautizaban hombres y mujeres» (Hechos 8:12). El bautismo de ellos fue después que habían creído. En la casa de Cornelio no solo creyeron, sino que fueron bautizados en el Espíritu Santo, hablaron en lenguas y alabaron a Dios antes de ser bautizados en agua. En Filipos, Pablo le dijo al carcelero: «Cree en el Señor Jesucristo, y serás salvo, tú y tu casa» (Hechos 16:31). Después todos oyeron la Palabra del Señor, todos se bautizaron y el carcelero «se regocijó con toda su casa de haber creído a Dios» (Hechos 16:34). Es evidente, pues, que el bautismo en agua está destinado a ser una ceremonia pública en la cual el creyente da testimonio a la comunidad de que ha aceptado a Jesucristo como Señor y Salvador.

Lo antedicho no deja base alguna para el bautismo de niños. Pero los que abogan por él toman a veces el bautismo como un sustituto de la circuncisión, la cual se les hacía a los niños israelitas cuando tenían ocho días. No obstante, cuando el Nuevo Testamento trata sobre la circuncisión, no dice: «ni la circuncisión vale nada, ni la incircuncisión, sino el bautismo en agua». Más bien dice: «Ni la circuncisión vale nada, ni la incircuncisión, sino una nueva creación» (Gálatas 6:15). Nosotros somos una nueva creación, esto es, nuevas criaturas, cuando por fe estamos «en Cristo» (véase 2 Corintios 5:17).

Como la promesa es «para vosotros [...] y para vuestros hijos» (Hechos 2:39), y como Pablo bautizó a la familia de Estéfanas (1 Corintios 1:16), algunos estiman que esto da a entender el bautismo de niños. Pero en aquellos días los niños no se consideraban como verdaderos miembros de la familia hasta el tiempo de su «adopción»[2]. Además Pedro les ordenó a sus oyentes que se arrepintieran y se bautizaran (Hechos 2:38). Los niños son incapaces de arrepentirse, tener fe y dar testimonio público de salvación. En realidad, ellos no tienen pecados de los cuales deban arrepentirse. Esto significa que los niños que mueren antes de la edad de responsabilidad son salvos todavía mediante la redención, es decir, por Cristo Jesús. Jesús invitó a los niños a ir a él cuando dijo: «Dejad a los niños venir a mí, y no se lo impidáis; porque de los tales es el reino de Dios» (Lucas 18:16). Por eso nosotros creemos que no es improcedente la dedicación de los niños a Dios. Pero es una responsabilidad principalmente para los padres y la iglesia local tomar las medidas necesarias para la preparación espiritual del niño de modo que cuando llegue a cierta edad esté dispuesto a aceptar a Jesús como su Salvador y Señor.

La forma que transmite el significado completo de un pasaje como Romanos 6:1-4 es la inmersión. En este pasaje sumergirse en el agua representa la muerte al pecado y emerger de ella, la nueva vida en Cristo. Algunas confesiones consideran Ezequiel 36:25 —donde Dios dice que esparcirá agua limpia sobre Israel cuando sea una nación restaurada— como base para el bautismo por aspersión. Pero la palabra griega *baptizo* significa claramente «sumergir», «zambullir». En la literatura secular de la antigüedad se usaba con el significado de «zambullir», «hundir en», «empapar», «sumergir». Nótese además lo siguiente: Juan el Bautista bautizaba en Enón «porque había allí muchas aguas» (Juan 3:23). Cuando Jesús fue bautizado «subió [...] del agua» (Mateo 3:16). Cuando Felipe bautizó al eunuco etíope, «descendieron ambos al agua» y «subieron del agua» (véase Hechos 8:38-39). Todas estas cosas se refieren de un modo concluyente a la inmersión[3].

La fórmula del bautismo aparece en Mateo 28:19: «Bautizándolos en el nombre del Padre, y del Hijo, y del Espíritu Santo». En griego, la palabra *nombre* significa «título»[4]. Aquí está en singular porque se usa en forma distributiva y hay un solo «nombre» o título para cada uno[5]. En este caso *en el nombre* significa literalmente «hacia el nombre», frase que se usaba comúnmente en aquellos días y que significaba «en el culto». En Hechos 2:38, donde leemos del bautismo «en el nombre de Jesucristo», la expresión es un tanto diferente. Literalmente es «sobre el nombre de Jesucristo». Y «sobre el nombre» era la manera como decían «con la autoridad», «basándose en la autoridad» o «en razón de la autoridad». En efecto, Pedro estaba apelando a la Gran Comisión, en la cual Jesús, en razón de su autoridad, les dijo a sus discípulos cómo debían bautizar (Mateo 28:19). En otras palabras, los del libro de Hechos sí que bautizaron con la autoridad de Jesucristo, «hacia el nombre [en el culto] del Padre, y del Hijo, y del Espíritu Santo». La historia de la iglesia confirma que el bautismo se siguió haciendo en el nombre del Dios trino.

La Cena del Señor

La Cena del Señor fue instituida por el Señor Jesucristo la noche de su última comida pascual con los discípulos (a menudo se la llama también la Última Cena), unas cuantas horas antes que muriera en la cruz[6]. Para nosotros esta ocupa el lugar de la pascua del Antiguo Testamento, «porque nuestra pascua, que es Cristo, ya fue sacrificada» (1 Corintios 5:7). La Cena del Señor, la cual Jesús ordenó que se repitiera a intervalos frecuentes hasta su Segunda Venida[7], tiene muchos valores con relación al pasado, el presente y el futuro. Es conmemorativa, instructiva e inspirativa, promueve la acción de gracias y la comunión, proclama el nuevo pacto y lleva consigo una responsabilidad.

En primer lugar, es conmemorativa: «Haced esto en *memoria* de mí» (Lucas 22:19, cursivas añadidas). La Cena del Señor es una ocasión solemne para meditar profundamente en el significado de la muerte expiatoria de Cristo, el propósito de toda la historia. Nos recuerda una vez más el precio de nuestra redención del pecado y su castigo. Además es instructiva, ya que simboliza por medio de una lección objetiva la encarnación de Cristo (los elementos físicos, como son el pan y el vino)[8] y la expiación (el consumo de dichos elementos). Cuando Jesús dijo: «Esto es mi cuerpo» y: «Esta copa es el nuevo pacto en mi sangre», quiso decir que el pan y el vino representaban su cuerpo entregado a la muerte y su sangre derramada como sacrificio en la cruz[9]. La Cena del Señor es también inspirativa, porque nos recuerda que es por la fe que podemos recibir los beneficios de la muerte y resurrección de Cristo. Cuando participamos periódicamente de ella, nos identificamos una y otra vez con él en su muerte y recordamos que él murió y resucitó para que tengamos victoria sobre el pecado y nos abstengamos de toda especie de mal (véase 1 Tesalonicenses 5:22).

La Cena del Señor exige que haya acción de gracias, lo que en griego se llama *eucharistía* (véase 1 Corintios 10:16). De esta palabra se deriva el término *Eucaristía* que se usa en algunas iglesias. Esta es una oportunidad para darle gracias a Dios por todas las bendiciones que son nuestras por la muerte de Cristo en la cruz[10]. Es también una oportunidad para tener comunión (en griego, *koinonía*), en primer lugar, con el Padre y su Hijo Jesucristo (véase 1 Juan 1:3), y en segundo lugar, con otros creyentes que comparten la fe (véanse Tito 1:4; Judas 3), la gracia de Dios (véanse Filipenses 1:7; Colosenses 1:6) y la morada del Espíritu Santo en ellos (véase Romanos 8:9,11). Jesús fue el anfitrión de la Última Cena. Ahora está presente como nuestro Señor resucitado, pues que prometió: «Donde están dos o tres congregados en mi nombre, allí estoy yo en medio de ellos» (Mateo 18:20). Por lo tanto, él es el anfitrión invisible en toda celebración de la Cena del Señor.

La Cena del Señor reconoce y proclama el nuevo pacto (en griego, *he kaine diatheke*). Cuando participamos de ella, confesamos nuestro propósito de hacer que Jesús sea el Señor, hacer su voluntad, tomar nuestra cruz cada día para seguirlo y cumplir la Gran Comisión. La Cena del Señor prenuncia también el futuro reino de Dios, del cual Jesús prometió: «No beberé más del fruto de la vid, hasta aquel día en que lo beba nuevo en el reino de Dios» (Marcos 14:25). Probablemente esto se refiera a la «cena de las bodas del Cordero» (cf. Mateo 8:11; 22:1-14; Lucas 13:29; Apocalipsis 19:7).

Finalmente, la Cena del Señor lleva consigo una responsabilidad. En 1 Corintios 11:27-34, Pablo nos recuerda que debemos guardarnos de participar en ella «indignamente». ¿Qué significa participar indignamente? Desde luego, no significa que uno tiene que ser digno como persona, ya que ninguno de nosotros es capaz de permanecer en esta relación con Dios excepto Cristo. Se refiere más bien a una actitud o conducta indigna. Todos somos pecadores, pero los que nos hemos renovado en el espíritu de nuestra mente y nos hemos vestido «del nuevo hombre, creado según Dios en la justicia y santidad de la verdad», y que además «somos miembros los unos de los otros» (véase Efesios 4:23-25), bien podemos participar de la Mesa del Señor. Los que albergan algún pecado, ya sea flagrante y carnal o insidioso y personal, necesitan ante todo estar limpios (1 Juan 1:7,9).

Como la advertencia es tan seria (véase 1 Corintios 11:27, 29-30), es necesario que nos examinemos a nosotros mismos antes de comer del pan y beber de la copa (1 Corintios 11:28). Cuando comemos y bebemos tenemos que «discernir el cuerpo del Señor». El «cuerpo» que tenemos que «discernir» o reconocer es el cuerpo espiritual de Cristo, la asamblea de los creyentes. «El pan que partimos, ¿no es la comunión del cuerpo de Cristo? Siendo uno solo el pan, nosotros, con ser muchos, somos un cuerpo; pues todos participamos de aquel mismo pan» (1 Corintios 10:16-17). El contexto muestra que los corintios permitían divisiones y contiendas entre ellos: «Cada uno de vosotros dice: Yo soy de Pablo; y yo de Apolos; y yo de Cefas; y yo de Cristo» (1 Corintios 1:12). Este espíritu partidista se había manifestado en la celebración de la Cena del Señor (la cual se celebraba originalmente junto con una comida). Así que ellos no mostraban amor los unos por los otros y no reconocían que cada uno era miembro del cuerpo de Cristo. Por consiguiente, no reconocían el cuerpo entre ellos (véase 1 Corintios 12:12-13). En cambio, participaban con un espíritu egocéntrico que los hacía indiferentes a los demás.

Nótese que la Biblia no les dice a los que toman la Cena del Señor indignamente que dejen de hacerlo, sino más bien que se prueben a sí mismos, que se examinen a sí mismos y que se esperen unos a otros (véase 1 Corintios 11:28, 31, 33). Es decir, tenemos que esperar hasta que podamos reconocer el cuerpo de Cristo en los demás y participar de la Cena del Señor en unidad de amor y fe, honrando a Cristo y la Palabra de Dios. En realidad, es peor que un cristiano se niegue a tomar la Cena del Señor que participar de ella indignamente. Cuando una persona se niega a participar, da a entender más o menos esto: «Yo me niego a arrepentirme y me niego a creer que el cuerpo y la sangre de Cristo fueron el sacrificio que necesito para ser limpio de mis pecados. No creo que su sacrificio en la cruz fue lo suficientemente bueno. Me niego a dar gracias y me niego a seguir aceptando el nuevo pacto. Asimismo me niego a aceptar a mis hermanos de la asamblea como miembros del cuerpo de Cristo».

Tampoco necesitamos esperar mucho. «Si andamos en luz, como él está en luz, tenemos comunión unos con otros, y la sangre de Jesucristo su Hijo nos limpia de *todo* pecado»; y: «Si confesamos nuestros pecados, él es fiel y justo para perdonar nuestros pecados, y limpiarnos de *toda* maldad» (1 Juan 1:7, 9, cursivas añadidas). Desde el momento en que los confesamos, la sangre los cubre.

Como la Cena del Señor es un tiempo solemne para recordar el propósito de la obra de Cristo por nosotros, puede convertirse en un tiempo de gran bendición espiritual, siempre que lo hagamos con un estado de ánimo adecuado, y permitamos que sea una oportunidad para la adoración y la comunión con el Cristo resucitado y los unos con los otros.

Preguntas de estudio

1. ¿Por qué la mayoría de los protestantes aceptan solo dos ordenanzas en vez de cumplir siete sacramentos?
2. ¿Qué hace el bautismo en agua y qué no?
3. ¿Cuál es la prueba bíblica de que el bautismo en agua es solo para los creyentes?
4. ¿Por qué es necesario que nos baucemos por inmersión?

5. ¿En qué sentido la Cena del Señor se relaciona con el pasado, el presente y el futuro? Explique.
6. ¿Qué actitudes exige la Cena del Señor de nuestra parte?
7. ¿Qué significa participar dignamente?

Preguntas de estudio

Séptima
verdad
fundamental

El bautismo en el Espíritu Santo

Todos los creyentes tienen derecho a la promesa del Padre, el bautismo en Espíritu Santo y fuego, y en virtud del mandamiento de nuestro Señor Jesucristo deben esperarla y buscarla ardientemente. El bautismo en el Espíritu Santo era la experiencia normal de todos los creyentes de la iglesia primitiva. Junto con él viene una investidura de poder para la vida y el servicio cristianos, la concesión de los dones y el uso de ellos en la obra del ministerio (Lucas 24:49; Hechos 1:4, 8; 1 Corintios 12:1-31). Esta experiencia es distinta del nuevo nacimiento y posterior a él (Hechos 8:12-17; 10:44-46; 11:14-16; 15:7-9). Con el bautismo en el Espíritu Santo se experimenta también la plenitud rebosante del Espíritu (Juan 7:37-39; Hechos 4:8), una reverencia más profunda a Dios (Hechos 2:43; Hebreos 12:28), una dedicación más intensa a Dios y su obra (Hechos 2:42) y un amor más ferviente a Cristo, su Palabra y los perdidos (Marcos 16:20).

CAPÍTULO 7

EL BAUTISMO EN EL ESPÍRITU SANTO

Lo que el Padre había prometido

EL MINISTERIO DEL ESPÍRITU SANTO SE MANIFIESTA EN ABUNdancia y de diversas maneras en la vida del creyente. Pero hay un aspecto de la obra del Espíritu que, no obstante ser interior y muy personal, tiene que ver principalmente con la expresión de la vida cristiana, y en este sentido es exterior en cuanto al propósito. El objeto principal del bautismo en el Espíritu Santo no es perfeccionar la santidad en el creyente (aunque esta experiencia puede y debe hacerlo), sino investirlo de poder para el servicio cristiano. Jesús les dijo a los discípulos que estaban reunidos en el aposento alto: «Yo enviaré la promesa de mi Padre sobre vosotros; pero quedaos vosotros en la ciudad de Jerusalén, hasta que seáis investidos de poder desde lo alto» (Lucas 24:49). En otra ocasión, «estando juntos, les mandó que no se fueran de Jerusalén, sino que esperasen la promesa del Padre, la cual, les dijo, oísteis de mí. Porque Juan ciertamente bautizó con [en] agua, mas vosotros seréis bautizados con [en] el Espíritu Santo dentro de no muchos días» (Hechos 1:4-5). Y luego, un poco antes de ascender al cielo, dijo: «Recibiréis poder, cuando haya venido sobre vosotros el Espíritu Santo, y me seréis testigos en Jerusalén, en toda Judea, en Samaria, y hasta lo último de la tierra» (Hechos 1:8).

Nótese que esta promesa se les hizo a discípulos que ya estaban en comunión íntima con Cristo. Sus nombres ya estaban escritos en los cielos (Lucas 10:20). «Estaban limpios delante de Dios, después de haber tomado un baño espiritual por medio de la Palabra de Cristo (Juan 13:10; 15:3)»[1]. Desde el tiempo de la resurrección de Cristo constituían también un cuerpo del nuevo pacto, la iglesia, al abolirse el antiguo pacto en el Calvario (Efesios 2:15). Según Hebreos 9:15-17, la muerte de Cristo puso en vigor el nuevo pacto. Y en Hechos 1:8 se pone énfasis en el poder para el servicio, no para la regeneración ni la santificación. Así, pues, llegamos a la conclusión de que uno puede haber sido regenerado, puede ser santo, y no tener el bautismo en el Espíritu Santo ni su unción para el servicio, que fue lo que Jesús prometió a los creyentes.

Algunos han considerado el bautismo en el Espíritu Santo como una cuestión relacionada mayormente con la santificación. Otros incluso han hecho que el perfeccionamiento personal sea el objeto principal de su vida. Debemos evitar esta idea errónea. En realidad, logramos un mayor crecimiento cuando servimos a nuestro Señor. El santo, o sea, el que se dedica a adorar y servir al Señor, no es el que emplea todo su tiempo en el estudio bíblico, la oración y la devoción, si bien todo esto es importante. Santo es aquel que no solo se separa del mal, sino que también ha sido separado y ungido para el servicio del Maestro. En el Antiguo Testamento se simbolizaba esto con el hecho de que la sangre se aplicaba primeramente en el acto de purificación y luego se aplicaba el aceite sobre la sangre (Levítico 14:14, 17). Es decir, después de la purificación venía una unción simbólica que representaba la obra del Espíritu, que preparaba al que se purificaba para el servicio. Así también nosotros somos ungidos, tal como lo fueron los profetas, los reyes y los sacerdotes de la antigüedad (2 Corintios 1:21; 1 Juan 2:20).

Los medios y el poder para el servicio vienen mediante los dones del Espíritu. Pero es necesario distinguir los dones del Espíritu del don del Espíritu. Los primeros discípulos necesitaban el bautismo en el Espíritu antes de irse de Jerusalén e incluso antes de comenzar a cumplir la Gran Comisión. Necesitaban poder, y el mismo nombre del Espíritu Santo está relacionado con el poder[2]. Él vino como don y como poder. Él mismo es las primicias de la cosecha final, vino para comenzar una obra que reunirá a algunos de todo linaje, lengua, pueblo y nación alrededor del trono (Apocalipsis 5:9). Ese

Lo que el Padre había prometido

mismo bautismo en el Espíritu Santo lo experimentaron otros por lo menos en cuatro ocasiones más en Hechos… y aun otros más tarde, según Tito 3:5.

Terminología bíblica para el bautismo en el Espíritu Santo

Al bautismo en el Espíritu Santo se lo llama también de otras maneras. Recordemos que el Espíritu Santo es una persona. La palabra bautismo describe un solo aspecto de la experiencia que se puede tener con su Persona. También se lo llama llenura: «Y fueron todos llenos del Espíritu Santo» (Hechos 2:4). Como profetizó Joel (Joel 2:28-29), el Espíritu fue «derramado» sobre los discípulos (Hechos 2:33). Los samaritanos «recibían» (más bien tomaban) el Espíritu Santo (Hechos 8:17). El Espíritu Santo «cayó» sobre Cornelio, sus parientes y sus amigos (Hechos 10:44; 11:15); y «vino» sobre los discípulos de Efeso (Hechos 19:6). Algunos escritores modernos suponen que el bautismo en el Espíritu Santo se refiere a algo diferente de la llenura, o que la experiencia pentecostal se limitó al día de Pentecostés. Pero con el empleo de todos estos términos en la Biblia, es evidente que lo que sucedió el día de Pentecostés se repitió más adelante.

Pedro vio, además, que en los «postreros días» habría oportunidad para tiempos de refrigerio. En efecto, Hechos 3:19-20 se podría traducir así: «Arrepiéntanse, pues, y vuélvanse [a Dios] para que sean borrados sus pecados, para que vengan de la presencia del Señor tiempos de refrigerio [o avivamiento], y él envíe a Jesucristo, que les fue señalado [o designado como su Mesías]».

La manera en que Pedro consideró la profecía de Joel muestra que él esperaba un cumplimiento continuado o permanente de la profecía hasta el fin de los «postreros días». Esto significa también que el derramamiento del que habló Joel continuará hasta el fin de esta era. Mientras Dios siga llamando a los hombres a la salvación, querrá derramar también el Espíritu Santo sobre ellos: «Porque para vosotros es la promesa [esto es, la profecía de Joel en el Antiguo Testamento], y para vuestros hijos, y para todos los que están lejos; para cuantos el Señor nuestro Dios llamare» (Hechos 2:39)[3].

Según esto vemos que la obra del bautismo en el Espíritu Santo sí continúa[4], y que hoy tenemos a nuestra disposición el cumplimiento de la profecía de Joel, a la que Jesús llamó la promesa del Padre.

El propósito del bautismo en el Espíritu Santo

Además del poder para el servicio por el cual el creyente se convierte en un cauce potencial de gran valor como testimonio para el mundo, el bautismo en el Espíritu Santo viene a ser la entrada a un modo de adoración que bendice a la asamblea de los santos de Dios. Este bautismo es la puerta que permite el acceso a los diversos ministerios del Espíritu conocidos como dones del Espíritu, entre ellos muchos ministerios espirituales[5].

Los que se convirtieron en el día de Pentecostés, fueron bautizados en agua y en el Espíritu Santo, y mostraron otras pruebas más de la obra del Espíritu en su vida. En efecto, «perseveraban en la doctrina de los apóstoles [que ahora se halla en el Nuevo Testamento], en la comunión unos con otros, en el partimiento del pan y en las oraciones [...] Y perseverando unánimes cada día en el templo [en las horas de oración de la mañana y de la tarde], y partiendo el pan en las casas, comían juntos con alegría y sencillez de corazón, alabando a Dios, y teniendo favor con todo el pueblo. Y el Señor añadía cada día a la iglesia los que habían de ser salvos» (Hechos 2:42, 46-47). Aquí se describe una obra continua del Espíritu que profundizaba la experiencia de los creyentes y su amor a Dios, su Palabra, unos por otros y hacia los perdidos.

En realidad, se debe tener siempre en mente que el bautismo en el Espíritu Santo no es una experiencia culminante. Así como el Pentecostés mismo fue tan solo el comienzo de la cosecha y llevó a los hombres a una comunión de adoración, enseñanza y servicio, así también el bautismo en el Espíritu Santo es solo una puerta que permite el acceso a una relación creciente con el Espíritu y con otros creyentes. Esta lleva a una vida de servicio donde los dones del Espíritu proporcionan el poder y la sabiduría necesarios para la propagación del evangelio y el crecimiento de la iglesia. Esto queda evidenciado hoy por la rápida difusión del evangelio en muchas regiones del mundo. A medida que surjan nuevas necesidades y de la manera como Dios, en su soberana voluntad, lleve a cabo su plan, se deben esperar nuevas llenuras del Espíritu y nuevas formas de servicio[6].

Algunos han señalado que las epístolas de Pablo no dicen mucho acerca del bautismo en el Espíritu Santo. Hay buenas razones para esto. El bautismo en el Espíritu Santo era la experiencia normal de todos los creyentes del siglo primero, lo que significa que todas las personas a quienes les escribía ya habían sido llenas del Espíritu Santo. Así que no era necesario tratar esto. Pero algunas cosas que dice son importantes, por ejemplo: «Y el que nos confirma con vosotros en Cristo, y el que nos ungió, es Dios, el cual también nos ha sellado, y nos ha dado las arras del Espíritu en nuestros corazones» (2 Corintios 1:21-22; véase además 2 Corintios 5:5). Efesios 1:13 lo expresa de un modo más categórico: «Habiendo creído en él, fuisteis sellados con el Espíritu Santo de la promesa». Y Efesios 4:30 añade: «No contristéis al Espíritu Santo de Dios, con el cual fuisteis sellados para el día de la redención».

La palabra arras (2 Corintios 1:22) significa, en realidad, un primer pago. Las primicias constituyen una parte real de la cosecha (véase Romanos 8:23). De igual modo, el Espíritu Santo, como las «arras», es una parte real de la herencia, y es la garantía de lo que recibiremos luego en mayor medida[7]. Nuestra herencia es más que una esperanza. Hoy, en medio de la corrupción, decadencia y muerte de la era contemporánea, disfrutamos en el Espíritu Santo y por medio de él del verdadero comienzo de nuestra herencia[8].

Algunos estiman que el sello significa protección, resguardo o seguridad. Pero el sello es un reconocimiento de que somos del Señor. En sí mismo no significa que no podremos perder la salvación. Tampoco la palabra griega implica aquí la clase de selladura que se efectúa cuando se sella la comida en un tarro o lata con el fin de protegerla de la contaminación. (En efecto, somos «guardados por el poder de Dios mediante la fe, para alcanzar la salvación que está preparada para ser manifestada en el tiempo postrero» (1 Pedro 1:5); pero esto no es algo automático. Hay que mantener la fe).

En el Nuevo Testamento, el sello tiene también el sentido de una indicación de propiedad, una especie de marca de fábrica que muestra que somos hechura de Dios[9] (Efesios 2:10)[10]. El sello es también una marca de reconocimiento de que ciertamente somos hijos, y es una prueba de que Dios ha aceptado nuestra fe.

Efesios 1:13 indica, además, que la selladura se efectúa después que uno ha creído. Esto no significa que el título de propiedad de Dios dependa de la selladura. Somos hechos suyos por medio de la sangre de Cristo y mediante nuestra respuesta de fe a la gracia de Dios. Por lo tanto, el sello es un reconocimiento del título de propiedad; no trae como resultado dicho título. Luego, como el sello fue siempre algo visible o tangible que otros podían reconocer, el bautismo en el Espíritu Santo con la señal de hablar en otras lenguas concuerda con la idea neotestamentaria de la selladura[11].

Otro pasaje importante se halla en 1 Corintios 12:13: «Por un solo Espíritu fuimos todos bautizados en un cuerpo, sean judíos o griegos, sean esclavos o libres; y a todos se nos dio a beber de un mismo Espíritu». La preposición *por* (en griego, *en*) significa evidentemente «por» en todos los otros versículos de este capítulo donde se la relaciona con el Espíritu Santo. Juan el Bautista declaró que Jesús es el que bautiza en el Espíritu Santo (Mateo 3:11; Marcos 1:8; Lucas 3:16; Juan 1:33). Pablo explica que el Espíritu Santo es el que nos bautiza en Cristo, es decir, en el cuerpo de Cristo (1 Corintios 12:13; Gálatas 3:27). Evidentemente ambos bautismos son distintos. En primer lugar, el Espíritu Santo nos bautiza en el cuerpo de Cristo; luego Jesús nos bautiza en el Espíritu Santo[12].

Pablo recalca además, la importancia de vivir en el Espíritu. Esto quiere decir que debemos tener cuidado de no entristecer al Espíritu Santo con cosas como enojo, ira, griterías, calumnias o cualquier clase de malicia. En cambio, debemos ser benignos y misericordiosos unos con otros, perdonándonos unos a otros, tal como Dios nos perdonó en Cristo (Efesios 4:30-32). No debemos participar en las obras infructuosas de las tinieblas (Efesios 5:11), ni embriagarnos con vino; en cambio, debemos ser llenos (en griego significa «seguir siendo llenos») del Espíritu (Efesios 5:18).

El Espíritu es la fuente del amor, del fervor y de ese estado de ánimo que nos permite servir al Señor gustosamente, con fervor espiritual (Romanos 12:11), un fervor que bulle, quema y resplandece con el Espíritu Santo[13]. En realidad, debemos tener cuidado de no apagar el fuego del Espíritu, rechazando o menospreciando sus manifestaciones sobrenaturales (1 Tesalonicenses 5:19-20)[14].

El propósito del bautismo en el Espíritu Santo

Recibiendo el bautismo en el Espíritu Santo

Hay una pregunta final que merece que le prestemos especial atención: «¿Cómo puede uno recibir el bautismo en el Espíritu Santo?». Esta experiencia se describe como un don (Hechos 10:45), por lo cual, no es de ningún modo nada que merezcamos o ganemos. Se recibe por fe, una fe viva y obediente. Dios ha prometido derramar su Espíritu Santo sobre los que con gran deseo lo buscan, le abren el corazón y se lo piden. «Si vosotros, siendo malos [en contraste con Dios que es totalmente justo y completamente santo y bueno], sabéis dar buenas dádivas a vuestros hijos, ¿cuánto más vuestro Padre celestial dará el Espíritu Santo a los que se lo pidan» (Lucas 11:13). Notamos también que los 120 que recibieron el Espíritu Santo el día de Pentecostés adoraban a Jesús y pasaban mucho tiempo alabando a Dios (Lucas 24:52-53). La alabanza gozosa y la esperanza preparan nuestro corazón para recibirlo. Nótese también que cuando fueron llenos del Espíritu, todos «comenzaron a hablar en otras lenguas, según el Espíritu les daba que hablasen» (Hechos 2:4). Es decir, no se refrenaron, sino que con fe obediente utilizaron sus lenguas, labios y voces para hablar claramente y decir lo que el Espíritu les daba.

Preguntas de estudio

1. ¿Qué prueba hay de que los discípulos ya eran salvos y además miembros de la iglesia antes de que fueran bautizados en el Espíritu Santo el día de Pentecostés?

2. ¿Cuál es el propósito principal del bautismo en el Espíritu Santo?

3. Algunos dicen hoy que después del día de Pentecostés los creyentes son llenos del Espíritu, pero no bautizados en el Espíritu Santo. ¿Cuál es la prueba de que la expresión *bautismo en el Espíritu Santo* no se limita a la experiencia de los que fueron bautizados en el Espíritu Santo el día de Pentecostés?

4. Según el relato de Hechos 2, ¿qué efectos se produjeron después que los 120 fueron bautizados en el Espíritu Santo?

5. ¿Qué significa la palabra *sello* con relación al bautismo en el Espíritu Santo?

6. ¿Qué significa la palabra *arras* con respecto al bautismo en el Espíritu Santo?

7. ¿Qué pruebas hay de que el bautismo en el Espíritu Santo es una experiencia distinta de la conversión y que debe seguir a ella?

Octava
verdad
fundamental

La señal inicial física del bautismo en el Espíritu Santo

El bautismo de los creyentes en el Espíritu Santo se evidencia con la señal inicial física de hablar en otras lenguas, según el Espíritu de Dios les da que hablen (Hechos 2:4). En este caso, el hablar en lenguas es esencialmente lo mismo que el don de lenguas (1 Corintios 12:4-10, 28), pero distinto de él en cuanto a su propósito y uso.

CAPÍTULO 8

LA SEÑAL INICIAL FÍSICA DEL BAUTISMO EN EL ESPÍRITU SANTO

UNA PREGUNTA IMPORTANTE ES CÓMO PUEDE UNO SABER cuando ha sido bautizado en el Espíritu Santo. Sin duda que a lo largo del camino de la vida debe de haber muchas pruebas que indiquen que un creyente ha sido investido de poder por el Espíritu Santo. Pero la pregunta no tiene que ver con el efecto a largo plazo del bautismo en el Espíritu Santo, sino con el indicio inmediato que uno puede señalar como testimonio de la experiencia misma. ¿Ha dado Dios tal indicio? Si uno llega a la conclusión de que el libro de Hechos es no solo una historia descriptiva, sino que también tiene un propósito teológico, y de que la experiencia de la iglesia apostólica, que se consigna en este libro, es una norma[1] para la iglesia de todos los tiempos, entonces uno puede responder a dicha pregunta con un sí resonante.

Señales del derramamiento

El día de Pentecostés hubo dos señales que precedieron al derramamiento del Espíritu Santo. Primero, los discípulos oyeron «un estruendo como de un viento recio que soplaba», y luego «se les aparecieron lenguas repartidas, como de fuego, asentándose sobre cada uno de ellos» (Hechos 2:2-3). Estas señales especiales no se repitieron más adelante cuando otros creyentes fueron bautizados en el Espíritu Santo. Sin embargo, hubo una señal que formó parte del bautismo pentecostal, pues todos los que fueron llenos del Espíritu Santo «comenzaron a hablar en otras lenguas, según el Espíritu les daba que hablasen» (Hechos 2:4). Estas «lenguas» fueron idiomas que los discípulos nunca antes habían aprendido, y que el Espíritu Santo les dio prescindiendo del entendimiento de ellos. Algunos de los que estaban presentes y que entendieron los idiomas reconocieron que los discípulos hablaban «las maravillas [los hechos poderosos, sublimes y grandiosos] de Dios» (Hechos 2:11). Esta extraordinaria señal fue el fenómeno más espectacular evidenciado el día de Pentecostés. Pero se repitió varias veces más, dos de las cuales se registran en el libro de Hechos (Hechos 10:46; 19:6).

Es de especial interés el episodio ocurrido en la casa del centurión romano Cornelio. Debido al arraigado prejuicio de los judíos contra los gentiles, allí se necesitaba una prueba convincente. Bastó una sola para mostrar que estos gentiles habían recibido «el don del Espíritu Santo». Los atónitos creyentes judíos «los oían que hablaban en lenguas, y que magnificaban a Dios» (Hechos 10:46), tal como lo habían hecho los 120 el día de Pentecostés (Hechos 2:4,11). Más tarde, cuando criticaron a Pedro por ir a casa de gentiles y comer con ellos, él, entre otras cosas, les explicó: «Cayó el Espíritu Santo sobre ellos también, como sobre nosotros al principio [esto es, como el día de Pentecostés]. Entonces me acordé de lo dicho por el Señor, cuando dijo: Juan ciertamente bautizó en agua, mas vosotros seréis bautizados con [en] el Espíritu Santo. Si Dios, pues, les concedió también el mismo don [en griego, *ten isen dorean*, que significa «idéntico don»] que a nosotros que hemos creído en el Señor Jesucristo, ¿quién era yo que pudiese estorbar a Dios?» (Hechos 11:15-17). El versículo siguiente muestra que los apóstoles y los otros creyentes judíos aceptaron la señal de hablar en lenguas como la prueba convincente del bautismo del Espíritu Santo: «Entonces, oídas estas cosas, callaron, y glorificaron a Dios, diciendo: ¡De manera que también a los gentiles ha dado Dios arrepentimiento para vida!». De seguro que en una época en que muchos piensan, esperan, creen y luego se preguntan si tienen el bautismo en el Espíritu Santo, aún se necesita una prueba convincente.

Algunos años después, en Efeso, los gentiles recibieron de la misma manera el bautismo pentecostal, porque «hablaban en lenguas y profetizaban» (Hechos 19:6). Esto mostró una vez más que ellos habían recibido el bautismo en el Espíritu Santo. Por lo general, la frase griega implica también que ellos continuaron hablando en lenguas y profetizando. «El hablar en lenguas [...] sigue edificando al creyente en sus devociones personales y a la congregación cuando lo acompaña la interpretación de lenguas»[2].

Con la muerte de Esteban, comenzó la persecución, y los creyentes se dispersaron (a excepción de los apóstoles) y llevaron la llama del evangelio a muchas partes (Hechos 8:1). Algo que representa el avance del evangelio es la predicación de Felipe en Samaria a los que habían estado bajo la influencia de Simón el mago. Esta gente creyó y se bautizó en agua; pero el Espíritu Santo no vino sobre ninguno de ellos. Tal vez debido a que ahora se daban cuenta de que se habían equivocado en cuanto a Simón, así como en cuanto a muchas de sus doctrinas samaritanas, les fue difícil dar el próximo paso de fe y recibir el bautismo en el Espíritu Santo[3]. Pero cuando llegaron Pedro y Juan, oraron por ellos, les impusieron las manos y recibieron el Espíritu Santo (Hechos 8:15-17). En ese momento, Simón volvió a caer en sus viejas costumbres y les ofreció dinero a cambio del poder de imponerle las manos a la gente para que recibieran el Espíritu Santo. Es obvio que hubo algo evidentemente sobrenatural en el acto de recibir el Espíritu. Simón ya había visto los milagros de Felipe. La profecía habría sido en el idioma de ellos y no obviamente sobrenatural. Así que la prueba que Simón reconoció debe de haber sido el hablar en lenguas. Pero como en este momento Lucas centra la atención en la actitud equivocada de Simón, no hace mención de las lenguas.

En el libro de Hechos hay otro episodio en el que por lo menos se da a entender que alguien habló en lenguas. Cuando Saulo se encontró con Jesús en el camino a Damasco, quedó ciego a causa de la gloria; por lo cual lo llevaron a Damasco a la casa de Judas, que vivía en la calle Derecha, donde tuvo la visión de que vendría un hombre llamado Ananías y le pondría las manos encima para que recobrara la vista. Luego vino aquel buen discípulo y le dijo a Saulo que el Señor lo había enviado para que recibiera la vista y fuera lleno del Espíritu Santo (Hechos 9:17). En esta ocasión no se mencionan expresamente las lenguas; pero después Saulo, que ahora es el apóstol Pablo, testifica: «Doy gracias a Dios que hablo en lenguas más que todos vosotros» (1 Corintios 14:18). Por lo que ocurrió en las otras ocasiones en que los creyentes fueron bautizados en el Espíritu, podemos inferir que Pablo habló en lenguas por primera vez en aquella ocasión en que Ananías vino a él, tal como lo relata el libro de Hechos.

Señales del derramamiento

Si se pusieran juntas todas las referencias a la investidura de poder que figuran en el libro de Hechos, habría pruebas abrumadoras que demostrarían que las lenguas fueron la señal inicial del bautismo en el Espíritu Santo. Como nosotros reconocemos que la descripción histórica de los Hechos tiene un propósito teológico[4] y establece una norma para la iglesia de hoy día, tenemos bases sólidas para abrigar la convicción de que los que son llenos del Espíritu deben esperar tener el testimonio de hablar en otras lenguas como el Espíritu les de facultad[5].

Funciones del hablar en lenguas

Se pudiera preguntar si el hablar en lenguas es solo para evidenciar el bautismo del Espíritu Santo. Respondemos que no, porque el fenómeno de las lenguas tiene por lo menos otras dos funciones importantes[6]. Las lenguas personales, esto es, el don de expresarse en lenguas desconocidas en las devociones privadas, tienen el valor inapreciable de edificar al que se ocupa en la oración. Orar en una lengua desconocida es ocuparse en una forma elevada de culto (1 Corintios 14:4). Orar en lenguas es una práctica útil; el creyente debe cultivarla en su vida diaria, pues por medio de ella se edifica en la fe y en la vida espiritual. En sus epístolas, Pablo parece dar por sentado que generalmente los creyentes perseveraban en el bautismo en el Espíritu Santo y que las lenguas constituían una parte común de su experiencia diaria. Él mismo hablaba en lenguas más que todos los creyentes de Corinto; pero lo hacía en privado (1 Corintios 14:18-19).

Las lenguas se usan también con otro objeto. Aunque esencialmente es lo mismo, el don de lenguas que se emplea en los cultos públicos tiene un propósito muy diferente. Las lenguas que se mencionan en Hechos son probatorias y para el uso privado; las que se mencionan en las epístolas son para el uso público y para la edificación general. Las lenguas para el uso privado no necesitan interpretación, ya que el creyente se edifica aunque su entendimiento quede sin fruto. Pero las normas en cuanto al empleo de las lenguas en las reuniones públicas enfatizan la necesidad de interpretarlas para que toda la iglesia reciba bendición (1 Corintios 14:2-20).

Preguntas sobre el hablar en lenguas

Hay ciertas preguntas que se suscitan con respecto a hablar en lenguas. Algunas de ellas merecen que las consideremos aquí[7]:

1. ¿Puede basarse la doctrina en cosas que no sean exposiciones declarativas?

Aunque la doctrina no debe basarse en fragmentos aislados de las Escrituras, puede basarse en verdades sustanciales, implícitas. La doctrina de la Trinidad no se basa en una exposición declarativa, sino en una comparación de pasajes bíblicos relativos a la Deidad. Al igual que la doctrina de la Trinidad, la doctrina de las lenguas como prueba del bautismo en el Espíritu Santo se basa en porciones sustanciales de las Escrituras relativas a este asunto.

2. ¿Es el hablar en lenguas un fenómeno que ocurrió solo durante el período apostólico?

En las Escrituras no hay nada que indique que el hablar en lenguas estaría en vigor solo durante el período apostólico o hasta que se hubiera completado el canon del Nuevo Testamento. Cuando Pablo dijo que cesarían las lenguas (1 Corintios 13:8), también indicó cuándo ocurriría esto; en efecto, escribió: «Cuando venga lo perfecto, entonces lo que es en parte se acabará» (1 Corintios 13:10)[8]. Asimismo señaló que entonces cesarían las lenguas, acabaría la ciencia y cesarían las profecías (1 Corintios 13:8). El contexto de la declaración de Pablo pone en claro que el tiempo en que cesarán las lenguas es futuro, y que en ese mismo tiempo otras cosas, como la ciencia y las profecías, cambiarán de significado. Hasta entonces son aplicables las palabras de Jesús: «Estas señales seguirán a los que creen [...] hablarán nuevas lenguas» (Marcos 16:17)[9].

3. Cuando Pablo escribió: «¿Hablan todos lenguas?» (1 Corintios 12:30), ¿no formuló una pregunta retórica que exigía una respuesta negativa?

Para entender la pregunta de Pablo es necesario reconocer las diversas funciones del hablar en lenguas. Hablar en lenguas sirve como señal inicial del bautismo en el Espíritu Santo (Hechos 10:46; 11:15). Hablar u orar en lenguas en privado es para la edificación personal (1 Corintios 14:2, 4). Y hablar en lenguas en la congregación, acompañado de la interpretación de lenguas, es para la edificación de la iglesia (1 Corintios 14:5).

No hay ninguna contradicción entre el deseo de Pablo de que todos hablaran en lenguas (1 Corintios 14:5) y la pregunta retórica sobre si todos hablan en lenguas. Todos los creyentes comienzan a hablar en lenguas desde que reciben el bautismo en el Espíritu Santo y pueden seguir haciéndolo en su oración privada para su propia edificación. Pero en la congregación no todos son agentes del Espíritu Santo cuando se manifiesta por medio de las lenguas y la interpretación. En la congregación, el Espíritu Santo reparte las manifestaciones como él quiere (1 Corintios 12:11). Así que, en vez de haber una contradicción entre estas dos declaraciones de Pablo, hay más bien una verdad que se complementa con otra.

4. ¿Por qué hubo períodos en la historia de la iglesia en que al parecer no se manifestó el fenómeno de las lenguas?

Existe la posibilidad de que cualquier doctrina bíblica sea menospreciada. Muchas veces los grandes movimientos de renovación espiritual han sido el resultado de un gran énfasis en la doctrina. Por ejemplo, la doctrina de la justificación por la fe se perdió casi por completo hasta los tiempos de la Reforma, cuando Martín Lutero y otros volvieron a poner énfasis en dicha verdad bíblica. La doctrina de la santificación sufrió el olvido hasta los días del avivamiento wesleyano, cuando otra vez la hicieron presente a la iglesia. Así también, aunque la verdad del bautismo en el Espíritu Santo y del hablar en lenguas figuró en algunos avivamientos a lo largo de la historia, no se la enfatizó como en el presente avivamiento[10].

5. ¿Hay peligro de que la gente procure hablar en lenguas en vez de buscar el bautismo en el Espíritu Santo?

Por desdicha es posible que esto ocurra, pero el abuso de una doctrina no la invalida. El abuso y las falsificaciones, en vez de refutar una doctrina sana, contribuyen a establecerla[11].

6. Si la gente habla en lenguas, ¿no habrá en ellos la tentación de caer en el orgullo espiritual?

Cuando la gente entiende lo que es el bautismo en el Espíritu Santo, tiende a mostrar humildad en vez de orgullo. Los creyentes no son bautizados en el Espíritu Santo por causa de sus méritos personales, sino para ser investidos de poder y así prestar un servicio humilde y vivir de manera más significativa.

7. ¿Qué se puede decir de las personas que han nacido de nuevo y han realizado grandes cosas para el Señor, pero que no hablan en lenguas?

No hay duda alguna de que el Espíritu Santo mora en creyentes consagrados que no hablan en lenguas, pero que han realizado grandes cosas para Dios. Pero al considerar la pregunta, todo investigador de la Palabra de Dios debe determinar si va a basar la doctrina en la Palabra o en las experiencias de los creyentes más devotos. Como la Biblia indica que todos pueden hablar en lenguas en sus devociones personales, si acaso no en la congregación, cada creyente debe determinar si acepta o rechaza esta disposición de la gracia de Dios. Las Escrituras ponen en claro que los creyentes deben reconocer su responsabilidad personal delante de Dios y no evaluar las experiencias cristianas basándose en comparaciones humanas. Al respecto Pablo escribió: «No nos atrevemos a contarnos ni a compararnos con algunos que se alaban a sí mismos; pero ellos, midiéndose a sí mismos por sí mismos, y comparándose consigo mismos, no son juiciosos» (2 Corintios 10:12).

Preguntas de estudio

1. Cierta versión de la Biblia se refiere a las lenguas como «sonidos extraños». ¿Por qué es esta una traducción incorrecta?

2. ¿Cuál es la prueba de que el hablar en otras lenguas es la señal inicial física del bautismo en el Espíritu Santo?

3. ¿Por qué es probable que los que fueron bautizados en el Espíritu Santo en Samaria hayan hablado en otras lenguas?

4. ¿Por qué podemos inferir que Saulo habló en otras lenguas cuando fue bautizado en el Espíritu Santo?

5. ¿Qué valor tiene el continuar hablando en lenguas, según el Espíritu nos dé facultad?

6. ¿Cuáles son algunas de las razones por las que debemos esperar que el bautismo en el Espíritu Santo con la señal de hablar en otras lenguas sea hoy día la experiencia normal de los creyentes?

7. ¿Qué información halló usted útil en la sección «Preguntas sobre el hablar en lenguas»?

8. ¿Qué otras preguntas ha oído usted sobre la señal del bautismo en el Espíritu Santo? ¿Cómo respondería a ellas?

Novena
verdad
fundamental

La santificación

La santificación es un acto de separación de lo malo y de dedicación a Dios (Romanos 12:1-2; 1 Tesalonicenses 5:23; Hebreos 13:12). Las Escrituras enseñan sobre una vida de «santidad, sin la cual nadie verá al Señor» (Hebreos 12:14). Por el poder del Espíritu Santo podemos obedecer el mandamiento que dice: «Sed santos, porque yo soy santo» (1 Pedro 1:16).

La santificación se efectúa en el creyente cuando este se identifica con Cristo en su muerte y resurrección, y por la fe cuenta diariamente con la realidad de esta unión y ofrece de continuo todas sus facultades al dominio del Espíritu Santo (Romanos 6:1-11, 13; 8:1-2, 13; Gálatas 2:20; Filipenses 2:12-13; 1 Pedro 1:5).

CAPÍTULO 9

LA SANTIFICACIÓN

CUANDO NOS CONVERTIMOS, NACEMOS DE NUEVO, NOS libramos de la tiranía del pecado. Pero ¿qué ocurre con la vida cristiana después de este suceso crítico? ¿Puede pecar un cristiano? ¿Cuáles son las posibilidades de una verdadera vida victoriosa? Todas estas preguntas, sumamente prácticas, tienen que ver con el tema doctrinal de la santificación (en griego, *hagiasmos*). Demos un vistazo con cierto cuidado a este punto tan importante, porque en realidad Dios tiene interés en que su pueblo sea santo (en griego, *hagios*):

> *Ceñid los lomos de vuestro entendimiento, sed sobrios, y esperad por completo en la gracia que se os traerá cuando Jesucristo sea manifestado; como hijos obedientes, no os conforméis a los deseos que antes teníais estando en vuestra ignorancia; sino, como aquel que os llamó es santo, sed también vosotros santos en toda vuestra manera de vivir; porque escrito está: Sed santos, porque yo soy santo.*
> —1 Pedro 1:13-16; cf. Levítico 20:7

La Biblia muestra que en un aspecto la santificación es de posición e instantánea, y que en otro es práctica y progresiva[1]. Pero el aspecto principal es la obra progresiva del Espíritu Santo en la vida del creyente. Así como la regeneración es el impartimiento de una vida nueva al recién convertido, así también la santificación es el desarrollo de esta nueva vida espiritual.

Definiendo los términos

Antes de emprender el análisis del triple aspecto de la doctrina de la santificación (santidad de posición, real y final), debemos considerar con cuidado algunos términos.

Las palabras hebreas y griegas que se han traducido por *santificación, santo, dedicación, consagración* y *santidad* se relacionan todas con la idea de separación. En efecto, el concepto principal del término santificación es separación[2]. Santificarse es apartarse, apartarse del pecado a fin de apartarse para Dios y para el culto y servicio reverente y gozoso que se le rinde. El sacerdocio levítico del Antiguo Testamento y las ceremonias relacionadas con el tabernáculo y después con el templo abundan en imágenes simbólicas. Lo que se ofrecía a Dios debía apartarse de un modo especial, enfatizando así la santidad de aquel que era objeto de tal culto. El énfasis principal se pone siempre en esta dedicación a Dios. Por ejemplo, los vasos sagrados que se usaban en el tabernáculo y en el templo se separaban del uso ordinario. Uno no podía tomarlos y llevarlos a un hogar israelita para usarlos allí. Pero no era esto lo que los hacía santos. En realidad, no eran santos hasta que los llevaban al tabernáculo o al templo y los usaban en el culto al Señor.

A lo largo de los siglos Dios ha apartado para sí a los que quiere que sean suyos. Quiere usarlos en su servicio. Y tiene el propósito de que sus redimidos se conviertan en un pueblo semejante a él:

> *La gracia de Dios se ha manifestado para salvación a todos los hombres, enseñándonos que, renunciando a la impiedad y a los deseos mundanos, vivamos en este siglo sobria, justa y piadosamente, aguardando la esperanza bienaventurada y la manifestación gloriosa de nuestro gran Dios y Salvador Jesucristo, quien se dio a sí mismo por nosotros para redimirnos de toda iniquidad y purificar para sí un pueblo propio, celoso de buenas obras.*
>
> —Tito 2:11-14

Por lo tanto, en este concepto de separación hay un marcado énfasis en la dedicación, que es la separación para Dios y para el culto y servicio que se le rinde.

La justicia es la conformidad a la ley divina, que por lo general se ve en las relaciones del pacto. La santidad es la conformidad a la naturaleza divina. Las palabras purificación y consagración tienen que ver con la última. Dios tiene interés, no solo en la obediencia a su voluntad (el aspecto externo), sino también en que la fuente de motivación (el aspecto interno) sea limpia y pura (cf. Marcos 7:6; Lucas 6:45). A medida que el creyente se somete al misericordioso ministerio del Espíritu Santo y a la Palabra de Dios, su corazón se va limpiando y renovando cada vez más (véase 1 Pedro 1:22-2:5). Y a medida que la luz del Espíritu de Dios y de la Palabra ilumina su mente y su corazón, el creyente debe responder y cooperar con Dios limpiándose de la contaminación (2 Corintios 7:1; Hebreos 12:13-15). En este sentido, a medida que respondamos a los llamados de Dios podemos participar en el proceso de purificación y comprometernos en actos de consagración. Pero tengamos siempre presente que los pasos prácticos que podemos dar para apartarnos del mal y volvernos a Dios son en cada caso una respuesta a la amorosa invitación y al susurro de un Dios lleno de gracia. Recordemos también que descuidar la santificación es provocar un desastre. Hebreos 12:14 nos recuerda esto, diciéndonos: «Seguid [...] la santidad, sin la cual nadie verá al Señor». «Para los que creen en Cristo, la santificación no es optativa»[3].

Las tres facetas de la santificación

Ya que la santificación no es optativa, vamos a examinarla minuciosamente en sus tres facetas. Comenzaremos con la santidad de posición. En otras palabras, para alcanzar la santidad, comenzamos con ella: Dios nos declara santos al principio de nuestra vida cristiana. A esta declaración se la llama santidad de posición. Esta es otra manera de formular la gran doctrina de la justificación; o por lo menos la santificación y la justificación son simultáneas[4]. Con la obra culminante de la expiación, Cristo hizo posible que el Dios santo nos vea, no como somos en nosotros mismos, sino vestidos de la justicia de Cristo (Filipenses 3:9). Este aspecto de nuestra santificación ocurre por la fe en Cristo en el momento mismo de nuestra conversión[5]. En un sentido muy real, somos santificados en el momento en que somos salvos. Por esta razón, Pablo trató de «santos» (en griego, *hagioi*) a los cristianos de varias iglesias a las cuales escribió, a pesar de que algunos de ellos necesitaban una severa corrección[6]. Todos, pues, comenzamos en Cristo como santos[7]. «Somos santificados mediante la ofrenda del cuerpo de Jesucristo hecha una vez para siempre» (Hebreos 10:10). «Somos, pues, hechos partícipes de los frutos de su obediencia. Somos libertados para hacer la voluntad de Dios»[8]. Le hemos vuelto las espaldas al pecado y nos hemos comprometido a seguir a Cristo. Somos santos, no porque seamos superiores, ni porque hayamos alcanzado la perfección final, sino porque vamos en la dirección correcta.

No obstante, lo que se declara instantánea y legalmente acerca del creyente no siempre se convierte, al menos por algún tiempo, en santidad real, la segunda faceta de la santificación. Una gran verdad bíblica es que Dios comienza a trabajar en nosotros desde donde nos encontramos. ¡Qué hermoso sería que los cristianos más antiguos y más maduros fueran tan pacientes con los recién convertidos como Dios mismo lo es! Lo que muestra la verdadera perfección de un hijo de Dios no es su llegada a un estado de perfección absoluta, sin pecado, sino su aspiración a ascender cada vez más. El apóstol Pablo no estimó que él mismo ya lo hubiera «alcanzado»; pero sí reconoció que deseaba ardientemente agradar a Dios día tras día (Filipenses 3:12-14). En la vida del creyente, lo que fue bastante bueno para ayer no es adecuado para hoy, pues el crecimiento aumenta la capacidad de uno para las cosas de Dios. Aunque podemos comenzar con «leche», debemos crecer hasta el punto en que podamos digerir «alimento sólido» (véanse Hebreos 5:12-14; 1 Pedro 2:1-3). Esto se alcanza mediante la renovación diaria de nuestra consagración y dedicación a Dios. Debemos procurar ser «cada vez más conformes a la imagen de Cristo»[9]. Por la oración, la Palabra y el Espíritu Santo nos acercamos a Cristo y experimentamos su amor. «Nosotros todos, mirando a cara descubierta como en un espejo la gloria del Señor, somos transformados de gloria en gloria [de un grado de gloria a otro] en la misma imagen, como por el Espíritu del Señor» (2 Corintios 3:18).

De gran importancia para este estado de crecimiento en la santidad es el ministerio del Espíritu Santo[10]. Romanos 7 describe la «mentalidad dividida» del que se encuentra atrapado en el conflicto entre el bien y el mal[11]. Este sabe hacer el bien, pero en sus propias fuerzas se halla incapaz de hacer lo bueno. ¿Cuál es la fuente de la victoria del cristiano? Romanos 8 y Gálatas 5 nos dan la respuesta. Romanos 8:13 nos muestra que por el Espíritu Santo podemos hacer «morir las obras de la carne» y Romanos 8:37 dice que «somos más que vencedores por medio de aquel que nos amó». Gálatas 5:16-18 señala que si andamos «en el Espíritu» no satisfaremos «los deseos de la carne. Porque el deseo de la carne es contra el Espíritu, y el del Espíritu es contra la carne; y estos se oponen entre sí». Por consiguiente, nos hallamos en medio de una lucha contra la tentación, que siempre nos incita a pecar. Pero para los creyentes esta lucha no es un conflicto entre la «naturaleza superior» y la «naturaleza inferior». Más bien es un gran conflicto entre el Espíritu de Dios que mora en nosotros y la vieja naturaleza pecaminosa que aún sobrevive y desea manifestarse. La vieja naturaleza no es «arrancada de raíz» como decía la doctrina wesleyana de la «erradicación». Esta doctrina se predica basándose en la interpretación de que el pecado es «algo», en vez de una relación. Sin embargo, no es una «cosa», expuesta a ser «arrancada de raíz» o, como dicen algunos, a ser «cortada sin dejar raíz ni rama». Pero en la medida en que como creyentes nos sometamos a la obra del Espíritu Santo, lo cual es un acto de fe, podremos estar seguros de tener una continua victoria sobre las invasiones de las tentaciones pecaminosas (1 Corintios 10:13).

Tenemos también la responsabilidad de participar activamente en la lucha contra el pecado y de experimentar el lado positivo de la santificación. Pero no toda la responsabilidad de la santificación progresiva recae sobre nosotros, Dios tiene su parte, el Espíritu Santo nos la hace posible purificando nuestra alma por la obediencia a la verdad (1 Pedro 1:2,22). Nuestra parte consiste en hacer «morir, pues, lo terrenal […] fornicación, impureza, pasiones desordenadas, malos deseos y avaricia» (Colosenses 3:5). Dirigiéndose a los creyentes de Colosas, Pablo comentó (y nosotros prestamos atención):

En las cuales [cosas] vosotros también anduvisteis en otro tiempo cuando vivíais en ellas. Pero ahora dejad también vosotros todas estas cosas: ira, enojo, malicia, blasfemia, palabras deshonestas de vuestra boca. No mintáis los unos a los otros, habiéndoos despojado del viejo hombre con sus hechos, y revestido del nuevo, el cual conforme a la imagen del que lo creó se va renovando hasta el conocimiento pleno, donde no hay griego ni judío, circuncisión ni incircuncisión, bárbaro ni escita, siervo ni libre, sino que Cristo es el todo, y en todos. Vestíos, pues, como escogidos de Dios, santos y amados, de entrañable misericordia, de benignidad, de humildad, de mansedumbre, de paciencia; soportándoos unos a otros, y perdonándoos unos a otros si alguno tuviere queja contra otro. De la

Las tres facetas de la santificación

manera que Cristo os perdonó, así también hacedlo vosotros. Y sobre to-
das estas cosas vestíos de amor, que es el vínculo perfecto.

—Colosenses 3:7-14

Hay victoria en la vida cristiana. No tenemos necesidad de estar conti-
nuamente derrotados. Aunque en esta vida nunca lleguemos al estado en que
no podamos pecar, sí podemos tener ayuda para que no pequemos[12]. La solución se halla en dar lugar al Espíritu Santo que mora en nosotros. Y a medida que día tras día vivimos en el Espíritu, se desarrollan nuestras capacidades
para las cosas espirituales. Crecemos en la gracia. Hay fracasos a lo largo del
camino; pero si tropezamos y pecamos, no somos desechados. Tenemos un
abogado para con el Padre, un amigo en el tribunal, y él es Jesucristo (1 Juan
1:9; 2:1). Hay un proceso de limpieza a lo largo del camino, porque «si andamos en luz, como él [Dios] está en luz, tenemos comunión unos con otros, y la
sangre de Jesucristo su Hijo nos limpia de todo pecado» (1 Juan 1:7). Pero debemos confesar nuestros pecados. Debemos responder de inmediato cuando
el Espíritu Santo nos examina o nos convence de que somos culpables. Si nos
arrepentimos al instante, podemos levantarnos con una conciencia limpia y
la plena certeza de que Dios nos ha perdonado; no tenemos por qué angus-
tiarnos por nuestros fracasos.

Sin embargo, en el libro de Hebreos hay solemnes advertencias en el sentido de que el rechazo persistente y decidido de la convicción del Espíritu Santo
es una reincidencia que lleva finalmente a una rebelión empedernida y perti-
naz contra Dios, la cual tiene por resultado la pérdida final de la salvación (cf.
Gálatas 5:21; Hebreos 6, 10). En esto consiste la apostasía. Pero en Romanos
6:1-2, Pablo proclama a voces: «¿Qué, pues, diremos? ¿Perseveraremos en el
pecado para que la gracia abunde? En ninguna manera. Porque los que hemos muerto al pecado, ¿cómo viviremos aún en él?». El apóstol se pregunta
cómo puede alguien que ha probado el gozo del perdón querer volver al fango
del pecado (aunque tal posibilidad es clara e inequívoca).

Al principio, en el momento de nuestra conversión, somos santificados en
Cristo Jesús. Durante nuestra vida se nos proporcionan los medios para que
crezcamos «en la gracia», para que lleguemos a ser lo que Dios ha declarado
respecto a nuestra posición en Cristo y para que alcancemos la madurez de
la santidad (Efesios 4:7-13). Hay aún un tercer aspecto de la santificación. En
Filipenses 3:11, Pablo expresa el ardiente deseo del soldado de la cruz, que alza

Las tres facetas de la santificación

los ojos y mira hacia el futuro, al tiempo en que este período de prueba llegue a su fin y cuando encontrará un estado final de santidad. A esta esperanza de la perfección se la conoce como la doctrina de la glorificación. Al llegar el fin de la vida, los creyentes que hayan permanecido fieles a Cristo disfrutarán de una relación permanente con Dios que no estará sujeta a los fracasos. Tendremos un carácter santo estable. Luego, en la Segunda Venida de Cristo, «todos seremos transformados, en un momento, en un abrir y cerrar de ojos, a la final trompeta; porque se tocará la trompeta, y los muertos serán resucitados incorruptibles, y nosotros seremos transformados» (1 Corintios 15:51-52). ¡Qué esperanza más maravillosa para el creyente! «Pues tengo por cierto que las aflicciones del tiempo presente no son comparables con la gloria venidera que en nosotros ha de manifestarse» (Romanos 8:18).

En vista de esta esperanza, bien podemos todos mantener una «continua comunión con Cristo mediante los recursos de la oración y la Palabra, buscando la dirección del Espíritu Santo y esforzándonos por llegar "a la unidad de la fe y del conocimiento del Hijo de Dios, a un varón perfecto, a la medida de la estatura de la plenitud de Cristo" (Efesios 4:13)»[13].

Preguntas de estudio

1. ¿Cuál es el significado fundamental de la santificación?
2. ¿En qué sentido ocurre la santificación en el momento de la conversión?
3. ¿Qué relación hay entre la santificación y la justificación?
4. ¿Qué aspectos se incluyen en la obra progresiva del Espíritu Santo en la santificación?
5. ¿Cómo podemos ser «cada vez más conformes a la imagen de Cristo»?
6. ¿Cómo podemos tener victoria cada día sobre la vieja naturaleza pecaminosa?
7. ¿Qué pasos positivos necesitamos dar además de hacer morir en nosotros lo terrenal?
8. ¿Qué debemos hacer cuando fracasamos?
9. ¿Cuáles son las causas y los resultados de la apostasía?
10. ¿Qué cosas se incluyen en nuestra futura glorificación?

Décima verdad fundamental

La iglesia y su misión

La iglesia es el cuerpo de Cristo, la morada de Dios en el Espíritu, designada por decreto divino para el cumplimiento de la Gran Comisión. Cada uno de los creyentes, que ha nacido del Espíritu, es parte integral de la congregación de los primogénitos que están inscritos en los cielos (Efesios 1:22-23; 2:22; Hebreos 12:23).

Como el propósito de Dios respecto al hombre es buscar y salvar lo que se ha perdido, ser adorado por los hombres y edificar un cuerpo de creyentes que lleguen a ser conformes a la imagen de su Hijo, la razón de ser prioritaria de las Asambleas de Dios, como parte de la iglesia, es:

1. Ser una agencia de Dios para la evangelización del mundo (Mateo 28:19-20; Marcos 16:15-16; Hechos 1:8).
2. Constituir un cuerpo social en el que los hombres puedan adorar a Dios (1 Corintios 12:13).
3. Ser un cauce para el propósito de Dios de edificar un cuerpo de santos que se perfeccionen hasta que lleguen a ser conforme a la imagen de su Hijo (1 Corintios 12:28; 14:12; Efesios 4:11-16).

Las Asambleas de Dios existen expresamente para poner constante énfasis en esta razón de ser según el modelo apostólico del Nuevo Testamento. Para cumplir este propósito enseñan y animan a los creyentes a ser bautizados en el Espíritu Santo. Esta experiencia:

a. Los capacita para evangelizar en el poder del Espíritu con las señales sobrenaturales que lo acompañan (Marcos 16:15-20; Hechos 4:29-31; Hebreos 2:3-4).
b. Añade una dimensión necesaria a una relación con Dios que lo mueve a la adoración (1 Corintios 2:10-16; 12-14).
c. Les permite responder a la obra completa del Espíritu Santo en la manifestación del fruto, los dones y los ministerios, como en los tiempos del Nuevo Testamento, para la edificación del cuerpo de Cristo (1 Corintios 12:28; 14:12; Gálatas 5:22-26; Efesios 4:11-12; Colosenses l:29).

CAPÍTULO 10

LA IGLESIA Y SU MISIÓN

¿Qué es la iglesia?

LA PALABRA *IGLESIA* PROVIENE DE LA VOZ GRIEGA *EKKLESÍA*[1]. EN el antiguo Cercano Oriente, *ekklesía* se empleaba generalmente para referirse a una reunión de personas, algunas veces con carácter oficial, como una asamblea de ciudadanos, y otras como una multitud desordenada (Hechos 19:32, 39, 41). En la Versión de los Setenta, traducción del Antiguo Testamento al griego, esta palabra se usó para referirse a la asamblea o congregación de Israel, en especial cuando el pueblo se reunía delante de Dios en las fiestas religiosas (por ejemplo, Deuteronomio 9:10; 18:16; 23:1,3). Pero en los tiempos del Nuevo Testamento, los judíos preferían la palabra *sinagoga* para referirse al edificio así como a la congregación que allí se reunía. Por lo tanto, para distinguirse de los judíos y declararse a sí mismos como el verdadero pueblo de Dios, Jesús y los primeros cristianos usaron el vocablo *ekklesía*[2]. Esta es la familia Espiritual de Dios, una comunidad creada por el Espíritu Santo y basada en la obra expiatoria de Cristo.

En la actualidad, muchos usan la palabra *iglesia* en diversos sentidos. Algunas veces la utilizan para denotar una estructura física, un edificio usado por una congregación local. Otras, para referirse a una confesión o conjunto de personas que profesan un mismo credo. Sin embargo, hay solo dos usos bíblicos que son válidos para el vocablo iglesia (asamblea). Uno es el de iglesia (asamblea) local, con el que se quiere decir no el edificio, sino la reunión de los santos que adoran juntos en un sitio determinado. En realidad, todos los atributos de la iglesia deben caracterizar a la asamblea local; esta es el cuerpo de Cristo en un determinado lugar. Por lo mismo, Pablo puede referirse a la iglesia (asamblea) de Dios que está en Corinto (1 Corintios 1:2). Además se usa esta palabra en un sentido más amplio: según el contexto, *iglesia* puede referirse a todos los santos, tanto a lo largo de la historia como en todo el mundo. Y en cuanto a las confesiones, puede decirse que muchas de ellas son parte de esa gran iglesia universal solo hasta el punto en que estén constituidas por verdaderos creyentes.

Hay varias figuras retóricas muy descriptivas que los escritores sagrados usaron para ayudarnos a entender el misterio de la iglesia. Tal vez la más importante sea «el cuerpo de Cristo». Durante la encarnación, Cristo estuvo presente de manera visible aquí en la tierra. Cuando se estaba preparando para irse, se esmeró especialmente en instruir a un grupo de discípulos que había comisionado para que fundaran y constituyeran la iglesia, la asamblea de los ciudadanos del cielo (Mateo 16:18-19; 18:17-20; Efesios 2:19; Filipenses 3:20). Después de su resurrección, Jesús sopló sobre sus discípulos y sobre otros que estaban en el aposento alto, y les dio una porción del Espíritu Santo. Sus nombres ya estaban escritos en los cielos (Lucas 10:20), también ya estaban limpios delante de Dios, pues habían tomado un baño espiritual por la Palabra de Cristo (Juan 13:10; 15:3). El antiguo pacto había sido abolido en el Calvario (Efesios 2:15), la muerte de Jesús puso en vigor el nuevo pacto (Hebreos 9:15-17). Por consiguiente, los discípulos ya constituían el cuerpo de un nuevo pacto y Jesús les dio la vida de este nuevo pacto cuando les impartió el Espíritu Santo (la misma vida que reciben los creyentes cuando creen que Dios levantó a Jesús de los muertos y nacen de nuevo [Romanos 10:9-10])[3]. Al mismo tiempo, los comisionó y les dio autoridad. Por lo tanto, desde el día de la resurrección de Cristo, ellos tenían una nueva relación con él: ya eran la iglesia, la *ekklesía*. Jesús no instituyó una organización, sino que creó un organismo. Poco antes de ascender al cielo exhortó a sus discípulos a que se quedaran en la ciudad de Jerusalén hasta que fueran investidos de poder desde lo alto (Lucas 24:49; Hechos 1:4). El día de Pentecostés, los ciento veinte creyentes reunidos que estaban alabando a Dios (Lucas 24:53), recibieron individualmente la promesa del Padre, el bautismo en el Espíritu Santo. Este bautismo vino a

...nidad de los creyentes y a poner al alcance de todos
...dio de discípulos llenos del Espíritu.

...izar la relación vital de los creyentes con Cristo, la
...omo la «cabeza» de la iglesia y de la iglesia como
...27; Efesios 1:22-23; Colosenses 1:18). Hay varias
...analogía de la iglesia como cuerpo de Cristo. La
...sica, visible, de Cristo en este mundo, y hace la
...ores al arrepentimiento, proclamar la verdad de
...epararse para los siglos venideros. La iglesia es
...el sentido de que consiste en un complejo arre-
... na distinta de las otras, cada una dirigida por
...n sus propios dones y ministerios, pero todas
...vance de la obra de Dios (Romanos 12:4-8; 1
...7; Efesios 4:15-16).

...que se usa para describir a la iglesia es «tem-
...o (1 Corintios 3:16-17; 2 Corintios 6:14-7:1;
...«Templo» (en griego, *naos*) se refiere al san-
...donde Dios manifestaba su gloria de una
...es omnipresente, es verdadero; pero en un
...o de su pueblo (Éxodo 25:8; 1 Reyes 8:27).
...a *templo* para referirse a toda la congrega-
...da asamblea son el templo, porque Dios,
...edio de ellos. Además, según 1 Corintios
...én templo del Espíritu Santo. Incluso en
...aunque la gloria[5] se manifestaba en la
...presencia de Dios no se limitaba a su
...u pueblo. «Porque así dijo el Alto y Su-
...o nombre es el Santo: Yo habito en la
...ado y humilde de espíritu, para hacer
...vivificar el corazón de los quebranta-

...figura del templo para incluir a todos

...fundamento de los apóstoles
...del ángulo Jesucristo mismo,

es,
vi-
fre-
...]
eblo
lla-

-5, 9

sterio espi-
ario[7].
esia es «la
los santos
sa de estar
ntido de es-
19:7; 21:2;
iglesia por-
isto cuando
con él aho-
ra ilustrar el
ción y fideli-

iglesia tene-
s viviente, co-
o familia de
labranza» de
que también
n «toda la ar-
sechanzas del
s, y protegidos

en quien todo el edificio, bien coordinado, va creciendo para ser u
templo santo en el Señor; en quien vosotros también sois juntame
te edificados para morada de Dios en el Espíritu.

Luego Pedro combina las figuras del templo y del sacerdocio:

*Acercándoos a él, piedra viva[6], desechada ciertamente por los homb
mas para Dios escogida y preciosa, vosotros también, como piedra
vas, sed edificados como casa espiritual y sacerdocio santo, para
cer sacrificios espirituales aceptables a Dios por medio de Jesucristo [
Mas vosotros sois linaje escogido, real sacerdocio, nación santa, pu
adquirido por Dios, para que anunciéis las virtudes de aquel que o
mó de las tinieblas a su luz admirable.*

—1 Pedro 2:

No solo somos el templo, sino que también ejercemos un mini
ritual entre nosotros mismos como sacerdotes de Dios en este sant
Otra figura pintoresca que se emplea para representar a la ig
esposa» de Cristo. Esta figura enfatiza la unión y la comunión de
con Cristo. Se utiliza especialmente con relación al anhelo de la esp
preparada para el matrimonio, y por lo tanto, tiene un fuerte se
peranza en el futuro (2 Corintios 11:2; Efesios 5:25-27; Apocalipsi
22:17). Se usa también la figura de una esposa para referirse a l
que, aunque esperamos tener una relación más estrecha con C
venga otra vez a la tierra, ya gozamos de una estrecha relación
ra (cf. Efesios 5:25-32). Se emplea así la relación matrimonial p
amor de Cristo y su cuidado para con la iglesia, así como la dev
dad de la iglesia a Cristo.

Entre otras palabras y frases que se usan para referirse a l
mos expresiones como «la casa de Dios, que es la iglesia del Di
lumna y baluarte de la verdad» (1 Timoteo 3:15). Ella es la cas
Dios (Efesios 2:19), y la que sostiene y defiende la verdad. Es la
Dios así como el «edificio» de Dios, donde él no solo habita, sin
espera fruto de ella (1 Corintios 3:9). Es un ejército equipado c
madura de Dios» para que podamos estar firmes contra las
diablo, usando la espada del Espíritu, que es la Palabra de Di

con el escudo de la fe y el yelmo de la salvación (Efesios 6:10-17). Es una «comunión» o compañerismo espiritual, donde colaboramos con el Señor en el poder del Espíritu, amándonos y cuidándonos unos a otros y a los perdidos (2 Corintios 13:14; Filipenses 2:1; 1 Juan 1:3). Todos somos «ministros», literalmente «siervos», que hacemos la obra de Dios y nos edificamos unos a otros por medio de los dones y ministerios del Espíritu (Romanos 12:6; 1 Corintios 1:7; 12:4-11, 28-31; Efesios 4:11).

Dentro de la iglesia hay también una manifestación del «reino de Dios»[8], donde el término mismo (en griego, *basileia*) se refiere más bien a la autoridad, el reinado o el dominio de un rey que a su territorio o a sus súbditos.

Aunque la participación humana en el reino es voluntaria, el reino de Dios está presente, ya sea que se reconozca y acepte este hecho o no.

Hay un solo reino (dominio, autoridad) de Dios, que se describe de distintas maneras en las Escrituras, entre ellas como «reino de los cielos», «reino de Dios», reino del «Hijo del Hombre» (Mateo 13:41), «mi reino» (mencionado por Jesús en Lucas 22:30), «reino de Cristo y de Dios» (Efesios 5:5) y reino «de nuestro Señor y de su Cristo» (Apocalipsis 11:15).

De los diversos contextos en que aparece la palabra reino en los Evangelios, el dominio de Dios se ve como 1) un reino o esfera presente en el que la gente está entrando y 2) un orden apocalíptico futuro en el que los justos entrarán al final de esta era [...]

Como pentecostales, reconocemos el papel del Espíritu Santo en la inauguración y continuación del reino [...] La obra del Espíritu en el ministerio de Jesús probó la presencia del reino.

Jesús describió el dominio del Espíritu Santo en el reino de Dios [...] El poder del reino, tan manifiesto en la cruz, la resurrección y la ascensión, pasó a todos los que serían llenos del Espíritu. La era del Espíritu es la era de la iglesia, la comunidad del Espíritu. Por medio de la iglesia, el Espíritu continúa el ministerio del reino de Jesús mismo. El reino de Dios no es la iglesia. Pero hay una relación inseparable entre los dos [...]

El reino de Dios existió antes del comienzo de la iglesia y continuará después que se acabe la obra de la misma. La iglesia es, pues, parte del reino; pero no todo. En la era presente el reino [dominio, reinado] de Dios está obrando por medio de la iglesia[9].

El ingreso a la iglesia

Por medio de la muerte expiatoria de Jesucristo se han derribado todas las paredes divisorias, y en él todos los verdaderos creyentes son miembros del cuerpo de Cristo.

> Y [Jesús] vino y anunció las buenas nuevas de paz a vosotros [los gentiles] que estabais lejos, y a los que estaban cerca [es decir, a los judíos]; porque por medio de él los unos y los otros tenemos entrada por un mismo Espíritu al Padre. Así que ya no sois extranjeros ni advenedizos, sino conciudadanos de los santos, y miembros de la familia de Dios, edificados sobre el fundamento de los apóstoles y profetas, siendo la principal piedra del ángulo Jesucristo mismo, en quien todo el edificio, bien coordinado, va creciendo para ser un templo santo en el Señor; en quien vosotros también sois juntamente edificados para morada de Dios en el Espíritu.
>
> —Efesios 2:17-22

Evidentemente, como lo dice la Biblia: «Por gracia sois salvos por medio de la fe; y esto no de vosotros, pues es don de Dios; no por obras, para que nadie se gloríe» (Efesios 2:8-9). Y Hechos 16:31 expresa la sencilla verdad: «Cree en el Señor Jesucristo, y serás salvo, tú y tu casa». El Señor es quien añade «cada día a la iglesia» los que han de «ser salvos» (Hechos 2:47).

El triple objetivo de la iglesia

La iglesia tiene un triple objetivo. Todas las funciones de un cuerpo local de creyentes deben relacionarse significativamente con uno o más de estos tres objetivos cardinales. Si al examinarse, el cuerpo local descubre que sus energías se consumen en actividades que no concuerdan con estos objetivos, harán bien en revisar las cosas que les son prioritarias. Hay otra nota introductora que también se debe insertar aquí: se trata del propósito de Dios de obrar por medio de la iglesia en el período comprendido entre la primera y segunda venida de Cristo. Este período es la era de la iglesia. Un axioma digno de tenerse en cuenta es que cualquier actividad que no contribuya al crecimiento de la iglesia, por bien intencionada que sea, simplemente no corresponde a la manera en que Dios hace las cosas en esta era. Él escogió a la iglesia para que sea el medio por el cual cumple hoy sus propósitos en el mundo.

El primer objetivo de la iglesia es la evangelización del mundo. Así como Jesucristo vino a buscar y a salvar lo que se había perdido, así también en esta era la extensión de su cuerpo, la iglesia, debe participar en este interés primordial (Mateo 18:11). Poco antes de su ascensión, Jesucristo les lanzó a sus discípulos la solemne empresa de evangelizar al mundo, haciendo discípulos («aprendices» o «principiantes», «personas deseosas de aprender») a todas las naciones, bautizándolos «y enseñándoles que guarden todas las cosas» que él les había mandado (Mateo 28:19-20).

Una de las características de la iglesia de Jerusalén era su crecimiento. «El Señor añadía cada día a la iglesia los que habían de ser salvos» (Hechos 2:47). Aun en medio de la persecución, la iglesia primitiva difundió el mensaje, «anunciando el evangelio» dondequiera que fueran esparcidos (Hechos 8:4). El tema del libro de Hechos es el crecimiento, tanto Espiritual como numérico, con el establecimiento progresivo de nuevos centros a medida que los creyentes, en el poder del Espíritu, continuaban propagando las buenas nuevas[10].

La iglesia primitiva se caracterizaba también por el énfasis que ponía en la Palabra predicada. Pablo reconoció que a Dios le agradó «salvar a los creyentes por la locura de la *predicación*» (1 Corintios 1:21, cursivas añadidas); por lo que todavía hay que seguir avanzando en el cumplimiento de la Gran Comisión. A los creyentes se les ha dado la experiencia pentecostal para que su principal objetivo sea la evangelización del mundo (Hechos 1:8). El poder del Espíritu Santo que vino sobre los creyentes se manifiesta no solo en las lenguas como la señal inicial física, sino también en obras poderosas de carácter sobrenatural, las cuales confirman el testimonio oral de testigos fieles (Marcos 16:15-16; Hebreos 2:4). Los dones del Espíritu, tal como el de profecía, son también medios que emplea el Espíritu Santo para convencer de pecado a los pecadores (1 Corintios 14:24-25).

El segundo objetivo de la iglesia es ministrar a Dios. Como lo establece un gran catecismo confesional: «El fin supremo y principal del hombre es glorificar a Dios, y complacerse completamente en él y para siempre»[11]. Una frase que se repite con cierta frecuencia en Efesios, especialmente en el capítulo 1, y que tiene ver con el propósito de los seres humanos en el universo de Dios es que debemos ser «para alabanza de su gloria [de Dios]». Agustín, Obispo de

El triple objetivo de la iglesia

Hipona, ciudad del norte de África, 396-430 d.C., dijo que todos los seres humanos están intranquilos hasta que hallan su tranquilidad en Dios. Los seres humanos, al no tener una relación con su Creador que los mueva a la adoración, están desorientados y en conflicto. Es que fuimos creados para adorar. Ahora bien, es cierto que la adoración se puede expresar de muchas maneras. En rigor, toda la vida puede ser un gran himno de alabanza a Dios. Los actos triviales de la vida, como arrancar las malas hierbas, lavar el automóvil y limpiar la casa, se pueden convertir en instrumentos de adoración y alabanza a Dios[12]. Toda la vida debe ser una expresión de gratitud y alabanza. Sin embargo, Dios ha puesto a la iglesia, el cuerpo organizado de los creyentes, como un instrumento especial de adoración.

No es posible que uno lea pasajes como 1 Corintios 11-14 sin darse cuenta de que el ministerio del Espíritu Santo tiene un significado especial en la adoración de la iglesia. Hay diversas operaciones del Espíritu que se le han dado al conjunto de los creyentes congregados, las cuales edifican a los adoradores a la vez que embellecen el culto a Dios. Tanto Dios como los creyentes reciben maravillosas bendiciones con la adoración espiritual que proporciona la presencia del Espíritu Santo. Por lo general, a estas diversas manifestaciones del Espíritu se las denomina dones del Espíritu; pero en el texto original de 1 Corintios 12:1 no figura la palabra *dones*, sino solo el vocablo *espirituales*. Esta sola palabra «incluye otras cosas dirigidas por el Espíritu Santo y expresadas por medio de creyentes llenos del Espíritu. Pero evidentemente en este pasaje Pablo limita el significado de la palabra al de dones o carismas»[13].

Los primeros escritores cristianos tomaron la palabra espirituales en el sentido de dones espirituales, con lo cual los reconocieron como dones sobrenaturales cuya fuente directa era el Espíritu Santo[14].

Lo que se infiere de esto es que Dios, mediante el Espíritu Santo, reparte como él quiere las diversas manifestaciones que son necesarias para la comunidad que lo adora; los «dones» se le dan a la iglesia en conjunto. Es cierto que los creyentes de la congregación pueden ejercer un ministerio que haga resaltar uno o más de los dones, pero ninguno se debe considerar como propiedad privada de nadie, pues el Espíritu es el que reparte sus ministerios para el beneficio de la iglesia «como él quiere» (1 Corintios 12:11; 14:12, 32).

El triple objetivo de la iglesia

Hay varias listas de dones del Espíritu Santo: 1 Corintios 12:8-10, 28; Efesios 4:11; Romanos 12:6-8. La primera de ellas, 1 Corintios 12:8-10, es el catálogo más completo de los ministerios que el Espíritu concede al cuerpo de adoradores. A menudo se llama a esta lista los nueve dones del Espíritu. Consiste en tres dones de revelación (la palabra [o mensaje] de sabiduría, la palabra [o mensaje] de ciencia y el discernimiento de [o distinción entre] Espíritus), tres dones de poder (la fe, el hacer milagros [poderes milagrosos] y los dones de sanidades) y tres dones de expresión (los diversos géneros de lenguas, la interpretación de lenguas y la profecía).

Todos estos dones sobrenaturales tienen que ver con la manifestación del carácter, los procedimientos y los propósitos eternos de Dios. Por lo tanto, cada palabra o mensaje de sabiduría que dé el Espíritu «reflejará los planes y propósitos de Dios y la manera como él hace las cosas»[15]. Dará discernimiento divino de cierto problema o necesidad y de la Palabra de Dios para la solución práctica de dicho problema[16].

La palabra o mensaje de ciencia tiene que ver especialmente con la «iluminación del conocimiento de la gloria de Dios en la faz de Jesucristo» (2 Corintios 4:6) y «el olor de su conocimiento» (2 Corintios 2:14). Revela los casos en que se aplica el evangelio a la vida cristiana, y de cuando en cuando revela otros hechos que solo Dios conoce. Donald Gee la describe como «ráfagas de discernimiento de la verdad» que sobrepasan la acción de nuestro intelecto[17].

El don de fe no es la fe usual o común ni la fe salvadora. «Es más probable que el cristiano activo y lleno de vitalidad vea este don en acción cuando pide que se manifieste el poder de Dios en la satisfacción de sus necesidades. Generalmente acompañan al don de fe la oración ferviente, el gozo extraordinario y el denuedo insólito. Este don puede incluir la capacidad especial de inspirar fe en otros, como lo logró Pablo a bordo de la nave en medio de la tormenta (Hechos 27:25)»[18].

En el texto griego de 1 Corintios 12:9-10 hay tres conjuntos en plural: *dones de sanidades*, *obras de poder*, *distinciones de espíritus*. Evidentemente nadie tiene *el* don de sanidad. Tal vez el plural indique las diversas maneras en que se manifiesta este don. Es posible que indique también que al enfermo se le da un don específico para su dolencia o enfermedad y que el que ministra el don es el agente por medio del cual obra el Espíritu Santo. El hacer milagros (obras de poder milagroso) implica la manifestación del poder divino en una categoría más amplia que las sanidades. En el libro de Hechos tales obras favorecían la misión de la iglesia. Ejemplos de estas son el juicio de Ananías y Safira, el de Elimas, la liberación de Pedro de la cárcel y la protección de Pablo de la mordedura de la víbora.

La profecía es simplemente «el acto de hablar en nombre de Dios» en un idioma conocido. Esta revela el progreso del reino de Dios y convence al pecador al hacer manifiesto lo oculto de su corazón (1 Corintios 14:24-25). Además, edifica y alienta a los creyentes congregados (Hechos 15:32).

En las *distinciones entre espíritus*, el plural indica otra vez las diversas manifestaciones de este don. No debemos creer a todo espíritu, sino que debemos ponerlos a prueba (1 Juan 4:1). En la lucha espiritual que tenemos en este mundo necesitamos distinguir al enemigo. Pero el transgresor puede ser también el espíritu humano.

El don de lenguas incluye clases o familias de idiomas. En la congregación es necesario interpretar un mensaje en lenguas para que sea de edificación. Incluso cuando la lengua constituya una alabanza u oración debe haber interpretación. Pero la interpretación no es necesariamente una traducción estricta, sino que más bien da el significado o contenido esencial de lo que se ha dicho en lenguas[19].

La iglesia espiritual, que adora a Dios, es un poderoso arsenal de poder sobrenatural que Dios emplea en su lucha contra las huestes de las tinieblas. En realidad, «sea cual sea la necesidad de la iglesia, el Espíritu tiene algún don para suplirla»[20]. Al combinar de diferentes maneras las cuatro listas que figuran en Romanos, Efesios y 1 Corintios, «es posible obtener un total de dieciocho a veinte dones»[21]. En ellas hay «dones para el establecimiento de la iglesia y para llevarla a un estado de madurez en que todos los miembros puedan recibir sus propios dones y contribuir a la edificación del cuerpo local [...] En segundo lugar, dones para la edificación del cuerpo local por medio de cada uno los miembros [...] En tercer lugar, dones para el servicio y la extensión de la obra»[22].

En el último grupo se incluyen los siguientes:

1. Dones de administración (1 Corintios 12:28), diversas manifestaciones que ayudan a los que ocupan cargos de liderazgo.
2. Dones para ayudar o hacer obras benéficas, que nos motivan a ayudar a otros o a ponernos en el lugar de otro en una situación difícil.

3. Dones para ministrar (servicio, diaconado), diversas clases de servicio espiritual y práctico, entre ellas la distribución de ayuda a los pobres, que inspiran generosidad.

4. Dones para presidir (dirección, cuidado), que ayudan a los dirigentes a cuidar de las almas y a hacer que la iglesia se interese en ayudar a otros bajo la dirección de los líderes que Dios le da.

5. El don de hacer misericordia (Romanos 12:8), que inspira un cuidado bondadoso y compasivo para con los necesitados, los enfermos, los que tienen hambre, los que no tienen suficiente ropa y los presos. Es el último en la lista de dones de Romanos 12, pero no el menor (véase Mateo 25:31-46).

Todos estos dones son necesarios. El Espíritu Santo los reparte según la necesidad; pero debemos estar dispuestos a responder con fe y obediencia. Entonces la asamblea local crecerá tanto espiritual como numéricamente. En realidad, cuando el cuerpo de adoradores responde con fe, todos estos ministerios o dones espirituales deben estar en acción en una iglesia que en realidad sigue el modelo de la iglesia apostólica. Este es el privilegio que tienen los creyentes. En realidad, es más que un privilegio, porque a medida que se amontonan los nubarrones sobre la faz de la tierra, la iglesia debe disponer de todos los recursos para resistir a la invasión del secularismo, el materialismo, el ocultismo, los sistemas filosóficos de la Nueva Era y otras sutiles artimañas que Satanás ha ideado para debilitar el testimonio de ella.

Durante la mayor parte de la historia de la iglesia se ha confiado demasiado en los recursos humanos. Mientras hay fondos, equipos, hombres, materiales y habilidades técnicas disponibles, se hacen proyectos con grandes expectativas de éxito. Pero a menudo, y a pesar de todo, estos fracasan. Por otra parte, algunos han comenzado casi sin nada, pero con una gran confianza en Dios y dependiendo de los dones y la ayuda del Espíritu Santo, y han logrado lo imposible.

Es gran cosa que mientras dependemos del Espíritu aprendamos a usar los recursos humanos disponibles. Los dones del Espíritu son todavía los medios principales que usa Dios en la edificación de la iglesia, tanto en el sentido espiritual como numérico. Es imposible hacerlo con otra cosa[23].

Hay un tercer objetivo de la iglesia del Nuevo Testamento: constituir un cuerpo de santos (creyentes dedicados) y sustentarlos de manera que lleguen a ser conformes a la imagen de Cristo. El evangelismo consiste en ganar nuevos conversos; la adoración, en dirigir la iglesia a Dios; el sustento, en el desarrollo de los nuevos conversos en santos maduros. Dios tiene sumo interés en que los niños, los recién convertidos, crezcan en la gracia (basándose en Efesios 4:11-16; cf. 1 Corintios 12:28; 14:12). Pablo recalcó repetidas veces que Dios anhela ver señales de madurez espiritual en la vida de los creyentes (1 Corintios 14:12; Efesios 4:11-13; Colosenses 1:28-29).

¿Cómo puede uno saber cuándo está creciendo conforme a la imagen de Cristo? ¿Cómo puede la iglesia evaluar su éxito en el logro de la madurez cristiana en sus miembros? Gálatas 5:22-26 nos ofrece un hermoso conjunto de virtudes llamadas «el fruto del Espíritu»: amor, gozo, paz, paciencia, benignidad, bondad, fe, mansedumbre y templanza[24]. Se dice que los que muestran tales rasgos del carácter cumplen la ley o instrucciones de Cristo. Desde luego, tenemos que participar activamente en esto. Al respecto, 2 Pedro 1:5-11 nos dice:

> Vosotros también, poniendo toda diligencia por esto mismo, añadid a vuestra fe virtud; a la virtud, conocimiento; al conocimiento, dominio propio; al dominio propio, paciencia; a la paciencia, piedad; a la piedad, afecto fraternal; y al afecto fraternal, amor. Porque si estas cosas están en vosotros, y abundan, no os dejarán estar ociosos ni sin fruto en cuanto al conocimiento de nuestro Señor Jesucristo. Pero el que no tiene estas cosas tiene la vista muy corta; es ciego, habiendo olvidado la purificación de sus antiguos pecados. Por lo cual, hermanos, tanto más procurad hacer firme vuestra vocación y elección; porque haciendo estas cosas, no caeréis jamás. Porque de esta manera os será otorgada amplia y generosa entrada en el reino eterno de nuestro Señor y Salvador Jesucristo.

El triple objetivo de la iglesia

La iglesia no cumple su tarea hasta que ayuda a sus miembros a crecer espiritualmente, de modo que los diversos dones del Espíritu se usen junto con las manifestaciones del fruto del Espíritu (cf. 1 Corintios 13).

La iglesia tiene un alto llamamiento, un llamamiento que la hace dirigirse hacia arriba. Al respecto, Pablo dice: «Prosigo a la meta, al premio del supremo llamamiento de Dios en Cristo Jesús» (Filipenses 3:14). Hebreos 3:1 nos recuerda que somos «participantes del llamamiento celestial». Y Efesios 1:3-4 dice: «Bendito sea el Dios y Padre de nuestro Señor Jesucristo, que nos bendijo con toda bendición espiritual en los lugares celestiales en Cristo, según nos escogió en él antes de la fundación del mundo, para que fuésemos santos y sin mancha delante de el». La Biblia no se refiere a la predestinación de individuos. Lo que dice es que la iglesia es un cuerpo escogido, predestinado para ser santo. Todos los que deciden creer pasan a formar parte de la iglesia y participan de su destino. En la iglesia «la posición y las bendiciones del cristiano son espirituales, celestiales y eternas»[25].

Preguntas de estudio

1. ¿Cómo se usó la palabra iglesia (ekklesía) en los tiempos bíblicos y cómo se compara dicho uso con el que tiene hoy día?

2. ¿Qué pruebas hay de que la iglesia ya existía antes del día de Pentecostés?

3. Tanto en Efesios como en Colosenses se llama a Cristo la cabeza y a la iglesia su cuerpo. En Efesios ¿se pone mayor énfasis en la cabeza o en el cuerpo? Y en Colosenses ¿se pone también mayor énfasis en la cabeza o en el cuerpo?

4. ¿Cuáles son las tres maneras en que se emplea la figura del templo con relación a la iglesia?

5. Hoy día algunos consideran a la esposa de Cristo como un grupo especial de supercreyentes en el seno de la iglesia. ¿Adónde conduce esta clase de enseñanza y qué razones hay para estimar a la esposa como toda la iglesia verdadera?

6. ¿Qué relación hay entre la iglesia y el reino de Dios?

7. ¿Qué condiciones se exigen en el Nuevo Testamento para ser miembro de la iglesia? ¿Qué semejanzas y qué diferencias hay con las condiciones que se exigen para ser miembro de su asamblea local?

8. ¿Qué cosas establece el Nuevo Testamento como prioritarias para la obra de la iglesia? ¿Qué está haciendo su asamblea local para poner en práctica estas cosas?

9. ¿Cuál es el propósito principal del Espíritu Santo en el ministerio de sus dones en la asamblea local?

10. ¿Cuándo debemos esperar que el Espíritu Santo nos conceda sus dones?

11. ¿Cuáles son los dones más olvidados en su asamblea local hoy día?

12. ¿Cuáles son los dones que más se necesitan en su congregación hoy día?

13. ¿Por qué es necesario desear y buscar los dones del Espíritu?

14. ¿Cómo crecemos espiritualmente y cómo podemos ayudar a otros a crecer de la misma manera?

Undécima
verdad
fundamental

El ministerio

Nuestro Señor ha proporcionado un ministerio llamado por voluntad divina y ordenado conforme a las Escrituras con el triple propósito de dirigir a la iglesia en: 1) La evangelización del mundo (Marcos 16:15-20); 2) el culto a Dios (Juan 4:23-24), y 3) la edificación de un cuerpo de santos que se perfeccionen hasta que lleguen a ser conforme a la imagen de su Hijo (Efesios 4:11, 16).

CAPÍTULO 11

EL MINISTERIO

La organización de la iglesia

LA IGLESIA ES MÁS QUE UNA ORGANIZACIÓN; ES UN ORGANIS-mo. La cabeza de la iglesia es Jesucristo (Efesios 1:22-23), quien la sustenta dándole vida espiritual. Pero un organismo debe tener una estructura. En el mundo natural no hay nada más altamente organizado que la más simple de las células. En el Antiguo Testamento, las tribus se organizaron para marchar así como para acampar (véase Números 2-4). De igual modo, la iglesia es también un arreglo de partes estructuradas y ordenadas, un arreglo que uno descubre al examinar el modelo de la iglesia apostólica. La estructura que se presenta en el Nuevo Testamento es muy sencilla, siendo evidente el principio de que solo se debía adoptar la organización necesaria para que continuara la vida de la iglesia. Por ejemplo, no tuvieron diáconos hasta que los necesitaron.

También parece ser un principio general en el desarrollo de la iglesia que cada asamblea local se considerara autónoma, sin relaciones jerárquicas ajenas a ella. La excepción a este principio es la autoridad especial conferida a los apóstoles, quienes sí tuvieron autoridad sobre algunas iglesias. Sin embargo, esto se debió a la relación especial que tuvieron con Cristo, ya que cuando murieron todos ellos cesó esta autoridad apostólica[1]. Por ejemplo, Pablo, en sus viajes misioneros, dirigía elecciones de ancianos y recibía el respeto debido a alguien que tiene autoridad especial[2].

Había dos clases fundamentales de oficios en la iglesia apostólica. Una era itinerante y carismática; la otra, local y por elección. La primera implicaba ministerios en vez de oficios en el sentido moderno. Estos eran itinerantes porque los que ejercían esta función viajaban de un lugar a otro, generalmente entre asambleas locales distantes. Y eran carismáticos porque el Señor los había dado a toda la iglesia para el ejercicio de manifestaciones sobrenaturales que establecerían a las iglesias y llevarían a todos los creyentes al lugar donde podrían hacer la obra del ministerio (Efesios 4:8, 11-14). La otra clase de oficio era local. Los que se desempeñaban en esta categoría permanecían en una localidad específica. Eran también elegidos, escogidos por la congregación local de acuerdo con los requisitos que los apóstoles habían prescrito a las iglesias (véanse Hechos 6:3; 1 Timoteo 3:1-13; Tito 1:6-9).

A los líderes itinerantes y carismáticos se los apartaba y se les daba ministerios por dirección divina. Pablo presenta estos ministerios como dones de Cristo citando el Salmo 68:18: «Subiendo a lo alto, llevó cautiva la cautividad, y dio dones a los hombres» (Efesios 4:8)[3]. Efesios 4:9-10 es un paréntesis que identifica a Jesús como el que subió a lo alto. Luego Pablo continúa mostrando que los dones dados a los hombres son los apóstoles, profetas, evangelistas y pastores y maestros.

El grupo principal de los apóstoles fueron los doce. Ellos tuvieron un ministerio en el establecimiento inicial de la iglesia (Hechos 1:20, 25-26), y cuando Jesús se siente en el trono de su gloria en el reino milenario, ellos se sentarán «sobre doce tronos, para juzgar a las doce tribus de Israel» (Mateo 19:28). Esto señala a los doce apóstoles como un grupo limitado. Pero el Nuevo Testamento indica que hubo otros apóstoles (en griego, *apostoloi*, «embajadores, enviados con una misión») a los cuales se los dio también como dones a la iglesia. Entre estos están Pablo y Bernabé (Hechos 14:4, 14) así como los parientes de Pablo, Andrónico y Junias (Romanos 16:7)[4]. Sin embargo, Pablo habla de aquellos que fueron apóstoles antes que él (Gálatas 1:17). También refiere cómo Jesús se les apareció a todos los apóstoles, «y al último de todos» a él, «como a un abortivo» (1 Corintios 15:7-8; cf. 9:1). «Por lo tanto, parece que el resto de aquellos que en el Nuevo Testamento se les llama apóstoles perteneció también a un grupo limitado del cual Pablo fue el último»[5].

El ministerio apostólico tenía tres características distintivas. En primer lugar, los apóstoles fueron comisionados por el Señor Jesús resucitado (Hechos 1:2) y fueron testigos directos de las enseñanzas y la resurrección de Jesús[6]. En segundo lugar, los apóstoles tenían la misión sin igual de establecer la iglesia y redactar las Escrituras. Esta misión no se podía repetir después de la muerte de ellos, ya que estaba limitada a los que habían oído a Jesús o a los que estuvieron en contacto directo con ellos[7]. La tercera característica, sin embargo, era un ministerio (no un oficio) apostólico de señales y milagros aplicables a todas las épocas (2 Corintios 12:12). Este ministerio tenía que ver con la fundación de iglesias. Esta función apostólica es similar a la labor que en la actualidad llevan a cabo los pioneros de la obra misionera (2 Corintios 10:16). Los viajes misioneros de Pablo proporcionan un modelo vívido y práctico para nuestra obra misionera.

Los profetas eran aquellos que en la iglesia apostólica tenían un ministerio especial de expresión inspirada. Mientras que los apóstoles y evangelistas llevaron el evangelio al mundo no regenerado, los profetas ejercieron un ministerio de edificación para las diversas iglesias. Por ejemplo, «Judas y Silas, como ellos también eran profetas, consolaron y confirmaron a los hermanos con abundancia de palabras» (Hechos 15:32). Sin embargo, sus mensajes no eran para ser estimados infalibles, sino para ser juzgados o evaluados por los otros miembros de la iglesia local (1 Corintios 14:29-33; 1 Juan 4:1).

En un sentido muy real, el ministerio de evangelista se sobrepone al de los apóstoles y pastores del Nuevo Testamento. La función del evangelista consistía en ser el primero en llevar el evangelio a aquellos que no lo habían oído todavía. En este sentido, como pionero, la función del evangelista parecía sobreponerse a la del apóstol, quien también servía en un territorio nuevo, en los límites de un campo ya evangelizado. En el Nuevo Testamento se exhorta también al pastor a que haga «obra de evangelista» (2 Timoteo 4:5). La palabra se aplicó también a un laico de la iglesia, el diácono Felipe, quien ejercía el ministerio del evangelismo y fue por esto llamado «Felipe el evangelista» (Hechos 21:8). Cuando anunciaba las buenas nuevas, su predicación era acompañada de milagros, sanidades y liberación de demonios. Muchos de los que lo oían fueron salvos, se bautizaron en agua y fueron llenos de gozo (Hechos 8:6-8).

La palabra griega que se ha traducido por *pastores* implica también la idea de pastores de ovejas (en griego, *poimenas*). Jesús se llamó a sí mismo el buen pastor que reúne al rebaño, cuida de las ovejas, las conoce, las rescata cuando se descarrían y da su vida por ellas (Juan 10:2-16). Él sigue siendo el Príncipe de los pastores (Hebreos 13:20; 1 Pedro 5:4). Así, pues, los pastores son como pastores de ganado: tienen el ministerio y la responsabilidad de cuidar y proteger la grey (rebaño) de Dios así como de ser dignos de ser imitados (1 Pedro 5:2-3).

A los maestros se les dio una aptitud especial para explicar e interpretar la verdad de la revelación de Dios (Mateo 28:19-20; Efesios 4:11; 2 Juan 10). Algunos eran itinerantes, pues iban de iglesia en iglesia. Pero Efesios 4:11 parece relacionar al pastor y al maestro como personas que tienen un ministerio doble. El pastor del rebaño necesitaba alimentarlo. La misma palabra que en el Antiguo Testamento se utiliza para referirse al pastor de un rebaño (en hebreo, *ro'eh*) es un participio activo que significa literalmente «uno que alimenta».

En 1 Timoteo 3:1-13, Pablo da instrucciones para la selección de los oficiales locales elegibles. El primero de estos oficiales era el *anciano* (en griego, *presbyteros*), palabra que indicaba edad y madurez. También la usaron los judíos para designar a la persona reconocida como el «principal» de la sinagoga (Marcos 5:35-38). Pero en el mundo de habla griega del Nuevo Testamento se usaba la palabra *obispo* como equivalente de anciano (cf. Hechos 20:17 y Hechos 20:28). *Obispo* (del griego *epískopos*) significa literalmente «supervisor» o «superintendente». Hechos 20:28 indica que debían tener también el ministerio de pastor. Las obligaciones del oficial eran similares a las de los pastores en cuanto a la manera como los consideramos en la actualidad. En cierto sentido, el anciano u obispo era el presidente de la congregación. Al principio se lo elegía de entre los miembros de la congregación y tenía la obligación de velar que se predicara y enseñara. El anciano no necesitaba impartir toda la enseñanza pero, como escribió Pablo a Timoteo, «los ancianos» que gobernaran bien debían ser «tenidos por dignos de doble honor [incluso el sostenimiento económico]», mayormente los que trabajaban «en predicar y enseñar» (1 Timoteo 5:17).

El uso del sustantivo plural *ancianos* pudiera indicar que cada iglesia local tenía un anciano y que los ancianos de una ciudad se reunían para la dirección de todas las iglesias. Según la historia de la iglesia, el líder de la iglesia principal de la ciudad tomó con el transcurso del tiempo el título de obispo y dejó el de anciano a sus ayudantes y a los pastores de las iglesias más pequeñas. Más adelante se adulteró el significado de la palabra *anciano* y se la sustituyó por *sacerdote*[8]. Como la Biblia enseña el sacerdocio de todos los creyentes, no creemos que deba haber un sacerdote o pastor que esté entre el creyente y Cristo, de modo que el creyente no pueda ir directamente a él. Jesús es el único mediador entre Dios y los hombres. Nuestros pastores sirven de maestros e inspiradores y se desempeñan como modelos de la asamblea. La ordenación no los hace ministros, sino que simplemente les reconoce el ministerio que ya Dios les ha dado[9].

El otro grupo de oficiales elegidos de la iglesia primitiva lo constituían los diáconos (del griego *diákonos*), palabra que originalmente significaba «camarero que mantiene llenos los vasos de vino». Después la palabra vino a significar un servidor con varias obligaciones. Entre los cristianos, los diáconos siguieron el modelo de servicio establecido por Jesús (Mateo 20:26-28; 23:11; Juan 12:26). Al principio la palabra se usó por lo general para referirse a los que estaban en el ministerio; pero luego se la usó para referirse a un grupo establecido de obreros elegidos por la congregación local. Estos obreros servían como ayudantes de los ancianos, principalmente en los asuntos materiales relacionados con la asamblea, tal como el cuidado del dinero que se usaba para ayudar a las viudas (Hechos 6:1-4; Filipenses 1:1; 1 Timoteo 3:8-13). La historia de la iglesia nos muestra también que se ocupaban en el cuidado de los pobres, los enfermos y los débiles. Nótese que las mujeres parecen haber tenido un papel en este ministerio, puesto que se hace mención de diaconisas en Romanos 16:1 y Filipenses 4:3, así como en 1 Timoteo 3:8-11[10]. Aunque a veces el ministerio de los diáconos fue de naturaleza más secular, tenían que ministrar espiritualmente a quienes servían, y por consiguiente, debían estar dotados de elevadas cualidades morales y espirituales[11].

Las funciones del ministerio

Los diversos ministerios, ya sean apóstoles, profetas, evangelistas y pastores y maestros, se consideran como dones de Dios a la iglesia (Efesios 4:11). Las variadas tareas de este grupo de siervos de Dios se pueden resumir de este modo:

En primer lugar, el ministerio de la iglesia primitiva tenía la obligación de guiar a la iglesia en la evangelización del mundo. Los oficiales, ya fueran itinerantes o elegidos, no tenían que hacer toda la obra de evangelización. Su misión era más bien preparar a los creyentes de la iglesia en general para este y otros ministerios. Efesios 4:12 expone categóricamente esta verdad. Cuando la persecución azotó a la iglesia de Jerusalén, los laicos se esparcieron por todas partes; pero habían sido tan bien instruidos —e inspirados por el Espíritu Santo— que adondequiera que fueran cumplían el ministerio del evangelismo. Sin duda se celebraron reuniones de evangelización; pero el medio principal para extender la iglesia primitiva fue el evangelismo personal. Los creyentes debían hacer conversos en los encuentros que cada día tenían normalmente con la gente y después llevarlos a las asambleas. En otras palabras, los ministros estaban para guiar a toda la iglesia en la tarea de evangelizar al mundo. Si esta tarea se les asignara tan solo a los ministros, el mundo jamás sería evangelizado.

Los líderes de la iglesia tenían también la obligación de promover un clima de adoración y guiar a los creyentes en el ministerio al Señor (Juan 4:23-24; Hechos 13:1-2). Sobre la disciplina de la asamblea local en materias relativas al culto, en especial lo referente a los abusos en las manifestaciones del Espíritu Santo, se trata en 1 Corintios 11-14. En este pasaje, sin embargo, la Biblia invita a la moderación y no a un moderador. La congregación en conjunto, así como los miembros en particular, debían ejercer la autodisciplina. En muchos lugares del Nuevo Testamento aparecen referencias al liderazgo espiritual. Los principios que regulan el culto parecen ser la edificación de la asamblea y la libertad de expresión sin apagar al Espíritu Santo (1 Tesalonicenses 5:19). Desde luego, en todas las epístolas se percibe la firme convicción de que las asambleas estaban íntegramente constituidas por miembros bautizados en el Espíritu Santo.

Las instrucciones que se imparten para el culto espiritual incluyen la hermosura de las expresiones espontáneas de alabanza y el canto, lo que nos da a entender que en la iglesia primitiva había una libertad muy agradable y un sentido de expectación (Efesios 5:18-20). Pero para que nadie se imagine que había un desorden total, hay que considerar pasajes como 1 Timoteo 4:13, donde evidentemente Pablo insiste en un plan regular de lectura de la Biblia, la importancia principal de la predicación y un énfasis en la sana doctrina (enseñanza), todo esto dentro del contexto del culto público.

Una tercera faceta de la obligación de los líderes de la iglesia del Nuevo Testamento fue la tarea de edificar a los creyentes hasta que se convirtieran en santos maduros. La razón por la que los diversos ministerios de la iglesia se han considerado como «dones» dados a ella es «perfeccionar a los santos para la obra del ministerio, para la edificación del cuerpo de Cristo» (Efesios

4:12). La palabra griega *katartismon*, que se ha traducido por «perfeccionar», se usa también con el sentido de «equipar», «proveer de todo», «entrenar con una perspectiva de llevar a un nivel de madurez o goce pleno». En el versículo siguiente, Efesios 4:13, se explica claramente el objetivo: «Hasta que todos lleguemos a la unidad de la fe y del conocimiento del Hijo de Dios, a un varón perfecto, a la medida de la estatura de la plenitud de Cristo». En este versículo la palabra *perfecto* (en griego, *teleion*) enfatiza la idea de que «puede cumplir un objetivo propuesto». Está claramente implícito el sentido de hacer la voluntad de Dios para nuestra vida. Esto es también lo que implica ser maduro, ya que el significado de esta palabra señala el uso apropiado de nuestras energías y la disposición de todos nuestros recursos para concentrarnos en las metas finales sin que nos lo impidan intereses dispersos y desviados. En este versículo, la expresión que describe el nivel de madurez que el cristiano debe lograr, «la medida de la estatura de la plenitud de Cristo», enfatiza que nuestro modelo, nuestro patrón de obediencia total a la voluntad de Dios es la propia vida de Cristo. Efesios 4:14-15 nos da el resultado de este proceso de maduración, el cual la iglesia debe producir en los creyentes por medio de los diversos ministerios que se le han confiado.

En resumen, se puede describir el resultado propuesto como estabilidad. El resultado eficaz del ministerio espiritual en la familia de Dios será una asamblea de santos cuyos pies están firmemente asentados, santos cuyas vidas no se mueven con facilidad por cualquier «viento de doctrina» (Efesios 4:14). En una comunión tan íntima como esta los nuevos conversos deben ser aceptados, y en esta armoniosa unión de los creyentes los que han sufrido las agonías de una vida destruida deben ver una clase de vida que los atraiga (1 Juan 1:3-4).

El llamamiento al ministerio

Pablo señala cuidadosamente una importante verdad en cuanto a la diversidad de ministerios (Romanos 12:3-8; 1 Corintios 12:1-30). Dentro de la maravillosa unidad que se ve en el cuerpo de Cristo como resultado de la obra del Espíritu Santo hay una exquisita diversidad. No todos tienen la misma función, el mismo don, el mismo ministerio o el mismo oficio. Así como el cuerpo humano necesita una gran variedad de órganos para funcionar correctamente, así también el cuerpo de Cristo requiere una diversidad de ministerios para que la iglesia pueda cumplir de forma eficaz el mandato de Cristo en este mundo. De esta gran verdad de la «diversidad en la unidad» se desprende el concepto del interés de Dios por cada persona en particular. Al margen de la función, el don o el oficio, y al margen de lo atractiva u oculta que sea la tarea que a uno le hayan confiado, a los ojos de Dios todos son importantes. Cada creyente será recompensado conforme a su fidelidad. Este gran énfasis que pone la Biblia en la dignidad e integridad de cada persona tiene enorme trascendencia para comprender a la gente y a la sociedad (que milita contra el totalitarismo y el colectivismo, tal como uno lo encuentra en las sociedades comunistas).

¿Cómo es que Dios produce la riqueza de esa variedad que necesita la iglesia? La respuesta radica en el llamamiento de Dios, que a veces se le llama doctrina de la vocación. La carrera que va a seguir el creyente, el trabajo de toda su vida, no es una decisión suya. Es la respuesta obediente al llamamiento del Dios soberano. El llamamiento de Dios al creyente no es solo para salvación, sino también para servicio.

En los relatos del Evangelio se describe con frecuencia a Jesús llamando a diferentes personas. Su llamamiento fue al discipulado, esto es, a convertirse en aprendices, en estudiantes. Seguir a Jesús para aprender de él implica dejar la vida pasada y entregarle toda la vida (esto es, en todos sus aspectos) al Maestro por excelencia. Esto no solo incluye la liberación del pecado, sino que lleva implícito un programa totalmente nuevo para la vida. «Venid en pos de mí», dijo Jesús, «y os haré pescadores de hombres» (Mateo 4:19). Junto con la salvación está el llamamiento al servicio. En rigor, hemos sido salvos para servir. La salvación es más que una puerta de escape del infierno, es la puerta por la cual tenemos acceso a una vida plena y útil en el reino de Dios.

En sentido general, todos somos llamados al servicio. Todos los que conocen a Jesús como su Salvador deben seguir siendo sus discípulos («aprendices» que con toda seriedad desean conocerlo y servirle mejor). Este importante punto de vista tiene relación con el concepto conocido como el sacerdocio de los creyentes (1 Pedro 2:5, 9; Apocalipsis 1:5-6). Como Cristo nos abrió un camino nuevo y vivo al Lugar Santísimo (que está en el cielo), todos los creyentes tenemos acceso al trono de Dios (Hebreos 10:18-22). Este es un privilegio que tenemos los creyentes por estar en la familia de Dios. La maravillosa consecuencia de esta gran verdad es que no necesitamos ningún intermediario humano que abogue por nosotros ante Dios, ya que Jesucristo es el gran mediador (el único mediador) y ha abierto el camino para que cada persona pueda

El llamamiento al ministerio

llegar ante el trono de la gracia. En este sentido, cada creyente es un sacerdote de Dios, un ministro de Dios.

Esto echa por tierra la idea medieval de que la salvación tenía que ser dispensada por medio de un grupo especial: la jerarquía de la iglesia. La marcada división que se produjo entre el clero y el laicado durante esta larga y oscura noche de la historia de la iglesia fue destruida por la reforma protestante en el siglo dieciséis, cuando la doctrina del Nuevo Testamento sobre el sacerdocio de todos los creyentes resucitó del pasado apostólico que estaba prácticamente olvidado[12].

Pero no pasemos por alto un punto muy importante aquí. Y es que aunque el sacerdocio de los creyentes les da a todos una posición igual delante de Dios, sin necesidad de un sistema terrenal de sacramentos con su ritual y su pompa clerical, con todo Dios sí llama a los creyentes a desempeñar ciertas funciones en la iglesia para un servicio especial. Aunque no hay diferencia cualitativa en la dignidad de un ministro como alguien distinto de un laico, sí hay diferencia en la función. Y aunque no deseamos de ningún modo minimizar el llamamiento de los laicos —porque esta es también una esfera importante en la cual se forma un testigo de Dios—, la Biblia sí presta especial atención al llamamiento de aquellos a quienes se les ha confiado el cuidado espiritual de la iglesia. En la actualidad por lo general se ordena a estos ministros, con lo cual la iglesia reconoce que Dios les ha dado un ministerio y que están sirviendo fielmente en su llamamiento[13].

Pablo tenía plena conciencia de que él no había elegido su apostolado. Sabía también que en su providencia Dios le había confiado una responsabilidad muy grande, como era la de su obra. Dios llamó a Pablo a ser apóstol, haciéndolo un «siervo» (en griego, *doulos*, literalmente «esclavo») suyo y de la iglesia, apartándolo para el ministerio de la Palabra de Dios (Romanos 1:1). Además, cuando les escribe a los gálatas, el apóstol subraya el hecho de que él no se arrogó este ministerio ni se lo delegó ninguna otra persona. Fue Dios quien lo puso en el ministerio (Gálatas 1:1).

El énfasis que pone Pablo en el liderazgo como siervo está en armonía con el ejemplo y los mandamientos de Jesús. En efecto, en cierta ocasión Jesús llamó a un niño, lo puso en medio de los discípulos y dijo: «De cierto os digo, que si no os volvéis y os hacéis como niños, no entraréis en el reino de los cielos. Así que, cualquiera que se humille como este niño, ése es el mayor en el reino de los cielos» (Mateo 18:2-4). Más adelante, Jesús les dijo: «Sabéis que

El llamamiento al ministerio

los gobernantes de las naciones se enseñorean de ellas, y los que son grandes ejercen sobre ellas potestad [las tiranizan]. Mas entre vosotros no será así, sino que el que quiera hacerse grande entre vosotros será vuestro servidor, y el que quiera ser primero entre vosotros será vuestro siervo; como el Hijo del Hombre no vino para ser servido, sino para servir, y para dar su vida en rescate por muchos» (Mateo 20:25-28; véase también Lucas 22:25-26). Los que son llamados a un ministerio especial no deben tratar de llegar a la cima, ni tampoco desear la fama, el poder mundano o los privilegios especiales. En cambio, deben destacarse por el amor, la fidelidad, el servicio humilde y la entrega de sus vidas a Dios y a los demás. Y si es la voluntad de Dios, él se encargará de prosperarlos.

Por lo que se relata en el libro de Hechos, es evidente que la proclamación del evangelio, esto es, la predicación y explicación de las buenas nuevas, requiere un llamamiento especial de Dios. En efecto, los líderes de la iglesia de Jerusalén se vieron enredados en numerosas obligaciones materiales, tanto que estaban descuidando su llamamiento principal: el ministerio de la Palabra y la oración. La idea de elegir diáconos surgió como resultado del conocimiento de esta situación. Nada debía estorbar el ministerio de la Palabra. «Nosotros persistiremos en la oración y en el ministerio de la palabra» (Hechos 6:1-4).

Debe añadirse aquí una palabra final con respecto al llamamiento al ministerio. Es Dios quien llama de un modo especial a ciertas personas a la obra del ministerio. Pero esto no impide que jóvenes capaces y serios aspiren a esta obra. Aquí hay una evidente cooperación entre Dios y el hombre. «Palabra fiel: si alguno anhela obispado [pastorado], buena obra desea» (1 Timoteo 3:1)

Desde luego, no todos los que la desean (y ni siquiera todos los que se preparan para esta obra) serán llamados por Dios. Pero es recomendable que los jóvenes entusiastas, capaces, enérgicos, morales y espirituales se presenten delante del Señor, preparándose para el servicio y esperando la dirección divina. En esta época hay probablemente más peligro de que los jóvenes cierren sus oídos al llamamiento de Dios al ministerio, que de que se hallen fuera de la voluntad de Dios en este servicio de tiempo completo. ¡Qué importante es no confundir la voz del Señor, no solo por nuestro propio bienestar, no solo por el mundo que agoniza a nuestro alrededor, sino para la gloria de Dios!

El llamamiento al ministerio

Preguntas de estudio

1. Algunas iglesias se consideran libres en el sentido de no tener ninguna organización formal. ¿Por qué es necesaria la organización?

2. ¿Por qué los oficios itinerantes y carismáticos se deben considerar fundamentalmente como ministerios?

3. ¿Cuáles fueron los requisitos prescritos para el oficio de apóstol en los tiempos del Nuevo Testamento y en qué se diferencia de lo que en la actualidad pudiera llamarse ministerio apostólico?

4. ¿Cuál es el ministerio principal de los profetas en la iglesia del Nuevo Testamento?

5. ¿Qué relación hay entre los ministerios de evangelismo, pastorado y enseñanza?

6. ¿Cuál fue la función del anciano-obispo en los tiempos del Nuevo Testamento y qué semejanza hay entre esta función y la del pastor en su congregación local hoy?

7. ¿Cuál fue la función de los diáconos en los tiempos del Nuevo Testamento y qué semejanza hay entre esta función y la de los diáconos en su congregación local hoy?

8. ¿Qué ha aprendido sobre la naturaleza de las reuniones de adoración en el Nuevo Testamento?

9. ¿Cómo podemos ayudarnos unos a otros para convertirnos en santos maduros y estables?

10. ¿Cuál es la esencia del llamamiento a un ministerio de tiempo completo?

11. ¿En qué sentido deben todos los creyentes ser ministros?

12. ¿Es un error desear un llamamiento a un ministerio de tiempo completo? Explique.

Duodécima verdad fundamental

La sanidad divina

La sanidad divina es parte integral del evangelio. En la expiación se han proporcionado los medios para la liberación de las enfermedades, y esto es el privilegio de todos los creyentes (Isaías 53:4-5; Mateo 8:16-17; Santiago 5:14-16).

CAPÍTULO 12

LA SANIDAD DIVINA

Razones en favor de la sanidad

LA ENFERMEDAD Y LA MUERTE LLEGARON A FORMAR PARTE DE la experiencia humana debido al pecado. Por la tragedia de la caída en el huerto del Edén, el pecado y la muerte pasaron a todos los hombres (Romanos 5:12). Parte de la maldición ocasionada por la caída fue el sometimiento del cuerpo humano a los estragos de la enfermedad y la consiguiente muerte física. La muerte se considera como una maldición, concepto que se enseña claramente en las Escrituras (Génesis 3:19; Proverbios 11:19; Santiago 1:15). Dios le prometió a su pueblo que si le servía lo libraría de la maldición de las enfermedades que les había enviado a los egipcios (Éxodo 15:26; Deuteronomio 28:15-68). Y Pablo enseñó igualmente que «el postrer enemigo que será destruido es la muerte» (1 Corintios 15:26).

Ciertamente la enfermedad —y su resultado final, la muerte— es un castigo por el pecado (Génesis 2:17); pero uno debe tener cuidado de no cometer el error de suponer que todas las enfermedades y todas las muertes son consecuencias directas de un pecado personal recién cometido. Las enfermedades están en el mundo por causa del pecado. Pero Jesús reconoció que la maldición que afecta a la humanidad es general y aflige a las personas a pesar de su justicia o pecado personal (Lucas 13:1-4). A veces puede haber un pecado de por medio, como en el caso del hombre que Jesús sanó junto al estanque de Betesda, por lo que más adelante le advirtió que no pecara más (Juan 5:14). Por otra parte, cuando le preguntaron sobre el hombre que había nacido ciego, Jesús explicó que ni él ni sus padres habían pecado. Luego indicó que en estos casos la sanidad era simplemente una oportunidad para manifestar la obra de Dios en la vida del ciego (Juan 9:1-3; véase también Marcos 2:12). Hasta que se acabe el orden presente, la humanidad está destinada a sufrir las enfermedades y dolencias que hay en el mundo como castigo por la caída del hombre (Apocalipsis 21:4; 22:2-3). Pero vendrá el día en que no haya más maldición.

El diablo mismo es el autor de la enfermedad y la muerte[1]. No hay que culpar a Dios por la tragedia y la miseria humanas; estas se deben a la obra del maligno (Santiago 1:17). Jesús anduvo haciendo bienes «y sanando a todos los oprimidos por el diablo» (Hechos 10:38). La Biblia afirma categóricamente que Satanás, el adversario, es el responsable de la esclavitud física y espiritual en que se halla la gente (por ejemplo, Lucas 13:11-17; Hebreos 2:14-15; 1 Juan 3:8).

Hay otro aspecto que debemos tener en cuenta en lo que se refiere a la sanidad. Si consideramos que el ser humano se compone de tres partes (cuerpo, alma y espíritu), o de dos (la material y la inmaterial), hay otra verdad más que es necesario enfatizar: los seres humanos estarían incompletos como espíritus sin cuerpos. Así que, necesitamos un cuerpo. Los hebreos sabían tan bien esto que concibieron a cada ser humano como una unidad. Dios mismo sopló aliento de vida en el polvo con el cual formó al hombre (Génesis 2:7). Descender al sepulcro era una experiencia espantosa, por lo que los profetas del Antiguo Testamento miraron al futuro esperando la hora de la resurrección, cuando el alma y el cuerpo se volverían a unir[2].

En el Nuevo Testamento, el gran énfasis de Pablo en la resurrección se basa en la creencia de que estamos incompletos en un estado sin cuerpo. (Esta idea está implícita en 2 Corintios 5:3). Todo 1 Corintios 15 está anclado en la gran esperanza de que la resurrección de Cristo como primicias de los que durmieron hizo posible la resurrección para el creyente. Esto significa que el concepto bíblico de la personalidad humana le asigna al cuerpo físico un papel muy importante.

Los antiguos griegos, como también otros pueblos paganos, consideraban el cuerpo como una «cárcel» para el alma[3]. No dijeron esto los escritores de la Biblia. El cuerpo es templo del Espíritu Santo, una morada para Dios. Y con la resurrección de Cristo, el creyente tiene la garantía de que su cuerpo resucitará, no en su estado actual, mortal y frágil, sino en un estado glorioso y eterno (1 Corintios 15:42). Este gran énfasis en la resurrección física que vemos en las Escrituras subraya la importancia del cuerpo a los ojos del Señor. Este es un vehículo para expresar la voluntad de Dios en esta vida, por lo que no debemos abusar de él. Dios tiene interés en el bienestar de nuestro cuerpo.

El Gran Médico

Ahora bien, la próxima pregunta es si Dios desea sanar nuestro cuerpo mientras vivimos en este mundo, un mundo tan lleno de cicatrices como resultado de la caída del hombre.

Lo propio de Dios es sanar. Uno de los títulos grandiosos que se usan en el Antiguo Testamento para describir un aspecto de la naturaleza de Dios se halla en Éxodo 15:26: «Yo soy Jehová tu sanador». La frase hebrea *'Ani Yahweh roph'eka* se podría traducir también por «yo soy Jehová tu médico». En otros pasajes bíblicos *roph'e* se traduce por «médico» (por ejemplo, en Jeremías 8:22). La palabra es un participio activo, el cual se usa para enfatizar que lo propio de Dios es sanar. *Ka* está en singular y centra la atención en una relación personal. Sin duda, si fue propio de él sanar, también lo es ahora. Él no cambia.

En el Salmo 103:3 se habla de Dios como de «quien perdona todas tus iniquidades, el que sana todas tus dolencias». Pero otra vez se usan participios activos, de modo que literalmente el pasaje lo describe como «el perdonador de todas tus iniquidades (delitos, injusticias, acciones que hacen daño o molestan a otros, falsedades), el médico para todas tus dolencias». No hay enfermedad que él no pueda sanar. Lo propio de Dios es quitar todo lo que aflige y atormenta a los que vienen a él con fe.

La predisposición de Dios para sanar se puede entender también en otro sentido. Dios es el dador de la vida. Muchas veces en los episodios de sanidad sobrenatural del Antiguo Testamento se usa la palabra *vida* para referirse al restablecimiento físico. Esto es natural, puesto que Dios es el Creador, la misma fuente de la vida, y como tal, la verdadera fuente de la sanidad. El diablo destruye; el Señor Dios libera. Él hace vivir. El Padre envió al Hijo para que tengamos vida, y para que la tengamos en abundancia (Juan 10:10).

Dios es amor (1 Juan 4:8). Lo propio de él es amar. Dios sana porque la sanidad es un acto de amor. La razón por la cual Dios libró a Israel y lo quiso como nación no fue que ellos fueran un pueblo grande y maravilloso, sino su amor. Él había prometido ser fiel a los descendientes de Abraham, Isaac y Jacob; y por lo tanto, se manifestó como el que guarda el pacto (Deuteronomio 7:7-8). El amor de Dios estuvo profundamente entrelazado en esta relación que él tuvo con su pueblo, tanto que una buena traducción de la palabra que se usa en el Antiguo Testamento para referirse a la *fidelidad* es «amor constante».

Dios, el Gran Médico, es nuestro sanador porque es Señor del universo. Él tiene soberanía sobre su creación; tiene poder para herir y para sanar (Deuteronomio 32:39). Puede emplear la enfermedad para sus propios fines, aunque uno siempre debe recordar que él no es el autor de ella. Por ejemplo, María se enfermó y luego sanó, para darle una lección objetiva al pueblo sobre el juicio (Números 12:10-15). Al rey Joram Dios le permitió sufrir una enfermedad mortal como juicio por su pecado (2 Crónicas 21:18-19). A Job se le permitió padecer una prueba física grave; pero en el relato bíblico es evidente que fue Satanás el que trajo sobre el patriarca la dolencia y la aflicción que sufrió. Dios, Soberano de los cielos y de la tierra, solo permitió esta actividad satánica dentro de los limites prescritos pero con un propósito mayor; la usó para obtener la victoria sobre Satanás (véase Job 1:20-22; 19:25). Es importante recordar que Dios se mantuvo por encima y más allá de las obras del adversario, mostrando finalmente su poder para librar.

La sanidad en la expiación

El pecado trajo consigo la enfermedad y la muerte. Pero Dios, por naturaleza, está en contra de ellos. Su amor y su gracia cedieron el paso a la liberación del castigo del pecado. Con la expiación que Cristo hizo en el Calvario no solo deshizo la maldición del pecado, sino que también consumó nuestra liberación de las enfermedades. La sanidad estaba en el plan de Dios desde antes del comienzo del tiempo.

Como Dios es el Gran Médico, *Yahweh roph'eka*, no es extraño que bajo la ley se tomaran las medidas necesarias para el perdón y la restauración física y espiritual. La ley presta especial atención a los sacerdotes, cuyo ministerio señala a nuestro gran sumo sacerdote que se compadece de nuestras debilidades (Hebreos 4:14-15). Cuando los sacerdotes rociaban la sangre de los sacrificios, hacían expiación por los pecados del pueblo. Un estudio de la expiación en la Biblia en idioma hebreo nos muestra que en la mayoría de los casos esta se refiere a un precio de rescate que se pagaba por la redención y la restauración. Este prefigura la redención hecha por medio de Cristo, el derramamiento de su sangre a favor nuestro y en nuestro lugar. En efecto, «Dios puso [a Cristo] como propiciación por medio de la fe en su sangre» (Romanos 3:25). Él sería el que nos protegería de la ira de Dios, quitando nuestros pecados.

La palabra *propiciación* es la traducción de la palabra griega *hilasterion*, que significa «medio de expiación o modo de hacer expiación para quitar la culpa del pecado». La misma palabra griega se usa también en Hebreos 9:5 y en Éxodo 25:17 (en la Versión de los Setenta) para referirse al propiciatorio, es decir, al lugar donde se hacía la expiación. El propiciatorio era la tapa de oro que estaba puesta encima del arca del pacto.

La referencia a la expiación y al propiciatorio que estaba sobre el arca tiene su antecedente en Levítico 16, que trata sobre el día de expiación dispuesto en la ley y que se celebraba cada año. En este día el sumo sacerdote rociaba sobre el propiciatorio la sangre de la ofrenda por el pecado. Dentro del arca estaban las dos tablas de piedra que llevaban grabados los Diez Mandamientos, la esencia del pacto de Dios con Israel. Como el pueblo había quebrantado estos mandamientos, la ley quebrantada exigía el juicio y la muerte. Pero cuando el sumo sacerdote rociaba la sangre del cordero sin mancha[4], que representaba la vida sin pecado de Cristo, Dios veía esta vida sin pecado en vez de la ley quebrantada y podía mostrar misericordia y bendecir, restaurar y sanar.

El propósito principal de la expiación era la limpieza de los pecados (Levítico 16:30). Pero es también evidente que la expiación traía liberación del castigo y de las consecuencias del pecado a fin de que el adorador volviera a disfrutar del favor y la bendición de Dios.

Cuando el pueblo se quejó después del juicio que siguió a la rebelión de Coré, Datán y Abiram, Dios envió una plaga sobre los israelitas. Entonces Moisés envió a Aarón a la congregación para hacer expiación por ellos y cesó la mortandad (Números 16:46-48). También leemos que cuando se contaran los hombres de Israel, cada uno tendría que dar medio siclo como dinero de expiación por su rescate y para impedir que viniera una plaga sobre ellos (Éxodo 30:12,15). La expiación prevenía las consecuencias del pecado, entre ellas las enfermedades. La Biblia enseña claramente que no hay ninguna posibilidad de que una persona pueda pagar un precio suficiente por su redención, por esto Dios dispuso la expiación por amor y para la gloria de su nombre (Romanos 3:25-26; cf. Salmo 65:3; 78:38; 79:9; Romanos 3:21-28).

El hecho de que la expiación previno no solo el pecado sino también sus consecuencias, se ilustra con el acto de Oseas cuando compró a su esposa para sí. El profeta tuvo que pagar un gran precio por ella, después que lo había abandonado para irse detrás de dioses falsos, cuando estaba a punto de ser vendida en el mercado de esclavos (Oseas 3:1-5; 13:4, 14; 14:4). La expiación se ilustra además con la serpiente de bronce que Moisés levantó en el desierto cuando el juicio de Dios hizo aparecer serpientes venenosas que mordían a los israelitas. Todo lo que el pueblo tenía que hacer para vivir era mirar a la serpiente de bronce (véase Números 21:9). Todo esto lo cumplió y lo llevó a cabo Cristo en el Calvario (Juan 3:14-16). Allí él hizo una expiación completa por todo el género humano. El Nuevo Testamento llama a esto redención, lo cual tiene esencialmente el mismo significado que expiación. Por medio de Cristo hemos recibido redención y perdón de pecados (Romanos 3:24; Efesios 1:7; Colosenses 1:14; Hebreos 9:15). Además, la expiación previene las consecuencias del pecado. Aun en los casos en que la enfermedad no es resultado directo del pecado, sigue en el mundo a causa de este. Por lo tanto, está entre las obras del diablo que Jesús vino a deshacer (1 Juan 3:8) y por lo mismo figura entre los males que previene la expiación.

Sin embargo, la Biblia muestra que hasta que venga Jesús gemimos junto con el resto de la creación (afectada por los resultados del pecado de Adán) porque no hemos recibido todavía la redención de nuestro cuerpo (Romanos 8:22-23). Solo cuando los muertos en Cristo resuciten y nosotros seamos transformados recibiremos nuestro nuevo cuerpo, que será semejante al cuerpo glorioso de Cristo (1 Corintios 15:42-44; 51-54).

Al trazar un paralelo entre la redención y la expiación vemos que lo que Dios ha provisto para nuestro cuerpo es la redención de que nos habla Romanos 8:23. Recibimos el perdón de pecados ahora con relación a la redención de nuestra alma. Recibiremos la redención de nuestro cuerpo cuando seamos arrebatados para recibir al Señor y seamos transformados a su semejanza (1 Corintios 15:51-54; 2 Corintios 5:1-4; 1 Juan 3:2).

La sanidad divina consiste en gustar esto de antemano, y como todas las bendiciones del evangelio proviene de la expiación[5].

El libro de Isaías, que algunos llaman «el Evangelio del Antiguo Testamento», predice claramente que los beneficios de la expiación se extenderán a la sanidad física. En el capítulo 53 de este libro maravilloso se representa a Cristo como el siervo que sufre, quien en sí mismo viene a ser el castigo y la

La sanidad en la expiación

ofrenda por el pecado, haciendo expiación aun por los que lo despreciaron y lo rechazaron. El versículo 5 nos hace este maravilloso anuncio profético: «Por su llaga fuimos nosotros curados». El contexto de este versículo exige que no se lo espiritualice para abarcar tan solo las «enfermedades del alma», ya que los versículos precedentes hablan vívidamente de sufrimientos físicos[6].

Mateo nos da una interpretación literal del versículo 4: «Él mismo tomó, nuestras enfermedades, y llevó nuestras dolencias» (Mateo 8:17). Para Isaías, el Mesías que vendría y que haría expiación por su pueblo curaría no solo las dolencias del alma sino también del cuerpo. El pasaje de Mateo es evidentemente un vínculo entre la profecía del Antiguo Testamento y el ministerio de nuestro Señor Jesús. Mateo consigna que Jesús durante su ministerio en Galilea «sanó a todos los enfermos», lo cual fue «para que se cumpliese lo dicho por el profeta Isaías» (vv. 16-17). Está claro que el Espíritu Santo inspiró al evangelista para declarar que el ministerio de Jesús era un anticipo de los beneficios de la cruz y el cumplimiento de la promesa hecha unos setecientos años antes.

El apóstol Pablo vio en la muerte de Cristo un hecho extraordinario. En efecto, Cristo fue hecho maldición por nosotros para que pudiéramos ser libres de la maldición de la ley (Gálatas 3:10-14). ¡Las consecuencias de esta verdad son asombrosas! Los que por la fe logran apropiarse de todo lo que implica su salvación en Cristo pueden recibir en su propio cuerpo la liberación de la maldición. La muerte misma es el último enemigo que será destruido y será el destino común de los creyentes hasta el tiempo de la resurrección y el arrebatamiento, cuando todos seamos transformados y nuestro nuevo cuerpo sea inmortal e incorruptible, nunca más sujeto a la muerte, la enfermedad, la dolencia o la corrupción (1 Corintios 15:53-54). Pero la liberación de las enfermedades que atormentan en la actualidad al cuerpo es un aspecto de la maldición que Dios ha sometido a la fe de los creyentes.

La sanidad divina es una parte integral del Evangelio. Proviene de la expiación. Cuando Jesús dijo: «Consumado es» (Juan 19:30), se completó la obra necesaria para la redención de todo el ser humano: espíritu, alma y cuerpo. El ministerio de Cristo fue un ministerio de sanidad, porque él restauró el alma y el cuerpo quebrantados. La sanidad divina no fue «algo extra» en su ministerio, sino un testimonio importante de su identidad (véase Juan 10:37-38)[7]. Él anduvo por distintas partes predicando, enseñando y sanando. Con su sacrificio en el Calvario, Cristo hizo posible que todos participen en este ministerio y sus beneficios (Mateo 10:7-8; Marcos 16:15-20; Lucas 4:18-19; 10:9).

La sanidad a nuestro alcance hoy

La voluntad de Dios es que los creyentes disfruten hoy de los beneficios de la sanidad divina. Durante el ministerio terrenal de Jesús, él y sus discípulos sanaron a todos los que vinieron a ellos (Mateo 8:16; Hechos 5:12, 16). Jesús escogió cuidadosamente a un grupo de discípulos a los cuales confió la tarea de continuar su ministerio, porque quería que la vida y el ministerio de ellos se caracterizaran por hacer mayores obras (en el sentido de más numerosas) que las que él había hecho (Juan 14:12-13). Poco antes de ascender al cielo, Jesús les hizo esta resonante promesa a sus fieles apóstoles y discípulos: «Estas señales seguirán a los que creen: En mi nombre [...] sobre los enfermos pondrán sus manos, y sanarán» (Marcos 16:17-18).

La iglesia apostólica practicó la sanidad divina, tal como Jesús se lo propuso. (Nunca se ha revocado la autoridad que Jesús dio en Mateo 10:1). Una asamblea normal del primer siglo debía caracterizarse por la liberación sobrenatural de los desórdenes físicos. El libro de Hechos muestra que así fue. La práctica de la sanidad divina perduró en la iglesia por más de dos siglos. Esta fue uno de los últimos vestigios de poder sobrenatural que la iglesia decadente perdió a medida que pasaban los años[8]. Con el tiempo, la iglesia medieval tergiversó la práctica esbozada en Santiago 5:14, convirtiendo la disposición bíblica de sanar a los enfermos en un sacramento o conjunto de ritos que se administraba a los moribundos y al cual llamó «extremaunción». En vez de estimular la fe del enfermo para recibir la sanidad, todo lo que se hacía era ayudar al moribundo a pasar los dolores de la muerte[9].

Santiago establece los principios que deben observar los creyentes de todas las épocas para recibir la sanidad divina (Santiago 5:14). Es importante notar que la sanidad debía ocurrir en la asamblea local (no era necesario viajar hasta un gran santuario ni acudir a un gran sanador). La «oración de fe» habla de los requisitos necesarios para recibir la sanidad. Es por gracia por medio de la fe que se reciben todos los dones y las bendiciones de Dios. La oración es la vía de comunicación entre el cielo y la tierra, la llave que pone los recursos de Dios a disposición de la gente necesitada. Los enfermos deben tomar la iniciativa, llamando a los ancianos de la iglesia para que oren con ellos y por ellos.

En este mismo pasaje hallamos otro requisito para recibir la sanidad. Aunque la Biblia no dice que toda enfermedad se debe al pecado, algunas sí. Por lo tanto, se estipula que si algunos han pecado y desean ser sanados, deben confesar sus pecados. Esto indica que el camino debe estar despejado, si es necesario por la confesión de pecados, para recibir bendición de parte de Dios. Nuestra relación con el Señor no es mecánica, sino personal. Todo lo que impida que tengamos comunión con el Dios santo es un obstáculo en nuestra vida y por lo mismo impide también que recibamos los frutos de la expiación de Cristo.

Es importante destacar también que en el Nuevo Testamento nadie exigió que lo sanaran. Los que vinieron a Jesús se lo pidieron. No consideraron la sanidad como su derecho, sino como un privilegio que se les ofrecía por gracia. Es evidente también que como privilegio de los creyentes, la promesa de la sanidad no excluye los sufrimientos por causa de Cristo y del evangelio. Y siempre que dicho sufrimiento sea necesario, debemos estar preparados para seguir el ejemplo del Señor (Hebreos 5:8; 1 Pedro 2:19, 21; 4:12-14, 19). Tampoco debemos considerar la sanidad divina como un sustituto de las prácticas para tener una buena salud física y mental. Jesús reconoció la necesidad de que sus discípulos se alejaran de la multitud y descansaran un rato (Marcos 6:31). Jetro vio que si Moisés no delegaba algunas de sus obligaciones en otros, terminaría agotado (Éxodo 18:18).

La renovación interior

La sanidad divina no es un medio para evitar el proceso de envejecimiento. Aunque es cierto que Moisés conservó su fuerza natural y la claridad de sus ojos hasta el día de su muerte (Deuteronomio 34:7), este privilegio no lo tuvieron David ni Eliseo (1 Reyes 1:1-4; 2 Reyes 13:14). El gradual desgaste de la vejez, descrito tan vivamente en Eclesiastés 12:1-7, es una experiencia común a creyentes e incrédulos. Y aunque la sanidad está también al alcance de las personas de edad avanzada, generalmente la parte del cuerpo sanada sigue con la misma edad que el resto; un hombre de ochenta años que es sanado sigue teniendo ochenta años. No tenemos aún la redención de nuestro cuerpo. Pero la Biblia no nos dice esto para desalentarnos, sino para que nos demos cuenta de que debemos estimular y cultivar nuestra vida en el Espíritu, porque el Espíritu vivificará nuestros cuerpos mortales por medio de la resurrección, y la resurrección es nuestra gran esperanza (Romanos 8:11). En realidad, «aunque este nuestro hombre exterior [nuestro cuerpo] se va desgastando [muriendo gradualmente], el interior no obstante se renueva de día en día» (2 Corintios 4:16). En verdad, es la renovación interior la que nos hace más capaces de tener fe para reclamar el privilegio de la sanidad divina. A la mujer sanada de flujo de sangre, Jesús le dijo: «Tu fe te ha hecho salva; ve en paz, y queda sana de tu azote» (Marcos 5:34). La fe grande, pues, recibe sanidad por medio de la sola palabra del Señor.

Ayudas para la fe

Pero Jesús no se alejó de los que tenían poca fe o fe débil. A menudo los que están enfermos hallan que no es fácil manifestar su fe y Jesús hizo muchas cosas para ayudarlos. A veces puso sus manos sobre ellos o los tocó (véanse Marcos 5:23; 6:5; 8:22-23; 10:13; Lucas 4:40; 13:13). Una vez untó con lodo los ojos de un ciego y le dio oportunidad para mostrar una fe obediente lavándose en el estanque de Siloé (Juan 9:6-15). Otras veces la gente mostraba su fe tocándolo a él o tocando su ropa (Mateo 9:21; 14:36; Marcos 3:10; 5:28; 6:56; Lucas 6:19). En el libro de Hechos se relata que Pedro, para ayudar a levantarse a un cojo que mendigaba a la puerta del templo que se llamaba la Hermosa, lo tomó por la mano derecha y «al momento se le afirmaron los pies y los tobillos; y saltando, se puso en pie y anduvo» (Hechos 3:7-8). Después hubo un tiempo en que la gente era sanada cuando la sombra de Pedro caía sobre alguno de ellos (Hechos 5:15-16). En Efeso, Dios hacía «milagros extraordinarios por mano de Pablo, de tal manera que aun se llevaban a los enfermos los paños [para secarse el sudor] o delantales [de trabajo] de su cuerpo, y las enfermedades se iban de ellos, y los espíritus malos salían» (Hechos 19:11-12).

Pero no había magia ni virtud en los medios utilizados para estimular la fe. La fe de esta gente tenía que estar en el Señor y no en el lodo, la sombra, los delantales de trabajo, ni la imposición de manos. Esta parece ser la razón por la cual se usaron medios tan diversos, para que la gente no pusiera los ojos en un medio en particular, sino más bien en Dios mismo.

Las enfermedades y los demonios

Ha habido problemas cuando algunos han enseñado que todas las enfermedades y dolencias se deben a los demonios. El Nuevo Testamento reconoce que estos sí causan enfermedades y dolencias y pueden atormentar cruelmente a la gente[10]. Pero Jesús no trató todas las enfermedades y dolencias como resultado de la posesión de demonios o de su actividad. Los endemoniados se distinguen como una clase aparte, distinta de los «que tenían dolencias, los afligidos por diversas enfermedades y tormentos, los [...] lunáticos y paralíticos» (Mateo 4:24). Es obvio también que cuando Jesús tocó al leproso y le dijo: «Sé limpio», no había demonios implicados en la lepra (Lucas 5:12-13). El paralítico que trajeron sus amigos a Jesús tenía necesidad del perdón de sus pecados. Aun así, el perdón no le trajo automáticamente la sanidad. Solo cuando Jesús dijo la palabra, el hombre fue sanado (Lucas 5:24-25). Por todo esto, no hay ningún indicio de que los demonios estuvieran involucrados en su parálisis. «En muchos pasajes se hace una clara distinción entre las enfermedades y dolencias no provocadas por demonios y aquellas que sí lo son (Mateo 4:24; 8:16; 9:32-33; 10:1; Marcos 1:32; 3:15; Lucas 6:17-18; 9:1; etcétera). En ninguno de estos ejemplos se indica que las enfermedades provocadas por los demonios fueran de personas que tenían una buena relación con Dios. Debemos recordar también que todos estos casos tuvieron lugar antes de Pentecostés»[11].

Nótese también que aunque los demonios pueden tentar y acosar a los cristianos, no pueden adivinar nuestros pensamientos ni poseer ni «convertir en demonio» a ningún creyente verdadero en quien more el Espíritu Santo, como tampoco pueden morar en él (2 Corintios 6:15)[12]. Cuando los demonios nos atacan, la Escritura no nos dice que los echemos fuera. En cambio, debemos ponernos nuestra armadura y adoptar una actitud decidida, y el escudo de la fe apagará todos los dardos de fuego del maligno, todos los cuales provienen de fuera de nosotros (Efesios 6:10-16). Tenemos el poder para resistir al diablo, quien huirá de nosotros (Santiago 4:7; 1 Pedro 5:8-9). Estamos armados con poder divino para destruir fortalezas (2 Corintios 10:4). Jesús venció a Satanás con la Palabra (Mateo 4:4, 7, 10). Nosotros también podemos obtener victorias con la Palabra, que es la espada del Espíritu (Efesios 6:17). Finalmente notamos que «los enemigos de Cristo lo acusaron de tener demonio. Es una trampa sutil del diablo que hace que personas sinceras acusen hoy a los cristianos de lo mismo. Evidentemente hay liberaciones; pero llamarlas liberaciones de la posesión demoníaca es contrario a las Escrituras»[13].

La sanidad y la profesión médica

Algunos han tratado de poner a la sanidad divina en desacuerdo o en competencia con la profesión médica. No tiene que ser así. Los médicos han ayudado a muchos con sus habilidades. Es verdad que el Señor es el Gran Médico. También es verdad que la Biblia condena al rey Asa porque «en su enfermedad no buscó a Jehová, sino a los médicos» (2 Crónicas 16:12). Pero Asa, en un acto de incredulidad y desobediencia, ya había buscado la ayuda del rey de Siria, negándose a confiar en el Señor (v. 7). En otras palabras, el énfasis no está en que él consultó a los médicos (los que en este caso tal vez fueron médicos pagados), sino en que se negó a buscar la ayuda del Señor. Es evidente que los médicos tuvieron un lugar honroso en Israel (Jeremías 8:22). Además, Jesús consideró correcto que el buen samaritano usara el aceite y el vino como medicina (Lucas 10:34). El doctor Lucas fue un amigo muy amado del apóstol Pablo (Colosenses 4:14). Respecto a la mujer enferma de flujo de sangre y que quedó sana cuando tocó el manto de Jesús, se nos dice que «había sufrido mucho de muchos médicos, y gastado todo lo que tenía, y nada había aprovechado, antes le iba peor» (Marcos 5:26). Si hubiera sido malo que ella hubiera ido a los médicos, este habría sido el momento oportuno para que Jesús lo hubiera dicho. Pero no lo hizo. En cambio aceptó la fe que ella mostró entonces y la elogió por ello. Aun hoy Dios ha hecho muchos milagros en personas desahuciadas por los médicos[14].

Jesús hizo también que los diez leprosos regresaran para mostrarse a los sacerdotes (Lucas 17:14). Bajo la ley, los sacerdotes estaban a cargo de los diagnósticos, el aislamiento de los enfermos y la salud (Levítico 14:2ss; Mateo 8:4). Jesús reconoció así que los que hacían estos diagnósticos tenían su razón de ser. Sin embargo, los sacerdotes eran agentes del Señor, y en este sentido es posible estimar todas las sanidades como divinas, ya sean instantáneas o graduales (cf. Lucas 5:14; 17:14). Por otra parte, los que fueron sanados según los relatos bíblicos no testificaron de la sanidad divina hasta que esta se hizo efectiva por el poder divino.

Reconocemos que en la actualidad ha habido abusos en la doctrina y la práctica de la sanidad divina. Pero no debemos permitir que esto nos haga retraernos de proclamar categóricamente la verdad de las Escrituras. El apóstol Pedro pudo decirle al cojo: «Lo que tengo te doy» (Hechos 3:6)[15].

Es útil observar que como parte de los medios que Dios le proporciona a la iglesia estaba el ministerio de las «sanidades», y que este se menciona como una de las manifestaciones del Espíritu Santo (1 Corintios 12:28). En cada iglesia local debe haber manifestaciones del poder divino. Estas son uno de los dones de Dios para la iglesia.

La sanidad y la profesión médica

El propósito de la sanidad

En realidad hay dos propósitos principales con los que hoy se practica la sanidad divina en la iglesia, tal como los hubo en la iglesia primitiva. En primer lugar, la sanidad divina confirma el poder de Dios. En muchas ocasiones Jesús sanó para atraer la atención, para autenticar su mensaje. En realidad, en aquel tiempo la sanidad divina debía constituir las credenciales del Mesías (Lucas 5:23-24). La iglesia apostólica también presentó sus credenciales con reiteradas demostraciones del poder de Dios, que se manifestó muchas veces por medio de liberaciones de carácter físico (1 Corintios 2:4). En efecto, en el primer siglo la acompañaron señales y prodigios (entre ellos las sanidades) con los que Dios bendijo la predicación del evangelio y confirmó la Palabra (Hebreos 2:3-4).

En segundo lugar, la sanidad divina confirma el amor de Dios. Desde luego, Cristo sanó para autenticar su mensaje, pero también sanó por la gran compasión que tuvo de las almas que sufrían (Mateo 9:36; Marcos 1:41). Es propio de Dios amar. La sanidad es una muestra de este amor en un mundo atado por la maldición del pecado. Por una parte, Jesús venció la muerte por medio de su resurrección. Por otra, sus efectos no pondrán fin a la muerte de los creyentes hasta el tiempo de nuestra resurrección o de nuestro arrebatamiento (si aún estamos vivos en ese momento) para recibir al Señor en el aire. En este sentido la victoria sobre la muerte ya está garantizada y ahora podemos romper las cadenas de las enfermedades. Dios muestra su amor en los medios que le proporcionó a la iglesia para la liberación del sufrimiento físico.

¿Por qué no todos sanan?

Como se ha observado, es importante desarrollar la doctrina (enseñanza) basándonos en las Escrituras y no en la experiencia humana. Algunos que en los primeros años del siglo veinte se encogían de hombros y decían que no se estaban experimentando las manifestaciones pentecostales argumentaban que obviamente estas no eran para la actualidad. Pero gracias a Dios, hubo almas valientes, llenas de fe y con una profunda creencia en la Palabra de Dios, que se atrevieron a creer que la práctica de la iglesia no debía ser el factor determinante en el desarrollo de la doctrina ni en decidir cuál era la verdad. Así también, el simple hecho de que muchos no sanen hoy no debe ser el factor determinante en nuestra doctrina o enseñanza[16]. Hay misterios que trascienden nuestra comprensión en esta materia. Algunas respuestas las debemos dejar a Dios. Pero sí sabemos que es propio de Dios sanar; sabemos que en la expiación hecha por Cristo, Dios ha provisto la sanidad, y sabemos que Cristo le encargó a la iglesia no solo el ministerio de la reconciliación, sino también el de la sanidad.

La fe es la llave que abre la puerta a la bendición divina. Cuando hemos hecho nuestra parte, debemos dejar el resto a Dios. Como alguien sabiamente dijo: «Donde haya un ambiente de más fe, habrá también más sanidades». Incluso el Señor Jesús no realizó muchos milagros en un ambiente de incredulidad (Mateo 13:58). La provisión divina está disponible. La predicación y la enseñanza positiva estimulan la fe. La iglesia debe estar viva en la fe para que experimente hoy lo sobrenatural.

Reconocemos humildemente que no tenemos todas las respuestas a por qué algunas personas no sanan. Pero sabemos y hemos experimentado la verdad bíblica de que Dios sí sana hoy[17].

Preguntas de estudio

1. ¿Qué relación hay entre la enfermedad y el pecado?
2. ¿De qué cosas es Satanás responsable en lo que atañe a la enfermedad?
3. ¿Qué significa el nombre *Yahweh roph'eka* y por qué es importante para nosotros hoy?
4. ¿Utiliza Dios siempre la enfermedad como castigo? Explique.
5. ¿Qué importancia tiene el propiciatorio con respecto a la sanidad divina?
6. ¿Qué se incluye en la expiación que Jesús hizo en el Calvario?
7. ¿Qué parte tuvo la sanidad en el ministerio de Jesús en la tierra? ¿Y en el ministerio de los discípulos?
8. ¿Qué importancia tiene el aceite en Santiago 5:14?
9. ¿Qué hay de malo en «exigirle» al Señor que nos sane?
10. ¿Cuándo recibiremos la redención de nuestro cuerpo y qué incluirá?
11. ¿Qué valor tienen cosas tales como pañuelos ungidos y paños de oración?
12. ¿Cuáles son los dos propósitos principales de la sanidad divina? ¿Cómo deben afectar a nuestras oraciones por sanidad?

Preguntas de estudio

Decimotercera
verdad
fundamental

La esperanza bienaventurada

La resurrección de los que han dormido en Cristo y su traslación junto con los que estén vivos y hayan quedado hasta la venida del Señor constituye la esperanza inminente y bienaventurada de la iglesia (Romanos 8:23; 1 Corintios 15:51-52; 1 Tesalonicenses 4:16-17; Tito 2:13).

CAPÍTULO 13

LA ESPERANZA BIENAVENTURADA

La resurrección de los creyentes

HASTA LA VICTORIA DE JESÚS EN LA CRUZ, TODO EL GÉNERO humano estaba esclavizado por el temor de la muerte (Hebreos 2:14-15). Pero con su muerte, Jesús venció al diablo y quitó la ira de Dios que estaba sobre nosotros debido a nuestros pecados. Luego resucitó para nuestra justificación (Romanos 4:25). Por lo tanto, la muerte no infunde terror al creyente. Como hemos sido justificados, vivimos en comunión con Cristo. Podemos, pues, decir con el apóstol Pablo: «Para mí el vivir es Cristo, y el morir es ganancia» (Filipenses 1:21). Es decir, el morir es ganancia en Cristo; morir es tener más de Cristo, porque estaremos «presentes al Señor» (2 Corintios 5:8). Pero la verdadera esperanza de Pablo estaba en la resurrección de los creyentes a la venida del Señor. Nótese como elogió a los tesalonicenses por haberse convertido «de los ídolos a Dios, para servir al Dios vivo y verdadero, y esperar de los cielos a su Hijo, al cual resucitó de los muertos, a Jesús, quien nos libra de la ira venidera» (1 Tesalonicenses 1:9-10).

Uno de los temas principales de la predicación de la iglesia primitiva era la resurrección de Cristo y cómo su resurrección constituye a su vez la garantía de la nuestra. Su resurrección es el fundamento de nuestra fe y esperanza. Una de las grandes afirmaciones del

Nuevo Testamento se halla en las palabras de Jesús: «Porque yo vivo, vosotros también viviréis» (Juan 14:19). Pablo la llama un misterio, algo no revelado en los tiempos del Antiguo Testamento, pero que ahora ha sido declarado: «No todos dormiremos; pero todos seremos transformados, en un momento, en un abrir y cerrar de ojos, a la final trompeta; porque se tocará la trompeta, y los muertos serán resucitados incorruptibles, y nosotros seremos transformados. Porque es necesario que esto corruptible se vista de incorrupción, y esto mortal se vista de inmortalidad. Y cuando esto corruptible se haya vestido de incorrupción, y esto mortal se haya vestido de inmortalidad, entonces se cumplirá la palabra que está escrita: Sorbida es la muerte en victoria» (1 Corintios 15:51-54). «Todos» significa simplemente todos los verdaderos creyentes, todos los que están «en Cristo». Pablo ha comparado antes el cuerpo actual a un grano desnudo, el cual hay que enterrarlo para que se pueda convertir en una planta de trigo (1 Corintios 15:37). Aquí él modifica este pensamiento, diciendo que no todos moriremos. No dice que él mismo estará vivo para la venida de Jesús. Más bien enfatiza que todos los creyentes, tanto vivos como muertos, serán transformados en el momento de la resurrección.

> Al igual que el cuerpo de Cristo, el cuerpo de resurrección cuya vida vivificante es el Cristo resucitado, no será ni este cuerpo mortal que tenemos hoy ni un espíritu sin cuerpo. No será ni cuerpo mortal ni puro espíritu, sino un «cuerpo espiritual». [Será] un cuerpo real, pero [a la vez] un «cuerpo espiritual». La realidad no es necesariamente algo sólido. La imposibilidad de pasar a través de puertas cerradas no constituye realidad. ¿Es el aire menos real que el plomo, el sonido menos real que el césped o la luz menos real que las piedras? Allí está la piel de un niño, tan suave que apenas puede uno sentirla, y la piel de un rinoceronte, que no se puede traspasar con una bala de rifle. Así es el cuerpo de resurrección: [un cuerpo] real, con una realidad gloriosa como nunca hemos conocido aquí en la tierra, un «cuerpo espiritual» de vida humana inmortalizada por la vida del Cristo resucitado[1].

La Biblia afirma que seremos semejantes a Jesús cuando lo veamos tal como él es (1 Juan 3:2). Nuestro cuerpo será palpable como el suyo después de la resurrección (Lucas 24:39). Será glorioso (dotado de esplendor y belleza), poderoso y celestial (como el cuerpo de Jesús, listo para ascender al cielo sin ningún traje especial y listo para vivir en el cielo sin incomodidades). Esta transformación será sobrenatural y repentina. El sonido de la trompeta, a diferencia de las trompetas del libro de Apocalipsis, que son trompetas de juicio, será un llamamiento a reunirnos para recibir al Señor en el aire. Así «estaremos siempre con el Señor» (1 Tesalonicenses 4:17). Algunos dicen hoy que no hay ninguna esperanza y temen que si las bombas nucleares no destruyen la tierra, lo haga la contaminación. Pero Dios no va a permitir que las circunstancias vayan tan lejos. Jesús vendrá otra vez, pondrá fin a la corrupción humana y establecerá su reino glorioso.

Jesús vendrá otra vez

El Nuevo Testamento se refiere más de trescientas veces —un promedio de un versículo por cada veintiséis— a la Segunda Venida de Cristo. Por eso, a pesar de que algunos han mostrado más celo que sabiduría al hacer predicciones espectaculares acerca de los sucesos que tienen relación a la Segunda Venida, no entendamos mal la verdad de que las Escrituras ponen gran énfasis en esta importantísima enseñanza.

La iglesia primitiva vivió en medio de la expectación del regreso de su amado Señor. No fue sino hasta el siglo tercero cuando comenzó a disiparse esta esperanza. De allí en adelante pasaron varios siglos a lo largo de los cuales se desatendió la enseñanza de la Segunda Venida. Pero durante el siglo diecinueve se la restableció, convirtiéndose en un asunto de gran interés para una iglesia reavivada.

Hoy día, en gran parte del sector evangélico de la iglesia, hay un consenso sobre el hecho de que efectivamente Jesucristo vendrá otra vez. Incluso en el ámbito más amplio de la teología moderna es interesante observar que, después que pasó de moda hablar de la muerte de Dios, la teología de la esperanza, que trata sobre la doctrina de las últimas cosas, ha cobrado más importancia. Pero al margen de las modas teológicas, a nosotros nos basta fundar nuestras convicciones en la verdad tal como está revelada en la Palabra de Dios. Y Cristo ha afirmado categóricamente: «Vendré otra vez».

¿Por qué esta doctrina, esta enseñanza, es tan importante? En primer lugar, porque es la clave de la historia. Nos movemos inexorablemente hacia la consumación de todas las cosas. La mayoría de las religiones y sistemas filosóficos no cristianos tienen un concepto cíclico de la historia.

Los hindúes consideran la historia como una rueda de la vida, que da vueltas y vueltas sin parar, sin principio ni fin. En cambio la Biblia enseña un concepto rectilíneo de la historia. Hubo un principio, un suceso central —la cruz[2] (y la resurrección)— y habrá una consumación final, en la que Dios le dará un cumplimiento glorioso a su plan. Los acontecimientos mundiales no continuarán en una procesión inexorable y sin fin. Llegará el momento en que el orden o dispensación presente se terminará. Las penas de un mundo marchito por el pecado, estropeado por las guerras, destruido por las enemistades, terminarán con el advenimiento del Príncipe de paz. Cuando las naciones hayan cumplido el curso que Dios les trazó en el panorama de la historia, él anunciará: «Basta ya», y Jesús intervendrá otra vez en el orden mundial. Todas las cosas señalan a su venida. Jesucristo es el propósito de toda la historia. Fuera de él nuestra existencia no tiene ningún significado (Colosenses 1:16-17).

Esta enseñanza, que tantas veces se menciona en la Biblia, es también importante porque constituye la esperanza de la iglesia. La muerte no es nuestra esperanza, como tampoco lo es la perspectiva de convertir al mundo (véase Mateo 13:18-30, 36-43). Nuestra esperanza como iglesia radica en la aparición del Esposo. Este concepto de la esperanza segura de la resurrección está inseparablemente ligado a la descripción de la iglesia como la Esposa de Cristo (Hechos 23:6; Romanos 8:20-25; 1 Corintios 15:19; Tito 2:13; 1 Pedro 1:3; 2 Pedro 3:9-13).

La doctrina de la Segunda Venida tiene aun otro significado: es un estímulo para vivir en santidad. El tener conciencia de que nuestro Señor vendrá sin aviso, saca a los creyentes del letargo para que aviven el fuego de su primer amor. La purificación personal es una obligación de los creyentes alertas, porque es a nosotros a quienes se nos han dado los recursos espirituales para vivir de una manera que agrade a nuestro Señor (Mateo 25:6-7; 2 Pedro 3:11; 1 Juan 3:3). Los creyentes debemos tener una actitud vigilante; debemos ser astutos, mantenernos alerta y esperar de continuo la venida de Cristo (Mateo 24:44; Marcos 13:35-36; 1 Tesalonicenses 5:8; 1 Juan 2:28).

La enseñanza de la Segunda Venida tiene también el valor de estimular el servicio cristiano. Los creyentes que esperan ardientemente el regreso de Cristo evaluarán constantemente las cosas prioritarias que rigen su manera de vivir. Pondrán en el nivel más alto su relación vital con el Señor y muy cerca de dicho nivel estará el servicio en el nombre del Señor, porque solo esto tiene valor eterno. Serán testigos que advertirán a sus vecinos y colegas no salvos para que huyan de la ira venidera y se preparen para la venida del Señor (Mateo 24:45-46; Lucas 19:13; 2 Corintios 5:10-11).

¿Cómo será el regreso de Jesús? Él volverá personalmente (Juan 14:3; 21:20-23; Hechos 1:11). Volverá inesperadamente (Mateo 24:32-51; Marcos 13:33-37). Volverá en gloria (Mateo 16:27; 19:28; Lucas 19:11-27). Vendrá en forma física; en el monte de la ascensión, los ángeles le dijeron a la multitud: «Este mismo Jesús, que ha sido tomado de vosotros al cielo, así vendrá como le habéis visto ir al cielo» (Hechos 1:11). Este regreso real, físico y literal del Señor Jesucristo a la tierra excluye cualquier interpretación espiritualizada, por ejemplo, el concepto de que su venida ocurrirá en cierto modo en el Espíritu el día de Pentecostés o que ocurre en el momento en que uno se convierte, o posiblemente, como enseñan algunos, cuando uno muere.

¿Por qué vendrá otra vez Jesucristo? Él vendrá para tomar a los suyos a sí mismo (Juan 14:3). Vamos a recibir un nuevo cuerpo y, como personas completas, nos uniremos para siempre con el Señor (1 Corintios 15:35-54; 2 Corintios 5:1-5; 1 Tesalonicenses 4:17). Los que ya hayan muerto al tiempo de su venida resucitarán y los que aún vivan en ese momento serán transformados, convirtiéndose ambos en seres glorificados «en un momento, en un abrir y cerrar de ojos» (1 Corintios 15:52; 1 Tesalonicenses 4:17). Él volverá para juzgar y recompensar. Cristo vendrá para juzgar a los creyentes, recompensando a cada uno según las cosas que haya hecho en esta vida, y en especial con relación a los motivos que tuvo para hacerlas (Mateo 25:14-30; Lucas 19:11-27; 1 Corintios 13:3; 2 Pedro 1:11). Se le hará un justo reconocimiento al empleo de las oportunidades, los talentos y el tiempo. A esto se le conoce como el juicio de los creyentes (a veces se le llama también el tribunal de Cristo o el juicio *bema*)[3]. Este no es un juicio que tendrá relación con los pecados, pues los creyentes ya han sido juzgados en la persona de Cristo en el Calvario (Isaías 53:5-6; Juan 5:24; 2 Corintios 5:21).

La Segunda Venida de Cristo quitará también lo que «detiene». ¿Qué detiene o impide la plena manifestación del mal en este mundo? Algunos piensan que 2 Tesalonicenses 2:6-8 se refiere al Espíritu Santo; otros, al poder de la ley y el orden como tal, y otros a la iglesia. Tal vez la mejor solución sea que el arrebatamiento de la iglesia, la principal agencia por medio de la cual actúa el Espíritu Santo en esta era, quitará de en medio la influencia que detiene y a la que se refiere este pasaje. Sin duda el Espíritu Santo continuará en la tierra, así como lo estuvo antes de la era de la iglesia[4]. Sin su presencia vivificante este mundo dejaría de existir.

El arrebatamiento

La definición de la frase *Segunda Venida* es amplia y se usa por lo menos en dos sentidos diferentes. Algunas veces se utiliza para denotar todo el drama del fin de los tiempos, abarcando tanto el arrebatamiento de la iglesia como la revelación de Cristo en gloria triunfal (2 Tesalonicenses 1:7) cuando pose sus pies sobre el monte de los Olivos (Zacarías 14:4). Otras veces la frase se usa específicamente para referirse a la revelación de Cristo, a diferencia del arrebatamiento que la precede. Por tanto, la primera fase de la Segunda Venida, usada en este sentido más amplio, se refiere al arrebatamiento de la iglesia. De repente y sin aviso, Jesús arrebatará a los que estén preparados para su venida; pero en ese momento no descenderá a la tierra (1 Tesalonicenses 4:16-18; 2 Tesalonicenses 2:1). Los que estén «en Cristo», tanto los que resuciten como los que aún vivan, serán «arrebatados» (en griego, *harpagesometha*)[5] juntamente en las nubes (posiblemente nubes de gloria) para encontrarse con él en el aire, por encima de la tierra.

Debido a que Mateo 24:30-31 menciona a los ángeles juntando a los escogidos después que menciona a todas las naciones lamentándose al ver al Hijo del Hombre venir en las nubes del cielo con poder y gran gloria, algunos creen que esto significa que la iglesia no será arrebatada hasta después que Jesús venga a destruir a los ejércitos del anticristo al final de la gran tribulación. Pero Mateo 24 no relata los acontecimientos en el orden en que estos ocurren. Jesús no tuvo la intención de revelar el día ni la hora (Mateo 24:36). La palabra *entonces* en Mateo 24:30 es la traducción de una palabra griega de sentido muy general (*tote*), que significa que estos sucesos ocurrirán todos en el mismo período, pero no necesariamente en el orden dado.

Además, Jesús enfatiza que cuando tenga lugar el arrebatamiento, todas las cosas del mundo todavía seguirán como de costumbre. En los tiempos del Nuevo Testamento, la economía era agraria y los hombres acudían diariamente a los campos. Como no había vasijas herméticas para mantener a los insectos fuera de la harina, las mujeres realizaban a diario la tarea de limpiar el grano y molerlo en los pequeños molinos de piedra para tener harina fresca y hacer el pan. Así pues, cuando Jesús dice: «Estarán dos en el campo; el uno será tomado [llevado para estar con Jesús], y el otro será dejado [abandona-

El arrebatamiento

do, dejado atrás para sufrir los juicios que habrán de venir sobre la tierra]. Dos mujeres estarán moliendo en un molino; la una será tomada, y la otra será dejada» (Mateo 24:40-41), quiere decir que cuando él venga otra vez, la gente estará cumpliendo con sus obligaciones diarias. Todo parecerá ser «la rutina de siempre». Entonces, sin ningún aviso especial, uno será arrebatado para encontrarse con el Señor en el aire, mientras la otra persona que estaba a su lado será dejada para sufrir la ira de Dios que será derramada sobre la tierra[6]. No hay indicio alguno de que en ese momento el mundo esté dominado por el anticristo ni de que los ejércitos del anticristo estén reunidos para la batalla de Armagedón. Por lo tanto, parece obvio que la iglesia será arrebatada antes de los grandes juicios del período de la tribulación, tan vívidamente descritos en el libro de Apocalipsis[7].

Pablo pone mucho énfasis aquí en que los muertos en Cristo se reunirán con los que estén vivos y hayan quedado, y que ambos grupos serán arrebatados juntamente para reunirse con el Señor y estar con él para siempre. Algunos enseñan que habrá arrebatamientos múltiples. Emplean las parábolas de Jesús para dividir a la iglesia en varios grupos, tales como la esposa, los amigos del novio, las vírgenes, los invitados y los siervos. Pero esto es llevar demasiado lejos la analogía. Debemos tener cuidado de que no nos ocurra lo que a Nicodemo cuando llevó demasiado lejos la analogía del nacimiento al preguntar cómo podíamos regresar al vientre de nuestra madre y nacer de nuevo (Juan 3:4).

Si escudriñamos las parábolas de las bodas, vemos que todas ellas se centran en Cristo. Cuando se menciona a la esposa, no se hace mención de otros grupos y viceversa. Vemos también que tanto a los judíos como a los gentiles se los llama invitados. Se hace referencia a los doce apóstoles como los amigos o invitados del esposo (Mateo 9:15). En realidad, Jesús usó diferentes aspectos de la fiesta de bodas para expresar los diferentes aspectos de nuestra relación con él. La «Esposa» es uno de estos aspectos y representa a toda la iglesia verdadera en una estrecha relación con Jesús que tendrá su cumplimiento total en la cena de las bodas del Cordero (Apocalipsis 19:7-8).

Otra enseñanza común es que el arrebatamiento se limitará a un grupo especial de «vencedores» y que el cuerpo principal de la iglesia será dejado para pasar por la tribulación o para ascender en arrebatamientos posteriores. Pero si escudriñamos lo que dice la Biblia sobre los que vencen, vemos que solo los que venzan comerán del árbol de la vida, no sufrirán daño de la segunda muerte ni del lago de fuego, ni se les borrarán sus nombres del libro de la vida (Apocalipsis 2:7, 11; 3:5). Vencer quiere decir conquistar, ganar. Si no ganamos, perdemos. Estos versículos del libro de Apocalipsis indican que los que no venzan perderán para siempre. ¿Quiénes, pues, son los vencen? En 1 Juan 5:4 se nos dice: «Esta es la victoria que ha vencido al mundo, nuestra fe». Todo lo que tiene que hacer para vencer el creyente que ha nacido de nuevo es creer (ser un creyente obediente y seguir creyendo) que Jesús es el Hijo de Dios. Entonces Dios nos da la victoria por medio de nuestro Señor Jesucristo (1 Corintios 15:57). Él nos hace vencedores[8].

La gran tribulación

Después del arrebatamiento habrá un tiempo de terrible tribulación, predicho por los sabios de la antigüedad, aun desde los días del Antiguo Testamento. Daniel habla de un tiempo de angustia, cual nunca ha habido antes (Daniel 12:1). Mateo 24:21-29 lo describe como un período de «gran tribulación». Apocalipsis 3:10 se refiere a este como «la hora de la prueba que ha de venir sobre el mundo entero, para probar a los que moran sobre la tierra». Jeremías predijo las tinieblas inminentes y nefastas que vendrán como un «tiempo de angustia para Jacob» (Jeremías 30:4-7). Isaías y Zacarías hablaron de un tiempo de indignación de Dios para con los habitantes de la tierra (Isaías 24:17-21; Zacarías 14:1-3).

¿Cuándo vendrá este terrible tiempo de sufrimiento? Mateo 24:30 indica que la gran tribulación finalizará con el regreso de Cristo en gloria, el tiempo de su revelación. Por lo tanto, es bastante obvio que el tiempo de angustia, que muchos pasajes de las Escrituras señalan que vendrá al fin de esta era, sucederá entre el arrebatamiento y la revelación de Cristo. Tenemos aun más seguridad de que el arrebatamiento ocurrirá antes de la tribulación en 1 Tesalonicenses 5:9-11: «Porque no nos ha puesto Dios para ira, sino para alcanzar salvación por medio de nuestro Señor Jesucristo, quien murió por nosotros para que ya sea que velemos, o que durmamos, vivamos juntamente con él. Por lo cual, animaos unos a otros, y edificaos unos a otros, así como lo hacéis». Jesús es quien nos preserva, libra y rescata de la ira venidera. Su sangre está a nuestro alcance para salvarnos de la ira (Romanos 5:9). Durante la tribulación Dios derramará su ira sobre el mundo. Las palabras «sea que velemos, o que durmamos» se refieren al interés de los tesalonicenses por saber lo que les pasaría a los muertos en Cristo. Ellos resucitarán primero y todos seremos arrebatados para encontrarnos con el Señor en el aire. «Y así estaremos siempre con el Señor» (1 Tesalonicenses 4:17). En otras palabras, seremos guardados de la ira venidera cuando seamos llevados en el arrebatamiento para vivir para siempre con Jesús (1 Tesalonicenses 1:9-10; 5:9)[9].

Esta es una prueba convincente de que ninguna parte de la iglesia verdadera se quedará en la tierra mientras caen los juicios de Dios durante la tribulación. Estos juicios serán de ira (Apocalipsis 6:16-17; 11:18; 14:10, 19; 15:1, 7; 16:1, 19; 19:15). Y como señala Juan: «Y los otros hombres que no fueron muertos con estas plagas, ni aun así se arrepintieron» (Apocalipsis 9:20). Esto excluye la presencia de creyentes sobre la tierra en esa época[10]. En Apocalipsis 16, los juicios son de tal magnitud que nadie podría esconderse en ninguna parte de la tierra para escapar de ellos. «Muchos otros pasajes hablan también del día de la ira que revelará el justo juicio de Dios sobre los corazones impenitentes y desobedientes (Romanos 2:5; Efesios 5:6; Colosenses 3:6). Pero nosotros como creyentes no estamos destinados para esta ira»[11].

Muy a menudo, los que sostienen que la iglesia pasará por la tribulación, permaneciendo en la tierra durante el tiempo del anticristo y de estos juicios, enfatizan una cosa: dicen que Dios no ha prometido que la iglesia escapará de la tribulación y del sufrimiento. El punto que olvidan es que la Biblia emplea la palabra *tribulación* (en griego, *thlipsis*) en dos sentidos diferentes. A veces la palabra se refiere al dolor, la persecución, la molestia, la opresión y la angustia del corazón que nos acarrea un mundo impío. Y Pablo usa la misma palabra griega cuando habla de nuestra leve tribulación (la que comparada con la eternidad no es más que momentánea y «produce en nosotros un cada vez más excelente y eterno peso de gloria» [2 Corintios 4:17]). Pero los juicios de la tribulación que se describen en el libro de Apocalipsis no son de la misma clase; estos representan la ira de Dios. No esperamos la ira; ya sea que vivamos o que muramos, esperamos el arrebatamiento, después del cual estaremos para siempre con Jesús (1 Tesalonicenses 5:10). Teniendo presente esto, Pablo vuelve a decirles a los tesalonicenses que se animen unos a otros y se edifiquen unos a otros. Luego, para mostrar la confianza que tiene en ellos, añade: «Así como lo hacéis». Este pasaje es similar a la exhortación de alentarse unos a otros que aparece en 1 Tesalonicenses 4:18. Evidentemente, Pablo aún tiene presente el arrebatamiento[12].

¿Cuánto tiempo durará la gran tribulación? Las Escrituras no lo dicen con claridad. Pero hay varias referencias que tal vez sea útil que consideremos;

parece haber ciertos indicios que señalan un período de siete años. Un punto clave aquí es la explicación del misterio de las setenta semanas de Daniel (Daniel 9:24-27). Las sesenta y nueve primeras semanas, como quiera que se las interprete, terminaron con la crucifixión del Mesías (Daniel 9:26).

Muchos creen que hay un intervalo entre la semana 69 y la 70, y en efecto, posponen indefinidamente la última. Dicho intervalo es la era de la gracia o era de la iglesia. Cuando en el momento del arrebatamiento se quite de en medio lo que «detiene», esto es, la obra del Espíritu Santo en la iglesia y por medio de ella, parece que esta será la señal para el desenlace de los acontecimientos que caen dentro de esta fatídica y terrible semana setenta. La «semana» parece tener el significado de siete años. Apoyan este punto de vista las referencias de Daniel 7:25; 12:7 y Apocalipsis 12:14 (en las que a la última mitad de este período se le denomina «un tiempo, y tiempos, y la mitad de un tiempo», o tres años y medio, o «cuarenta y dos meses» (Apocalipsis 11:2; 13:5), o «mil doscientos sesenta días» (Apocalipsis 11:3; 12:6).

El anticristo

Al líder terrenal de la gran tribulación, al archienemigo de Cristo, se le conoce como el anticristo. En griego, el significado fundamental del prefijo *anti* es «en vez de» o «en lugar de», y no «contra». Él no se llamará a sí mismo anticristo, sino que afirmará ser el verdadero Cristo. Aunque hay alusiones y caracterizaciones bíblicas del anticristo a lo largo de todo el Antiguo y el Nuevo Testamento, la representación más clara de este enemigo de Dios se da en 2 Tesalonicenses 2:3-9. Aquí se lo describe como la encarnación del desorden y la desobediencia (cf. Daniel 7:24-25; 2 Tesalonicenses 2:3, 8-9). Afirmará ser divino (2 Tesalonicenses 2:9-10). Es probable que la bestia de que se hace mención en Apocalipsis 13 sea otro nombre del anticristo, pues este monstruo se describe con la misma autoridad que se le asigna solamente a aquel[13]. El anticristo pondrá fin a su aparente benevolencia para con el estado de Israel perpetrando un acto de sacrilegio, mostrando así que es un gran impostor y enemigo de Dios. A este sacrilegio que llevará a cabo se lo llama en Daniel «la abominación desoladora» (cf. Daniel 11:31; 12:11; Mateo 24:15; Marcos 13:14). La profanación del templo por Antíoco IV Epífanes, un gobernador sirio, en 168 a.C., constituye probablemente el cumplimiento inmediato de la profecía de Daniel; pero, que este haya tenido un significado escatológico de largo alcance se descarta por las referencias del Nuevo Testamento a la «abominación desoladora» (la que Cristo consideró como algo futuro todavía).

El destino del anticristo es el juicio repentino e inevitable en el momento de la intervención de Cristo el Rey en su revelación (Apocalipsis 19:11-16). La batalla de Armagedón, el último gran conflicto de las naciones y que será instigada por el anticristo, culminará con el triunfo de nuestro Señor y el lanzamiento del anticristo y sus aliados en el lago de fuego.

El tiempo de la venida de Cristo

El Señor señaló con mucho cuidado que no se le deberían fijar fechas a su Segunda Venida: «Pero de aquel día y de la hora nadie sabe, ni aun los ángeles que están en el cielo, ni el Hijo, sino el Padre. Mirad, velad y orad; porque no sabéis cuando será el tiempo» (Marcos 13:32-33). Un poco antes de ascender al cielo les indicó a sus discípulos que no les tocaba a ellos «saber los tiempos o las sazones, que el Padre puso en su sola potestad» (Hechos 1:7). La fecha del regreso de Cristo no es de nuestra incumbencia. (Pero en el versículo siguiente, Jesús nos dijo en qué debíamos interesarnos). No obstante, hay ciertas pautas que en general debemos tener en cuenta, ya que debemos estar alerta, en guardia, no sea que estemos desapercibidos.

Es en vista de esta necesidad de estar alerta que hablamos acerca de la esperanza bienaventurada como de algo inminente. No queremos decir que Jesús pudo haber regresado inmediatamente después de su ascensión. Poco antes de hacer su entrada triunfal en Jerusalén, Jesús dijo una parábola porque «ellos pensaban que el reino de Dios se manifestaría inmediatamente». En la parábola se describe a «un hombre noble» que «se fue a un país lejano, para recibir un reino y volver», y que «llamando a diez siervos suyos, les dio diez minas, y les dijo: Negociad entre tanto que vengo» (Lucas 19:11-27). La ida del hombre a un país lejano indica un período de tiempo considerable. El dinero que se les dio a los siervos implica que estos debían ser fieles en las obligaciones que se les habían asignado. Habría tiempo para negociar. Por otra parte, como ellos no sabían el tiempo exacto del regreso del noble, no podían dejar de trabajar en los negocios de su señor.

Los cristianos del siglo primero esperaban que Jesús volviera mientras ellos vivieran todavía. Pero, al igual que el apóstol Pablo, no se desilusionaron cuando se dieron cuenta de que no sería así, pues sabían que les esperaba una corona (2 Timoteo 4:8). Nosotros también debemos tener presente la Gran Comisión (Mateo 28:19-20; Hechos 1:8) y el hecho de que «será predicado este evangelio del reino en todo el mundo, para testimonio a todas las naciones; y entonces vendrá el fin» (Mateo 24:14). En todo caso, es bueno que siempre pensemos que Jesús «viene pronto». Jesús enfatizó esto cuando dijo:

> Por tanto, también vosotros estad preparados; porque el Hijo del Hombre vendrá a la hora que no pensáis. ¿Quién es, pues, el siervo fiel y prudente, al cual puso su señor sobre su casa para que les dé el alimento a tiempo? Bienaventurado aquel siervo al cual, cuando su señor venga, le halle haciendo así [...] Pero si aquel siervo malo dijere en su corazón: Mi señor tarda en venir; y comenzare a golpear a sus consiervos, y aun a comer y a beber con los borrachos, vendrá el señor de aquel siervo en día que éste no espera, y a la hora que no sabe, y lo castigará duramente, y pondrá su parte con los hipócritas; allí será el lloro y el crujir de dientes.
>
> —Mateo 24:44-51

Juan enfatiza, además, la importancia de tener presente la esperanza de la venida del Señor cuando dice: «Y todo aquel que tiene esta esperanza en él, se purifica a sí mismo, así como él es puro» (1 Juan 3:3). Así que, Jesús y todo el Nuevo Testamento muestran que es bueno que vivamos en tensión entre la esperanza de que él vuelva pronto y el reconocimiento de que hay que predicar el evangelio a todas las naciones antes que venga el fin (Mateo 24:14). Es también cierto que hay un sentido en que el reino (gobierno) de Dios ya está presente, pero todavía no ha alcanzado la plenitud que Jesús le dará cuando regrese en gloria.

Pedro advirtió contra los falsos maestros y luego pasó a poner especial atención en los burladores que dirían: «¿Dónde está la promesa de su advenimiento?» (2 Pedro 3:4). A ellos les señala «que para con el Señor un día es como mil años, y mil años como un día. El Señor no retarda su promesa, según algunos la tienen por tardanza, sino que es paciente para con nosotros, no queriendo que ninguno perezca, sino que todos procedan al arrepentimiento» (2 Pedro 3:8-9). Es decir, Dios no considera el tiempo como nosotros, ni tampoco está limitado por el tiempo como nosotros[14]. Nosotros miramos las cosas desde el punto de vista de la brevedad de nuestra vida. Él mira las cosas desde el punto de vista de la eternidad. A la vez, él tiene interés en el cumplimiento de la Gran Comisión y nos está dando tiempo para ello. Pero podemos

El tiempo de la venida de Cristo

estar seguros de que a su debido tiempo Dios dirá: «Basta ya», porque «el día del Señor vendrá» (2 Pedro 3:10)[15].

Pablo también advirtió contra los falsos maestros que estaban perturbando a los tesalonicenses, después que él los animó con la esperanza del arrebatamiento, con cosas tales como una supuesta profecía, un informe o una carta que atribuían falsamente al apóstol. Ellos decían literalmente: «El día del Señor ya vino» (2 Tesalonicenses 2:1-2). Pablo niega rotundamente la afirmación de estos falsos maestros: «Nadie os engañe en ninguna manera; porque no vendrá sin que antes venga la apostasía, y se manifieste el hombre de pecado, el hijo de perdición» (2 Tesalonicenses 2:3). Es decir, las primeras cosas que sucederán el día del Señor[16] serán esta apostasía (posiblemente los acontecimientos de Ezequiel 38 y 39) y luego la manifestación del anticristo. Pablo quiere decir que como estas cosas no han ocurrido todavía, tampoco ha ocurrido el día del Señor; podemos, pues, esperar ser llevados todavía en el arrebatamiento[17].

La venida de Cristo es también inminente con respecto a las señales. Las «guerras y rumores de guerra» y las demás cosas que Jesús mencionó en Mateo 24 no son las señales del fin (v. 6), sino que son simplemente cosas que caracterizan esta era. Lo que Jesús quiso decir fue que no podíamos esperar condiciones perfectas para difundir el evangelio, sino que debíamos hacerlo en medio del mundo tal como este es. Otras «señales» mencionadas en otros pasajes se refieren a la Segunda Venida en el sentido específico de la revelación cuando Jesús vuelva en gloria para juzgar a la tierra y establecer su reino milenario. Jesús también dijo: «Cuando estas cosas comiencen a suceder, erguíos y levantad vuestra cabeza, porque vuestra redención está cerca» (Lucas 21:28). Esto parece indicar que debemos fijar nuestra atención en el Señor y no en las señales.

De aquí es evidente que no hay señales en particular que nos permitan fijar una fecha para el arrebatamiento. Así que, a pesar de algunas especulaciones e intentos modernos de fijar fechas, para nosotros, su venida sigue sin aviso (Mateo 24:36; 25:13; Marcos 13:32; 1 Tesalonicenses 4:16-17; Tito 2:13). Aun cuando Dios el Padre está llevando a cabo su plan, desde nuestro punto de vista el arrebatamiento de la iglesia puede ocurrir en cualquier momento. Dios quiere que vivamos en un estado de preparación.

Algo importante en este concepto de que el arrebatamiento tendrá lugar antes de la tribulación es la seguridad de que Dios se ha caracterizado siempre por librar a su pueblo de las tribulaciones (Lucas 21:34-36; 1 Tesalonicenses 5:9-10; 2 Tesalonicenses 1:4-10; Apocalipsis 3:10)[18]. ¡En realidad, tenemos una esperanza bienaventurada!

Preguntas de estudio

1. ¿Por qué el tema principal de la predicación de la iglesia primitiva fue la resurrección de Jesús?

2. ¿Cómo será nuestro nuevo cuerpo resucitado?

3. ¿Por qué la futura resurrección de los creyentes y la Segunda Venida de Cristo constituyen una esperanza «bienaventurada» para nosotros hoy día?

4. ¿Por qué debemos considerar el fin de esta era más bien como una consumación que como un simple fin?

5. ¿Cómo debe influir la esperanza de la Segunda Venida en nuestra vida diaria?

6. ¿Qué razones tenemos para esperar un regreso literal y personal de Jesús a la tierra?

7. La palabra *rapto* viene de la voz latina *rapere*, «apoderarse de», en su forma participial *raptus*. ¿Cómo concuerda esto con la traducción «arrebatados» y con lo repentino del rapto?

8. ¿El rapto y el encuentro con Jesús en el aire serán para todos los creyentes verdaderos o solo para cierto grupo? Explique su respuesta.

9. ¿Quiénes son los que vencen?

10. ¿Cuáles son las pruebas de que el arrebatamiento tendrá lugar antes de la gran tribulación?

11. ¿Cómo será el anticristo?

12. ¿Qué peligro hay en tratar de fijar una fecha para el regreso del Señor?

Decimocuarta verdad fundamental

El reino milenario de Cristo

La Segunda Venida de Cristo incluye el arrebatamiento de los santos, lo cual es nuestra esperanza bienaventurada, seguido por el regreso visible de Cristo con sus santos para reinar mil años sobre la tierra (Zacarías 14:5; Mateo 24:27, 30; Apocalipsis 1:7; 19:11-14; 20:1-6). Este reino milenario traerá la salvación a la nación de Israel (Ezequiel 37:21-22; Sofonías 3:19-20; Romanos 11:26-27) y el establecimiento de la paz universal (Salmo 72:3-8; Isaías 11:6-9; Miqueas 4:3-4).

CAPÍTULO 14

EL REINO MILENARIO DE CRISTO

EN EL CAPÍTULO ANTERIOR TRATAMOS SOBRE EL ARREBATA-miento de la iglesia, pero sería bueno que considerá-ramos una vez más Tito 2:11-14: «Porque la gracia de Dios se ha manifestado para salvación a todos los hombres, en-señándonos que, renunciando a la impiedad y a los deseos mundanos, vivamos en este siglo sobria, justa y piadosa-mente, aguardando la esperanza bienaventurada y la ma-nifestación gloriosa de nuestro gran Dios y Salvador Jesucris-to, quien se dio a sí mismo por nosotros para redimirnos de toda iniquidad y purificar para sí un pueblo propio, celoso de buenas obras»[1].

La revelación de Cristo

La revelación de Cristo es la segunda fase de la Segunda Venida y ocurrirá algún tiempo después del arrebatamiento, que es la primera fase. En esta ocasión maravillosa «se afirmarán sus pies en aquel día sobre el monte de los Olivos, que está en frente de Jerusalén al oriente; y el monte de los Oli-vos se partirá por en medio, hacia el oriente y hacia el occidente, haciendo un valle muy grande; y la mitad del monte se apartara hacia el norte, y la otra mitad hacia el Sur [...] y vendrá Jehová mi Dios, y con él to-dos los santos» (Zacarías 14:4-5). Esta promesa del descenso literal y físico de Cristo a la tierra la corroboraron los mensajeros angelicales que durante la ascensión le anunciaron a la desconcertada multitud que Cristo regresaría como lo habían «visto ir al cielo» (Hechos 1:11). Como él se fue en forma visible desde el monte de los Olivos, bien podemos inferir que regresará de la misma manera a dicho lugar.

Apocalipsis 1:7 nos habla de esta venida pública y manifiesta de Cristo: «He aquí que viene con las nubes, y todo ojo le verá, y los que le traspasaron; y todos los linajes de la tierra harán lamentación por él». Cuando Cristo regrese con poder y gloria en la fase de revelación de su Segunda Venida, traerá consigo a sus santos (Joel 3:11; 1 Tesalonicenses 3:13; Judas 14).

La revelación tiene varios propósitos. En primer lugar, Jesús vendrá para revelarse a sí mismo, y para manifestar a sus santos. El arrebatamiento ocurrirá súbitamente y al parecer será un hecho oculto a las miradas de la gente sin discernimiento de este mundo. Pero la revelación será un acontecimiento público. Los que no quisieron reconocerlo durante la era de la iglesia y que hicieron caso omiso de la desaparición de miles de personas en el momento del arrebatamiento tendrán que reconocer al Rey de reyes en la revelación de Cristo (Joel 3:11-12; Zacarías 14:5; Mateo 16:27; 24:29-31; Colosenses 3:4; 1 Tesalonicenses 3:13; 1 Juan 3:2).

Cristo vendrá con poder y gloria para juzgar a sus enemigos. La bestia, el falso profeta y los ejércitos que apoyaban a estos adversarios de Dios caerán bajo la ira del Juez. Estas fuerzas terribles, que participaron en una tribulación sin precedentes, serán vencidas y destruidas (2 Tesalonicenses 2:8-9).

Los espíritus malos que salgan de la bestia, el falso profeta y el dragón (Satanás) irán a conquistar a Jerusalén al final del tiempo de la gran tribulación (Zacarías 12:1-9; 13:8-9; 14:12; Apocalipsis 16:12-16). Cuando piensen que tienen la victoria en sus manos, el Señor Jesús descenderá del cielo con sus valerosos ejércitos, que probablemente estarán formados por los santos y los ángeles (Apocalipsis 19:11-16). Cristo el Rey tendrá en ese momento crítico un triunfo espectacular y los líderes de las huestes del mal serán lanzados en el lago de fuego (Salmo 2:3-9; 2 Tesalonicenses 2:8; Apocalipsis 19:19-20). El camino estará así preparado para el reinado de Cristo en la tierra, la inauguración de un nuevo régimen conocido como el milenio[2].

La revelación de Cristo en su Segunda Venida no solo aplastará la manifestación del poder de Satanás, es decir, al falso profeta y a la bestia, sino que también atará a Satanás mismo (Romanos 16:20; Apocalipsis 20:1-2).

La revelación de Cristo

Permanecerá atado por mil años antes de ser desatado por un poco de tiempo para ser finalmente lanzado también en el lago de fuego con el resto de sus agentes.

El milenio

El regreso de Jesucristo en poder y gloria se describe vívidamente en Apocalipsis 19:11-16:

> Entonces vi el cielo abierto; y he aquí un caballo blanco, y el que lo montaba se llamaba Fiel y Verdadero, y con justicia juzga y pelea. Sus ojos eran como llama de fuego, y había en su cabeza muchas diademas [...] Estaba vestido de una ropa teñida en sangre; y su nombre es: EL VERBO DE DIOS. Y los ejércitos celestiales, vestidos de lino finísimo, blanco y limpio, le seguían en caballos blancos. De su boca sale una espada aguda, para herir con ella a las naciones, y él las regirá con vara de hierro; y él pisa el lagar del vino del furor y de la ira del Dios Todopoderoso. Y en su vestidura y en su muslo tiene escrito este nombre: REY DE REYES Y SEÑOR DE SEÑORES.

El caballo blanco significa que él viene como un poderoso conquistador. «Fiel y Verdadero» significa que él es genuino y real: Él es el verdadero Jesús, el mismo Jesús (la Palabra Viviente) que nació en un pesebre. Su ropa teñida en sangre muestra que es el mismo Jesús que murió en la cruz. «Regirá con vara de hierro» significa que literalmente hará el papel de un pastor con una vara de hierro. Esto, junto con pelear y esgrimir una espada aguda, es para cumplir lo dicho en Daniel 2:34-35, 44-45, donde la «piedra» destruye los reinos de este mundo y luego se convierte en un reino que llena toda la tierra. El «lino finísimo» de los ejércitos que lo siguen los identifica como la iglesia (Apocalipsis 17:14; 19:8), quien desde el tiempo del arrebatamiento está «siempre con el Señor» (véase 1 Tesalonicenses 4:17)[3].

Los distintos conceptos acerca del milenio

La iglesia primitiva esperaba con vivo interés el regreso de Cristo para establecer su reino en Jerusalén como el legítimo y último heredero del trono de David. Los discípulos aceptaron literalmente la promesa de Jesús de que los doce apóstoles se sentarían sobre doce tronos para juzgar y gobernar a las doce tribus del Israel restaurado (Mateo 19:28).

Pablo alaba a los tesalonicenses porque se convirtieron «de los ídolos a Dios, para servir al Dios vivo y verdadero, y esperar de los cielos a su Hijo» (1 Tesalonicenses 1:9-10). Ellos podían identificarse con el canto del nuevo cántico de Apocalipsis 5:9-10, que celebra no solo la redención con la sangre del Cordero, sino también el hecho de que Cristo los había hecho reyes y sacerdotes que reinarían sobre la tierra.

A medida que pasaba el tiempo se fue enfriando la esperanza de algunos creyentes. Pero siempre hubo en los primeros siglos quienes ponían énfasis en el reinado milenario de Cristo sobre la tierra y a los cuales a veces llamaron «milenarios». Luego, cuando el cristianismo se convirtió en la religión oficial del Imperio Romano, ocurrió un cambio. Los pastores de las asambleas dejaron de cumplir su función de líderes que servían a los demás. En cambio, siguieron el modelo del gobierno del Imperio Romano y establecieron una jerarquía de poder.

Cuando la capital del imperio se trasladó de Roma a Constantinopla, dejó en la primera un vacío político; de modo que el obispo de Roma llenó el vacío asumiendo el liderazgo político y haciendo de su asiento un trono. Los otros obispos comenzaron a considerar a sus iglesias como una base de poder y dejaron de poner atención en la esperanza bienaventurada para ponerla en el poder y la autoridad terrenales. Como resultado de esto surgió el *posmilenarismo*[4], enseñando que el reino milenario comenzó con la resurrección de Cristo y terminará con su Segunda Venida y por lo tanto, no habrá ningún futuro reino de Dios sobre la tierra[5]. El único reino en el que tienen interés los que abogan por esta enseñanza es el que podrían construir para sí mismos usando al pueblo como siervo suyo.

Más adelante surgió el *amilenarismo*, enseñando que no habrá ningún milenio sobre la tierra (el prefijo a de la palabra *amilenarismo* denota negación). Este punto de vista se difundió entre las iglesias protestantes de la Reforma. Como negaban un futuro reino milenario sobre la tierra, en su sistema teológico no había lugar para restauración alguna del Israel terrenal. Por lo tanto, espiritualizaron las profecías del Antiguo Testamento relativas al reino de Israel y las aplicaron a la iglesia. Declararon que Israel, al rechazar a Jesús como el Cristo, perdió todo derecho a las promesas que Dios le había hecho. También espiritualizaron el libro de Apocalipsis y dijeron que Satanás había sido atado en la cruz, de modo que ahora el evangelio se podría extender de un modo maravilloso y sin que él pudiera impedirlo. Además, enseñaron que cuando Cristo regrese habrá un juicio general simultáneo, tanto para los justos como para los malos. Entonces Cristo establecerá de inmediato su reino eterno, sin que haya ningún milenio de por medio. Amilenaristas posteriores enseñaron que cualquier milenio que pudiera haber estaba transcurriendo ahora (ya sea espiritualmente en la tierra o bien en el cielo)[6].

Es cierto que en el libro de Apocalipsis se usan figuras retóricas. Pero estas figuras representan cosas reales. Al anticristo se lo representa como una bestia; pero será una persona real, como lo muestra 2 Tesalonicenses 2. También hay en Apocalipsis algunas afirmaciones muy claras y literales, especialmente en los primeros y últimos capítulos. Por ejemplo, en el capítulo 20 se mencionan seis veces los mil años. En la Biblia, esta clase de repetición indica énfasis, lo que nos da toda la razón para considerar los mil años del milenio como literales. Y aunque no se especifica la clase de cadena con que Satanás será atado, es evidente el hecho de que lo será.

Según la Biblia, es evidente también que Satanás no fue atado en la cruz. Cristo sí resucitó victorioso. La cruz y la resurrección son garantía de la derrota final de Satanás. Pero la Biblia pone en claro que el adversario de los creyentes, «el diablo, como león rugiente, anda alrededor buscando a quien devorar» y que nosotros debemos resistirlo «firmes en la fe» (1 Pedro 5:8-9). Debemos vestirnos de la armadura espiritual porque aún estamos en una lucha espiritual y necesitamos tomar el escudo de la fe para «apagar todos los dardos de fuego del maligno» (véase Efesios 6:10-18). Sin embargo, Apocalipsis 20:2-3 dice que Satanás será atado, arrojado al abismo y encerrado, y que se pondrá un sello sobre él para que no engañe más a las naciones, hasta que se cumplan mil años. Por lo tanto, Satanás no será atado hasta que Cristo venga en gloria.

Hace poco ha surgido otra forma de posmilenarismo. Sus defensores hacen del milenio una extensión de la era de la iglesia y enseñan que con el tiempo habrá una gran expansión del cristianismo por todo el mundo. Entonces, cuando la iglesia haya convertido al mundo en conjunto, Jesucristo volverá para hacer un juicio general de justos e injustos a la vez. Generalmente los que sostienen este concepto dicen que si uno no cree que el mundo se va a convertir antes que Cristo venga, no cree en el poder del evangelio.

Otro reciente resurgimiento del posmilenarismo ha cautivado la imaginación de muchos[7]. Algunos van tan lejos que dicen que debemos convertirnos en pequeños dioses (o reconocernos como tales) y hacernos cargo de los reinos de este mundo, y que cuando suceda esto, Jesús vendrá y podremos entregárselo todo a él. Al igual que los posmilenaristas y amilenaristas anteriores, espiritualizan las claras profecías de la Biblia y las tuercen para acomodarlas al sistema que han concebido.

La idea de que el mundo debe convertirse y la iglesia debe hacerse cargo de los reinos de este mundo antes de que venga Jesús proviene del pensamiento humano y no de las Escrituras. Se puede hacer que cualquier cosa parezca lógica si uno omite algunos de los hechos. Pero cuando escudriñamos las Escrituras, vemos que Jesús tuvo que advertirles a sus discípulos de que parte de la semilla del evangelio caería junto al camino, parte en pedregales y parte entre espinos. Habría buena tierra; pero también habría mucha oposición (Mateo 13:1-23). En Mateo 24, Jesús advirtió que se levantarían falsos maestros y falsos profetas.

También indicó que hacia el final serían peores. El libro de Hechos muestra cómo la iglesia creció en número, pero también cómo creció y continuó la oposición. No hay una conclusión formal del libro de Hechos, por lo tanto, podemos esperar que las mismas actividades continúen a lo largo de la era de la iglesia. Tanto Pablo como Pedro indican que a medida que nos acerquemos al fin de esta era habrá «tiempos peligrosos», tiempos en los cuales a los cristianos les será difícil vivir (2 Timoteo 3:1-5; 1 Pedro 4:12-19; 2 Pedro 3:3).

Todo esto pone un énfasis muy marcado en el hecho de que el reino debe introducirse por medio del juicio. La gran imagen que vio Nabucodonosor en Daniel 2 es una representación inclusiva del sistema mundial, incluso su secuencia de imperios seguidos por los pies de hierro y barro cocido, que es una mezcla de estados nacionalistas, algunos fuertes y otros frágiles (que se dividen repetidas veces). Aunque Babilonia dio paso al imperio de Media y Persia, este al imperio macedónico, este al romano y este último a diversos estados que le han seguido, la imagen está aún en pie. Y todavía tenemos con nosotros la astrología babilónica, la moral medopersa, la filosofía griega y las ideas romanas (por ejemplo, la ley del más fuerte); en realidad, nunca ha habido un nuevo orden mundial. Entonces aparece la piedra, que representa a Cristo y su reino. No penetra la imagen ni la convierte o transforma. Al contrario, golpea la imagen, el actual sistema mundial, en los pies, y toda

Los distintos conceptos acerca del milenio

ella queda reducida a polvo que se lleva el viento. Solo entonces la piedra se convierte en una gran montaña, el reino milenario, que llena toda la tierra. Incluso las cosas que pudiéramos llamar buenas en el actual orden mundial deben ser destruidas para dar lugar a cosas mejores en el reino milenario. Esto concuerda con el Salmo 2:8-9; 2 Tesalonicenses 1:7-8; Apocalipsis 12:5; 19:11-21. Apocalipsis 2:26-29 indica también que todos los creyentes fieles, que por consiguiente son vencedores, estarán con Cristo y participarán de su triunfo, actuando como un pastor con vara de hierro y quebrando las naciones «como vaso de alfarero». Por lo tanto, la vara de hierro y el quebramiento de las naciones se aplican al juicio que debe preceder al establecimiento del reino milenario y no al milenio mismo.

En el concepto premilenario es donde único se interpreta la Biblia tan literalmente como Dios quiere[8]. Los que lo sostienen estiman que Dios cumplirá las promesas que hizo tanto a la iglesia como a la nación de Israel. Esperan que Jesús vuelva y cumpla la promesa de que se sentará en el trono de David y establecerá su reino sobre la tierra.

Las promesas de Dios para la nación de Israel

Dios le prometió a Abraham bendiciones personales, bendiciones para su numerosa descendencia (Israel) y bendiciones para todas las familias de la tierra (Génesis 12:3; 17:5, 7; 22:17-8). En otras palabras, la promesa hecha a Abraham incluía la descendencia, la tierra y las naciones. La descendencia incluía la simiente numerosa, Israel, y la única simiente, Cristo, por medio del cual vendrían las futuras bendiciones de la redención y el Espíritu Santo.

La tierra era también parte integral de la promesa hecha a Abraham y a Israel. Dios prometió la tierra entre el río Éufrates y el río de Egipto (Génesis 15:18). Ezequiel describe la restauración futura de la tierra, especialmente en los capítulos 36 y 37. En cuanto a esto, Ezequiel enfatiza la importancia del Nombre del Señor. Su Nombre representa su naturaleza y su carácter. Él se mantendrá fiel a su Nombre; será el Dios fiel que dice que es. Dios va a restaurar a Israel material y espiritualmente aun cuando este ha profanado su santo Nombre. Lo hará para honrar su santo Nombre, es decir, para mostrar su naturaleza y carácter santo. Esta es la verdadera santidad de Dios, por medio de la cual se ha dedicado a hacer su voluntad y a llevar a cabo su plan. Por consiguiente, no hay ninguna posibilidad de que la profecía de Ezequiel se pueda espiritualizar y aplicar a la iglesia.

Ezequiel 36:24-27 muestra cómo Dios sacará a Israel de entre todas las naciones y lo traerá a su tierra. Entonces los limpiará, los restaurará espiritualmente y pondrá su Espíritu dentro de ellos. Es decir, primero regresarán a su tierra en incredulidad. El capítulo 37 presenta la misma idea por medio de una visión simbólica en la cual, por el poder de la palabra profética, se juntan los huesos secos (se cubren de carne, músculos, piel), pero no hay espíritu en ellos. Entonces Dios le dice a Ezequiel que profetice otra vez. Así, por una nueva acción de la palabra profética, se les imparte vida a esos cadáveres. Dios le explica al profeta que los huesos secos representan a Israel esparcido por todas las naciones, con su esperanza completamente seca. Esto nunca ocurrió durante los setenta años del cautiverio en Babilonia, porque los cautivos tenían ante sí la profecía de Jeremías que les prometía el regreso después de los setenta años. Pero después que las doce tribus fueron esparcidas otra vez en los años 70 y 135 d.C., estuvieron por siglos sin ninguna esperanza de volver a la Tierra Prometida. Por lo tanto, Ezequiel espera una restauración futura. Pero Dios no le reveló cuánto tiempo pasaría desde su regreso en incredulidad hasta que Dios les concediera la restauración espiritual. Según este pasaje, sin embargo, es evidente que la tierra sigue siendo una parte importante de la promesa de Dios. La ley de Moisés fue añadida a la promesa (Gálatas 3:19), pero sin invalidarla (ni en todo ni en parte). Cuando se acabó la obra de la ley, la promesa aún estaba allí y sigue siendo una parte importante de la Palabra de Dios. Por lo tanto, la fidelidad de Dios garantiza la restauración de Israel a su tierra.

Isaías 65:17 habla de que en el futuro Dios creará nuevos cielos y tierra nueva. Luego, en el versículo siguiente comienza con «mas», que en hebreo es *ki-'im*, una palabra adversativa enfática[9]. Es decir, aunque habrá cielos nuevos y tierra nueva, se cumplirán también las profecías dichas con respecto a la actual Jerusalén. El resto del capítulo 65 concuerda con las condiciones que tendrá el reino milenario en la era venidera. Estas no concuerdan con la descripción de los cielos nuevos y la tierra nueva que se da en el libro de Apocalipsis. En cambio, son similares a las condiciones del reino venidero de Cristo según la descripción que se da en Isaías 11:4-10.

El apóstol Pablo le tuvo mucho amor al pueblo de Israel, aunque rechazaban el evangelio. Deseaba ser anatema, separado de Cristo, con tal de que ellos alcanzaran la salvación (Romanos 9:1-5). Él sabía que esto era imposible, pero era una demostración de cuánto los amaba. También pregunta en Romanos 11:1: «¿Ha desechado Dios a su pueblo?». La respuesta exacta de

Pablo es: «En ninguna manera» (en griego, *me genoito*). Dios no va a permitir que esto suceda. ¡Sin duda esto nos muestra que Dios no ha desechado a su pueblo! El contexto indica que la Biblia habla literalmente de la nación de Israel y que Dios no ha cambiado de idea con respecto a sus promesas.

Recuerde también que los doce apóstoles juzgarán o regirán a las doce tribus de Israel (Mateo 19:28; Lucas 22:30). Esto exige obviamente una restauración literal de Israel. No es posible dividir a la iglesia en doce tribus.

Además, en el concepto premilenario es en el único que hay un lugar para la restauración de la nación de Israel y el cumplimiento literal de las profecías de paz y bendición que anunciaron Isaías y otros profetas:

1. Habrá paz universal. «Y volverán sus espadas en rejas de arado, y sus lanzas en hoces; no alzará espada nación contra nación, ni se adiestrarán más para la guerra» (Isaías 2:4).

2. La gloria del Señor descansará sobre el templo reconstruido. Ezequiel vio que la gloria se iba (Ezequiel 9: 3; 10:4, 18; 11:23). Después vio que volvía: «Y he aquí la gloria del Dios de Israel, que venía del Oriente [...] la gloria de Jehová llenó la casa» (Ezequiel 43:2, 5).

3. Jesús restablecerá el trono de David. «Levantaré a David renuevo justo, y reinará como Rey, el cual será dichoso, y hará juicio y justicia en la tierra» (Jeremías 23:5).

4. Habrá gozo. «Y los redimidos de Jehová volverán, y vendrán a Sion con alegría; y gozo perpetuo será sobre sus cabezas; y tendrán gozo y alegría, y huirán la tristeza y el gemido» (Isaías 35:10; véanse Isaías 51:11; 55:12; 61:10; Jeremías 31:12).

5. La tierra será bendita. «Y daré bendición a ellas y a los alrededores de mi collado, y haré descender la lluvia en su tiempo; lluvias de bendición serán. Y el árbol del campo dará su fruto, y la tierra dará su fruto» (Ezequiel 34:26-27)[10].

El milenio será un tiempo maravilloso y glorioso. El mundo será limpio de su contaminación actual y será renovado a un estado superior al que hubo en el Edén antes de la caída[11].

Sin embargo, nuestra esperanza no se basa últimamente en el futuro. Tenemos también un estímulo para el tiempo presente en Hechos 3:19, donde Pedro habla de tiempos de refrigerio. El texto griego indica que cuando la gente se arrepiente (cambia de idea y actitud), vienen tiempos de refrigerio, hasta

Las promesas de Dios para la nación de Israel

que Cristo vuelva. Así que, la esperanza bienaventurada debe llevarnos a buscar un avivamiento ahora.

Preguntas de estudio

1. ¿Cuáles son los propósitos de la fase de revelación de la Segunda Venida de Cristo?
2. ¿Cuáles son algunos de los pasajes que muestran que la iglesia primitiva interpretó literalmente la Segunda Venida?
3. ¿Qué produjo el surgimiento del posmilenarismo y el amilenarismo?
4. ¿Qué razones tienen los premilenaristas para no espiritualizar el libro de Apocalipsis de la misma forma en que lo hacen los amilenaristas y los posmilenaristas?
5. ¿Cuándo será atado Satanás?
6. ¿Cuáles son los peligros de algunas de las nuevas formas de posmilenarismo?
7. ¿Qué le sucederá al actual sistema mundial cuando Jesús vuelva en gloria?
8. ¿Quién tiene más interés en que los israelitas se vuelvan a establecer en la Tierra Prometida con un corazón nuevo, un espíritu nuevo y el Espíritu Santo dentro de ellos? Explique.
9. ¿Cómo será la situación durante el milenio?
10. ¿Cómo podemos tener ahora tiempos de refrigerio?

Decimoquinta verdad fundamental

El juicio final

Habrá un juicio final en el que los muertos impíos resucitarán y serán juzgados según sus obras. Los que no se hallen inscritos en el libro de la vida, junto con el diablo y sus ángeles, la bestia y el falso profeta, sufrirán el castigo eterno en el lago que arde con fuego y azufre, que es la muerte segunda (Mateo 25:46; Marcos 9:43-48; Apocalipsis 19:20; 20:11-15; 21:8).

EL JUICIO FINAL

El destino del género humano

AL FINALIZAR ESTA VIDA, ¿QUÉ OCURRE CON NOSOTROS? Esta es una de las preguntas más importantes que puede hacer un ser racional. ¡Qué maravilloso es que el Libro de los libros nos proporcione la información necesaria para aliviar la ansiedad acerca de nuestra existencia más allá del tiempo! Aunque no dan detalles, los escritores sagrados han proporcionado suficiente luz para que los creyentes no necesiten temer lo desconocido.

¿Qué ocurre cuando morimos? En la muerte se separan el espíritu y el cuerpo (Juan 11:11, 13; 2 Corintios 5:1-9). La muerte es la paga del pecado y todos mueren porque todos han pecado (Romanos 6:23; 5:12). La muerte es también la última manifestación del pecado de la que finalmente seremos librados (1 Corintios 15:26). Cristo venció la muerte, anulando sus consecuencias con su gran triunfo en la cruz (2 Timoteo 1:10). Pero hasta la restauración de todas las cosas, todos (creyentes e incrédulos) están sujetos a la muerte. El triunfo consiste en que la muerte no es el fin para el creyente. Para los incrédulos (aunque hay una resurrección «de entre los muertos» con objeto de que sean juzgados), su estado final es la separación eterna de Dios, que es la muerte segunda (Apocalipsis 20:14).

Cada ser humano tendrá inmortalidad, que quiere decir un futuro en el que la existencia no estará sujeta a la aniquilación (Romanos 2:7; 1 Corintios 15:53-54). Aun cuando la inmortalidad es una condición futura que está más allá de la tumba, la vida eterna, la vida de Cristo en nosotros, es una posesión actual de los creyentes. Mediante el Espíritu Santo tenemos las arras de nuestra herencia y ya estamos sellados, aceptados por Dios como hijos suyos a causa del Cristo viviente que mora en nosotros (Gálatas 2:20; Efesios 1:13-14).

Entre la hora de la muerte y la resurrección del cuerpo hay un estado intermedio. Algunos han enseñado el sueño del alma, esto es, que todo el ser humano muere y que el alma y el espíritu dejan de existir hasta que vuelven a existir en la resurrección. Pero la Biblia enseña una existencia consciente. Cuando Moisés y Elías aparecieron con Jesús en el monte de la transfiguración, seguían siendo Moisés y Elías (no se habían reencarnado en nadie más) y sabían lo que estaba sucediendo (véase Lucas 9:28-31). La historia del rico y Lázaro indica un estado consciente en los que han partido de este mundo (véase Lucas 16:19-31). Y desde la cruz Jesús le prometió al ladrón moribundo: «Hoy estarás conmigo en el paraíso» (Lucas 23:43). El apóstol Pablo, cuando reflexiona sobre la muerte, señala que morir significa estar al instante en la presencia del Señor (Filipenses 1:21-24).

En el Antiguo Testamento, la ubicación del creyente que ha muerto se describe de varias maneras. David escribió: «En la casa de Jehová moraré por largos días» (Salmo 23:6). Proverbios 15:24 dice literalmente: «El camino de la vida es hacia arriba al entendido, para apartarse [mantenerse lejos] del Seol abajo». Los hijos de Coré escribieron acerca de los que confían en sí mismos: «Como a rebaños [...] son conducidos al Seol [...] Pero Dios redimirá mi vida del poder del Seol, porque él me tomará consigo» (Salmo 49:14-15). El salmista Asaf añadió: «Me has guiado según tu consejo, y después me recibirás en gloria. ¿A quién tengo yo en los cielos sino a ti? Y fuera de ti nada deseo en la tierra» (Salmo 73:24-25). Estos versículos tienen una estructura que muestra que el acto de guiar se realiza en la tierra y que el recibimiento en gloria se efectúa en el cielo. En el siguiente versículo Asaf continúa: «Mi carne y mi corazón desfallecen; mas la roca de mi corazón y mi porción es Dios para siempre». Aunque el Antiguo Testamento no da detalles, en estos pasajes parece evidente que el justo tiene la esperanza de estar con el Señor en el cielo.

El destino del género humano

Se ha debatido bastante sobre el significado de la palabra hebrea *She'ol*. Algunos la consideran como sinónimo de sepulcro; otros la interpretan como el lugar del estado intermedio entre la muerte y la resurrección; y aun otros estiman que tiene un significado más amplio, incluso la sepultura y el lugar del estado intermedio. En la mayoría de los contextos el Seol es algo que se debe evitar. A menudo es, como en el Salmo 9:17 y en Proverbios 15:24, el destino del malo en contraste con el destino del justo. Como Jacob habló de ir al Seol a reunirse con su hijo José (Génesis 37:35), algunos rabinos posteriores decidieron que debía haber dos compartimientos en el Seol, separados por un palmo menor o hasta quizá por el ancho de un dedo[1]. Pero en Lucas 16:26 se dice que hay una gran «sima» —que además es infranqueable— entre el fuego del Hades y el lugar donde estaban Abraham y Lázaro.

En el Nuevo Testamento la palabra griega *Hades* sustituye a la hebrea *She'ol*, y es siempre un lugar de castigo. Este es también un lugar de existencia consciente donde se está «en tormentos» (Lucas 16:23). Algunos consideran la palabra griega *Gehenna*[2] (por ejemplo, en Mateo 5:22; 23:33) como equivalente a *Hades*; pero esta es más bien un término que describe al lago de fuego, que es la muerte segunda (es decir, eterna).

El Nuevo Testamento sí aclara que hay un infierno. Para los griegos, el Hades era un sitio tenebroso. Pero Jesús se refiere a su fuego que causa tormento (Lucas 16:24, 28). Este es un asunto que naturalmente preferimos evitar, porque en realidad es horrendo. Pero es parte del relato bíblico. Dios no podría ser el Dios santo que es si no hubiera provisto un lugar apropiado para los que han decidido rebelarse contra él.

Así como el infierno es real, así también lo es el cielo. Este es la morada de los que son hijos de Dios (los que son coherederos con Cristo, los que participan de la vida eterna), un lugar que está en la misma presencia de Dios[3]. Vivimos aquí en el mundo, no por vista, sino por fe. En el cielo hallaremos la realidad de todo lo que tomamos por fe en la tierra.

Después del estado intermedio vienen las resurrecciones y los juicios, y finalmente el destino eterno de los justos y de los malos.

Los juicios

Hebreos 9:27 habla de manera significativa acerca del futuro tiempo de responsabilidad, cuando todos compareceremos ante el Juez justo para dar cuenta de lo que hayamos hecho durante nuestra vida en la tierra. «Está establecido para los hombres que mueran una sola vez, y después de esto el juicio». Es evidente que no hay una segunda oportunidad, ni ninguna reencarnación, después de la muerte. Pero las Escrituras no enseñan que habrá un solo juicio, un juicio general donde todos serán juzgados. Ciertos pasajes sí hablan de los juicios en forma general, sin mostrar la existencia de algún intervalo entre ellos. Pero así como el Antiguo Testamento puede hablar de la primera venida de Cristo en un versículo y de su segundo advenimiento en el siguiente (compárese con Zacarías 9:9-10), así también la Biblia no siempre da el intervalo entre las resurrecciones o entre los juicios. Pero vemos una revelación progresiva que nos muestra con mucha claridad que hay al menos cuatro episodios específicos de juicio durante las fases finales del gran clímax del tiempo.

En primer lugar, habrá un juicio ante el tribunal de Cristo. Este juicio es solo para los creyentes. No es un juicio sobre el pecado, porque el creyente, cuando aceptó a Cristo como su Salvador, ya fue juzgado en la cruz por sus pecados. Este juicio tiene que ver con la distribución de las recompensas por la mayordomía de las oportunidades y los talentos durante la vida de uno aquí en la tierra. Parte de la enseñanza de Cristo acerca de la vida venidera es un sistema de recompensas, el cual se trata en detalle en los Evangelios, especialmente en las parábolas. Pablo establece claramente el mismo principio en Romanos 14:10 y en 2 Corintios 5:10. En 1 Corintios 3:11-15, el apóstol señala que todos los creyentes están construyendo un edificio, algunos de materiales imperecederos, como oro, plata y piedras preciosas; otros de materiales perecederos, como madera, heno y hojarasca. Nuestros hechos serán probados por el fuego del juicio de Dios. Se juzgarán especialmente los motivos (1 Corintios 13:3).

¿Ante quién comparecerán los creyentes en este juicio? Apocalipsis 1:13-17 describe la gloria del Cristo triunfante, ante cuyos ojos nada permanece oculto. En vista de la responsabilidad que se les ha confiado a los creyentes como mayordomos de preciosas oportunidades, es necesario que nosotros mismos sometamos nuestra vida a juicio primero, para que no caigamos bajo el juicio posterior (1 Corintios 11:31). Si respondemos positivamente al suave apremio del Espíritu Santo y cada día dejamos que Cristo viva en nosotros, «tengamos confianza, para que en su venida no nos alejemos de él avergonzados» (1 Juan 2:28).

Los juicios

Habrá un juicio de Israel. ¿Quién puede leer profecías del Antiguo Testamento como Isaías 43:5-10 y comentarios del Nuevo Testamento, como el de Romanos 9-11, sin darse cuenta de que la entrada del moderno estado de Israel en el escenario de los asuntos mundiales es sin duda un milagro de Dios? Pero antes de su restauración milenaria debe venir primero un tiempo de sufrimiento, el tiempo de «angustia para Jacob», la gran tribulación que tendrá lugar entre el arrebatamiento y la revelación de Cristo (véase el capítulo 14). Debido a este tiempo de grandes dificultades, Israel invocará al Señor (Zacarías 12:9-13:1).

Habrá además un juicio de los ángeles. Esto se menciona en 1 Corintios 6:3 pero no se dan detalles, excepto que los creyentes estarán con Cristo y participarán en ese juicio. Él estará allí, porque el Padre le ha dado todo el juicio al Hijo (Juan 5:22).

Algunos interpretan la parábola de Mateo 25:31-46 como un juicio independiente de las naciones, el cual se hará un poco antes de la batalla de Armagedón, en la revelación de Jesucristo y al final del período de la gran tribulación. Hay dos interpretaciones comunes de esta parábola. Según una, habrá algunos que serán salvos durante el período de la gran tribulación. Estos vivirán entre los perdidos que hayan sobrevivido a la tribulación. El juicio hará una separación basada en las obras de amor para con los que son de Cristo, quizá especialmente los judíos convertidos (cf. Génesis 12:1-3; Isaías 10:12; 47:5-6).

Otro concepto común indica que 1) las obras de caridad son actos de las personas para con otras personas; 2) Jesús consideró a sus discípulos como su familia (Mateo 12:48-50); 3) sus discípulos son la «manada pequeña» que recibirá el reino (Lucas 12:32); por lo tanto, ellos son «estos mis hermanos más pequeños» o «estos más pequeños» (Mateo 25:40, 45); y 4) el resultado de este juicio no es una simple cuestión de entrar en el milenio. Para los de la izquierda es el castigo eterno en el fuego preparado para el diablo y sus ángeles; para los de la derecha es la invitación a poseer una herencia eterna preparada desde la creación del mundo. Este concepto indica también que en el juicio ante el tribunal de Cristo y en el juicio ante el gran trono blanco se juzgan las obras o hechos. Por lo tanto, los que sostienen este concepto creen que en esta parábola, y en razón de la lección, Jesús puso ambos juicios en el mismo cuadro[4]. Por consiguiente, él no mostró que los mil años del milenio van entre los dos juicios. En efecto, dicho período aún no había sido revelado. Solo en Apocalipsis 20 se da a conocer el intervalo entre los juicios. Apocalipsis 20 muestra también que antes del juicio ante el gran trono blanco, Satanás dirige una última rebelión.

La última rebelión de Satanás

Después del reinado milenario de Cristo, Satanás será desatado por un poco de tiempo. Tal vez Dios permita esto como otra prueba de que su juicio es justo. Es algo terrible lanzar a la gente en el lago de fuego que fue preparado para el diablo y sus ángeles (Mateo 25:41) y nunca para los seres humanos que Dios creó. Parecería razonable que si solo la gente supiera lo hermoso que será el reino de Cristo, todos creyeran en él y lo siguieran. Pero la liberación de Satanás muestra que aun después que el mundo haya disfrutado de paz y bendición durante mil años bajo el gobierno de Cristo, algunos todavía seguirán a Satanás cuando tengan la oportunidad de hacerlo. Es evidente que ellos son rebeldes obstinados, que le dicen a Dios: «¡Déjanos en paz!». Por lo tanto, no hay nada más que el Dios santo pueda hacer que apartarlos de su presencia para siempre.

La rebelión que encabece Satanás después de su liberación finalizará con sus seguidores consumidos por fuego que descenderá del cielo. Luego Satanás mismo será lanzado en el lago de fuego, donde permanecerá para siempre. Después de esto comenzará el juicio ante el gran trono blanco.

El gran trono blanco

Aunque este trono es el trono de juicio de Dios el Padre, Jesús declaró: «El Padre a nadie juzga, sino que todo el juicio dio al Hijo» (Juan 5:22): el único mediador entre Dios y la humanidad se convierte en el mediador en el juicio. Por lo tanto, será Jesús el que estará sentado en el trono. Y tan grande será su majestad cuando aparezca en el juicio que los cielos y la tierra actuales desaparecerán, «no habrá más lugar para ellos en los planes de Dios»[5]. Así se abre el camino para la creación de los cielos nuevos y la tierra nueva (lo cual se trata en el capítulo 16).

Los que aparecen ante el gran trono blanco son «los muertos, grandes y pequeños» (Apocalipsis 20:12). Como los justos que tuvieron parte en la primera resurrección ya tienen sus nuevos cuerpos, que son inmortales e incorruptibles, ellos son los vivos y no los muertos. Por lo tanto, los muertos que comparecen ante el trono para ser juzgados deben ser «los otros muertos»

La última rebelión de Satanás

(Apocalipsis 20:5), quienes no tuvieron parte en la primera resurrección de vida en el momento del arrebatamiento[6]. Ellos son los «muertos impíos», incluso los que murieron después del milenio cuando decidieron seguir a Satanás.

Algunos creen que los que no murieron durante la tribulación y entraron en el milenio, junto con los que nacieron durante el milenio, tendrán la oportunidad de ser salvos y de seguir a Cristo y luego comparecer ante el gran trono blanco para recibir sus recompensas. Pero la Biblia no nos dice esto. Solo los «muertos» aparecerán en esta segunda resurrección, que es la resurrección de condenación (Juan 5:29). Los que se salven durante el milenio probablemente recibirán nuevos cuerpos antes que pasen los mil años (es posible que después de un período de prueba).

Para el juicio, los libros serán abiertos. Los malos serán juzgados según lo que hayan hecho. Luego se abrirá el libro de la vida. Aunque los malos serán juzgados según sus hechos, la salvación no es por obras. Sus obras, sus hechos, son simplemente la prueba de su incredulidad. En otras palabras, el libro de la vida se abrirá como testimonio del hecho de que no están entre los que pusieron su fe en Jesús y lo siguieron con confianza y obediencia.

El juicio ante el gran trono blanco define la situación final de los perdidos. La época entre la eternidad pasada y la eternidad futura, este breve intervalo que llamamos tiempo, es un período de prueba. Hay oportunidad para elegir en esta época transitoria; pero una vez que uno ha alcanzado una posición definida en este mundo y pasa al mundo del más allá, no hay más oportunidad para cambiar. Las decisiones que se toman en esta vida son irrevocables, cruciales, ya que el destino de una persona es para toda la eternidad. No, las Escrituras no enseñan la aniquilación de los impíos, ni un estado inconsciente de nirvana como enseñan los budistas, ni una segunda oportunidad después de la muerte. Por eso es urgente que nuestra vida esté dedicada a la importantísima tarea de evangelizar, de ser embajadores de Cristo, procurando ganar hombres y mujeres para él. Testificar es la principal tarea del cristiano. Aquellos a quienes conocemos día tras día son almas inmortales que tienen en juego un destino eterno. Y aparte de la salvación que Dios nos ha provisto en Jesucristo no hay ninguna esperanza para los no regenerados.

El lago de fuego

Luego del testimonio del libro de la vida, donde consta que no aparecen inscritos los nombres de los impíos, estos serán lanzados en el lago de fuego, el lago de azufre ardiendo, que es la muerte segunda. En la Biblia muchas veces la muerte significa separación: la muerte segunda es la separación final de Dios y de la herencia de los santos. Los inicuos se perderán las glorias de los nuevos cielos y la nueva tierra así como de la nueva Jerusalén.

Jesús se refiere al castigo final de los impíos como «las tinieblas de afuera» (Mateo 22:13), lo cual implica la separación final de Dios, pues «Dios es luz, y no hay ningunas tinieblas en el» (1 Juan 1:5). Apocalipsis 22:15 indica también que los muertos impíos estarán «fuera», no solo fuera de la nueva Jerusalén, sino fuera de toda la nueva creación, de los cielos nuevos y la tierra nueva[7].

La muerte y el Hades serán también lanzados al lago de fuego. Es decir, la muerte y el Hades no tendrán parte en la nueva creación, sino que se mezclarán con la muerte segunda, el lago de fuego en las tinieblas de afuera y estarán separados para siempre de la luz de Cristo. De este modo será destruido «el postrer enemigo», la muerte (1 Corintios 15:26), pues en los cielos nuevos y en la tierra nueva no habrá más lágrimas; nadie más morirá. Solo en las tinieblas de fuera del lago de fuego se oirán tales lamentos (Mateo 8:12; 13:49-50; Lucas 13:28). El lago de fuego estará lleno de remordimientos, amargura, frustración y anhelos vehementes que no podrán ser saciados. La muerte y el juicio no cambiarán la naturaleza de un pecador. Solo la sangre de Jesús puede hacerlo.

Los que sean arrojados al lago de fuego «serán atormentados día y noche por los siglos de los siglos» (Apocalipsis 20:10). Judas 7 habla también sobre el castigo del fuego eterno. Algunos afirman que la palabra *eterno* significa tan solo «que dura un tiempo». Este es un caso en que se necesita conocer un poco más el griego. La palabra griega *aionios*, que se ha traducido por «eterno» o «sempiterno», se emplea para referirse a la vida eterna, a la muerte eterna y al Dios eterno. Todos estaríamos en graves dificultades si Dios fuera solo un ser «que dura un tiempo». Además, la Biblia describe los fuegos del juicio divino de un modo que no tiene nada que ver con el tiempo. Por su misma naturaleza el fuego es inextinguible o inapagable (Mateo 3:12; Lucas 3:17) y por lo tanto, interminable.

Nótese también que la promesa de vida que le hace Dios al creyente que obedece significa más que el don de la mera existencia. Todo el mundo ya tiene eso. El don de la vida eterna trae bendiciones y comunión eterna con Dios y con Cristo, así como la participación de la gloria venidera. De igual modo la muerte segunda, como castigo, no significa la mera pérdida de la existencia. Al contrario, significa castigo eterno y separación eterna de Dios y de la fe (incluso la confianza), la esperanza (incluso las continuas bendiciones) y el amor que permanecen para el creyente (véase 1 Corintios 13:13).

Dios no quiere que nadie perezca, sino que todos procedan al arrepentimiento (2 Pedro 3:9). Dios ha puesto muchas cosas en el camino de la humanidad para hacerla volverse del pecado a la salvación que ha provisto en Cristo. Pero la decisión tiene que tomarla cada persona.

Preguntas de estudio

1. ¿Por qué los creyentes no tienen que temer a la muerte?
2. ¿Qué pruebas hay para creer en una existencia consciente después de la muerte, especialmente en el estado intermedio?
3. ¿Qué esperanza tenían los santos del Antiguo Testamento?
4. ¿Qué ocurre con los impíos e incrédulos en la hora de la muerte?
5. ¿Cómo podemos saber que el cielo y el paraíso son lugares reales?
6. ¿Quiénes comparecerán ante el tribunal de Cristo y qué podrán esperar allí?
7. ¿Por qué se le permite a Satanás dirigir una última rebelión después del milenio?
8. ¿Quiénes comparecerán ante el gran trono blanco y qué juicio pueden esperar allí?
9. ¿Qué es la muerte segunda y cómo será?
10. ¿Cuál es el propósito de Dios al revelar en la Biblia los juicios que vendrán sobre el mundo?

Decimosexta verdad fundamental

Los cielos nuevos y la tierra nueva

«Nosotros esperamos, según sus promesas, cielos nuevos y tierra nueva, en los cuales mora la justicia» (2 Pedro 3:13; Apocalipsis 21—22).

CAPÍTULO 16

Los cielos nuevos y la tierra nueva

EL APÓSTOL PABLO RELATA LA EXPERIENCIA QUE TUVO CUANDO fue arrebatado hasta el «tercer cielo», que también identificó como «paraíso» (2 Corintios 12:2,4)[1]. Su idea de tres cielos incluye: 1) El cielo atmosférico que rodea la tierra (Daniel 7:13; Oseas 2:18); 2) el cielo de las estrellas (Génesis 1:14-18), y 3) el tercer cielo, donde está el trono de Dios y donde moran actualmente todos los creyentes que han muerto y se han ido al cielo (2 Corintios 5:8; Filipenses 1:23). La Biblia no revela el lugar donde se halla con relación al resto de la creación de Dios.

Lo nuevo reemplaza a lo viejo

Tanto el Antiguo como el Nuevo Testamento hablan de cielos nuevos y tierra nueva (véanse Isaías 65:17; 66:22; Apocalipsis 21:1). Algunos creen que hay buenas razones para suponer que habrá una renovación de los cielos y la tierra actuales en vez de una nueva creación. Por ejemplo, la Biblia habla de «collados eternos» (Génesis 49:26) y de la tierra como cimentada para siempre (véase Salmo 78:69; 104:5; 125:1-2) y que «siempre permanece» (Eclesiastés 1:4).

Sin embargo, examinemos lo que dice Pedro: «Los cielos pasarán con grande estruendo, y los elementos ardiendo serán deshechos, y la tierra y las obras que en ella hay serán quemadas [...] los cielos, encendiéndose, serán deshechos, y los elementos, siendo quemados, se fundirán» (2 Pedro 3:10, 12).

En 2 Pedro 3:10, la palabra que se ha traducido por «pasarán» (en griego, *pareleusontai*) a veces significa «omitir», «entregar» o «penetrar». Pero también significa «gastar», «consumir», «llegar al final», «desaparecer». Es evidente que este parece ser el significado en Mateo 5:18; 24:35; Marcos 13:31; Lucas 16:17; 21:33.

La palabra que se ha traducido por «deshechos» (en griego, *luthesetai*) a veces significa «aflojar», «desatar», «romper» (romper lazos o sellos). Pero se usa también para referirse a un barco que ha encallado y se destruye (Hechos 27:41), a la demolición de un edificio, a la destrucción de las obras del diablo (1 Juan 3:8) y a la abolición de las leyes. Otros usos son «anular», «llevar al final», «deshacerse de». Otra palabra, *teketai*, en 2 Pedro 3:12 significa «desvanecer» y confirma que la tierra, las estrellas y los planetas serán destruidos.

La palabra *nueva* empleada para calificar a la tierra se usa también para referirse a nuestra nueva naturaleza como una nueva creación (2 Corintios 5:17; Gálatas 6:15; Efesios 4:24). Pero aún retenemos nuestra identidad como la misma persona. Sin embargo, su uso más frecuente es para algo que se hace nuevo, como los odres nuevos para el vino (Mateo 9:17; Marcos 2:22) o el paño nuevo (Marcos 2:21). También se utiliza para cosas previamente desconocidas, no dadas a conocer con anterioridad, no escuchadas, como un nombre nuevo (Apocalipsis 2:17) y un nuevo pacto, el cual es totalmente diferente del antiguo dado en el monte Sinaí (Jeremías 31:31; Lucas 22:20; Hebreos 8:8). También se usa para la nueva Jerusalén, que ya existe en el cielo (Gálatas 4:26) y desciende a la tierra desde allá. Es evidente, pues, que no es la actual Jerusalén renovada, sino una nueva y maravillosa que viene a una nueva y maravillosa tierra.

La palabra «pasaron» en Apocalipsis 21:1 (en griego, *apelthan*) se utiliza también para referirse a la idea de irse o marcharse, pasar de una condición a otra. Pero también se usa para referirse a la limpieza de la lepra (Marcos 1:42), al ay que pasó y a los otros que vendrán después (Apocalipsis 9:12).

Entonces, como el fuego se usa en la Biblia para limpiar y purificar, se podría considerar que los cielos y la tierra simplemente se renuevan, se rehacen y se restauran a una mejor condición al pasar por el fuego. También se utiliza para quemar algo por completo.

Lo nuevo reemplaza a lo viejo

Eclesiastés 1:4 dice: «Generación va, y generación viene; más la tierra siempre permanece». Aquí simplemente se hace un contraste entre generaciones de personas que van y vienen, mientras que la tierra está aún ahí. «Siempre» (en hebreo, *le'olam*) se usa a menudo para referirse a un pasado distante o al futuro cuando el que habla no puede ver un final, aun cuando con el tiempo podría haber uno. En Eclesiastés 1:10, la misma expresión se traduce por «los siglos que nos han precedido». Algunos también estiman que Eclesiastés 1:4 significa que siempre habrá una tierra, aun cuando la actual sea reemplazada por una completamente nueva.

El salmista hace un contraste similar entre la permanencia de Dios y la transitoriedad de la creación actual. La palabra *perecerán*, que se usa para referirse a los cielos y a la tierra en el Salmo 102:26, se emplea también para referirse a la calabacera de Jonás (Jonás 4:10) y para cosas que serán destruidas, disipadas o eliminadas de golpe.

Recordemos que con la aparición del gran trono blanco la tierra y los cielos actuales huyeron de aquel que está en el trono y que «ningún lugar se encontró para ellos» (Apocalipsis 20:11). En realidad, el significado más sencillo es que no están en ninguna parte, no tienen existencia, ¡fueron aniquilados! Isaías 51:6 dice que «los cielos serán deshechos como humo, y la tierra se envejecerá como ropa de vestir». Y el Salmo 102:25-26 dice: «Desde el principio tú [Dios] fundaste la tierra, y los cielos son obra de tus manos. Ellos perecerán, mas tú permanecerás; y todos ellos como una vestidura se envejecerán; como un vestido los mudarás, y serán mudados». La figura del vestido que se muda implica ponerse uno totalmente nuevo, lo que indica la creación de cielos y tierra totalmente nuevos.

Pedro profetizó que este juicio[2] sería por fuego, que haría que los mismos elementos del universo (las estrellas y los planetas) desaparecieran en medio de un calor ardiente (2 Pedro 3:7-13)[3]. En otras palabras, les ocurrirá lo mismo que sucede cuando se unen la materia y la antimateria (como un electrón y un protón). Se produce una emisión de energía, se disipa como calor, y después no hay nada. Pero Dios lo hace; la desaparición de la tierra y los cielos actuales abrirá el camino para la creación de tierra y cielos totalmente nuevos, donde no habrá más sol ni luna. Algunos se preguntan cómo afectará esto a los seres humanos. Pues los creyentes ya tendrán sus nuevos cuerpos, inmortales e incorruptibles; por lo tanto, la destrucción del universo actual no los afectará. A los muertos que comparezcan ante el gran trono blanco se les dará también alguna especie de cuerpo, porque ellos resucitarán para ese juicio (Juan 5:29). Por consiguiente, tampoco serán afectados por lo que suceda con la tierra y los cielos actuales.

La visión que tuvo Juan en la isla de Patmos da detalles sobre la nueva tierra que muestran que será diferente de la actual. No habrá más mar (Apocalipsis 21:1). La falta de mares, utilizados a veces como símbolo de inquietud, inestabilidad y peligro (Isaías 57:20; Santiago 1:6), podría ser una forma de enfatizar la perfección y la paz que habrá en la nueva tierra. Pero no siempre se habla de los mares en sentido negativo (Isaías 11:9; 48:18; Habacuc 2:14). Los océanos cubren la mayor parte de la tierra y los microorganismos (principalmente las diatomeas) que están en los mares son necesarios para reemplazar el oxígeno y mantener el equilibrio en la atmósfera actual. Por consiguiente, sin los mares el ambiente de la nueva tierra será completamente distinto. Sin embargo, parece evidente que nuestros nuevos cuerpos, como el cuerpo glorificado de Cristo, estarán perfectamente adaptados para la tierra nueva y los cielos nuevos, dejando de depender del oxígeno o de una atmósfera presurizada.

La nueva Jerusalén

Algo muy importante es que la nueva tierra será el sitio de la nueva Jerusalén que descenderá del cielo. Sus dimensiones (Apocalipsis 21:16), que serán cerca de dos mil trescientos kilómetros de largo, ancho y alto (usando el antiguo estadio, el *stade* griego de unos ciento noventa y dos metros), describen un cubo como el lugar santísimo en el tabernáculo y el templo, y probablemente indican que la nueva tierra será mayor que la actual.

La primera mención de la Ciudad Santa, la nueva Jerusalén, en Apocalipsis 21:2-3, nos da a conocer que la morada de Dios será con los redimidos de la humanidad, porque él vivirá con ellos, y ellos serán su pueblo y él será su Dios, tanto para Israel como para la iglesia (véanse Génesis 17:7; Éxodo 19:5-6; Levítico 11:45; 2 Samuel 7:14; 2 Corintios 6:16, 18; Gálatas 3:29; 1 Pedro 2:5, 9-10). Nunca más se sentirán los efectos del pecado. Los creyentes experimentarán la herencia completa y la consumación final de todo lo que se les compró en el Calvario con la muerte de Jesús y su sangre derramada. Por lo tanto, no habrá más lágrimas, ni más muerte, ya que la muerte es la paga del pecado (Romanos 6:23) y tenemos la promesa de que Dios «destruirá a la muerte para siempre» (Isaías 25:8) y que la muerte misma es «sorbida

[…] en victoria» (1 Corintios 15:54). No existirá más la separación que trae la muerte, ni nada que cause tristeza, dolor, pesar o culpa. Nada empañará jamás la comunión que tendremos con el Señor y con los demás.

¡Qué visión tan gloriosa tuvo Juan de la nueva Jerusalén! Aunque el ángel prometió mostrarle la desposada a Juan (Apocalipsis 21:9), esto solo significa que su interés era por los habitantes de la ciudad más que por la ciudad misma. Muchas veces la Biblia identifica a una ciudad con sus habitantes (cf. Mateo 23:37, donde Jesús lloró por Jerusalén, pero pensando en sus habitantes). Pero lo que vio Juan fue una ciudad real, el hogar de los redimidos.

Juan vio la ciudad radiante, llena de la gloria de Dios; una gloria mucho mayor que la que vio Moisés en el monte Sinaí (Éxodo 33:18-22) o la que se manifestó en el lugar santísimo en el tabernáculo y en el templo (Éxodo 40:34; 2 Crónicas 7:1). Sus muros llaman nuestra atención por la seguridad que proporcionan y también al hecho de que la ciudad es real, con dimensiones físicas. Sus puertas tienen inscripciones con los nombres de las doce tribus de Israel, pero están abiertas y todos pueden entrar y salir libremente. No obstante, no hay ninguna pared divisoria entre Israel y la iglesia, y las doce columnas con los nombres de los doce apóstoles indican que la ciudad es la morada final tanto de Israel como de la iglesia como un gran cuerpo de redimidos de Dios.

Dentro de los muros la ciudad es de oro puro, transparente como el cristal. Aquí Juan parece encontrar inadecuado el lenguaje humano para describir lo que vio. En la actualidad no tenemos ningún oro transparente como el cristal. Podemos aplastar el oro hasta que quede del ancho de unas pocas moléculas y ponerlo en una ventana como una lámina de oro; pero no es transparente como el cristal de la ventana. La Biblia parece decirnos que en la nueva creación habrá nuevas sustancias más bellas que cualquier cosa que ahora conocemos o podemos imaginar.

Lo más importante es que no habrá templo en la ciudad, porque toda la ciudad estará llena de la gloria y la presencia de Dios. Esto nos revela que la nueva Jerusalén será la morada del Padre, del Hijo y del Espíritu Santo. Nunca más Dios se manifestará principalmente en el cielo. El Padre y el Hijo estarán presentes personalmente y de alguna manera especial en la nueva Jerusalén y el trono de Dios estará allí. Espiritualmente, todos los creyentes también serán morada del Espíritu y continuarán siendo «un templo santo en el Señor […] edificados para morada de Dios en el Espíritu» (Efesios 2:21-22).

Cristo será personalmente la lámpara, la fuente y el suministrador de luz y energía, por lo que no habrá necesidad de sol ni de luna. Esto es, Dios nos suministrará luz y energía divinas directamente por medio de Cristo. Pero nosotros aún seremos finitos, seres dependientes, sin una fuente de energía que esté dentro de nosotros. Esto lo indica posteriormente el árbol de la vida con sus hojas para la «sanidad [salud, bienestar] de las naciones», esto es, todos los creyentes de todas partes, ya que caminan en la luz del Señor (Apocalipsis 22:2). No solo no habrá enfermedad ni dolor, sino que sabremos en sumo grado lo que significa tener al Señor como nuestro pastor, por lo canto, no nos faltará nada de lo que necesitemos. Él nos dará plenitud de vida, fortaleza y gozo (cf. Salmo 16:11).

¡Qué esperanza maravillosa! La maldición desaparecerá. Nuestro culto al Señor no tendrá estorbos, será inspirador y hermoso. Tenemos un anticipo de esto ahora por medio del Espíritu Santo, pero lo que experimentaremos entonces sobrepasará lo que ahora podemos imaginar. Veremos al Señor y su nombre estará en nuestra frente (Apocalipsis 22:4), identificándonos para siempre como suyos.

En su amor, Dios nos trae a la memoria la necesidad de la destrucción del presente universo material (junto a todos los valores de un mundo no regenerado), de manera que todos ellos puedan ser reemplazados por los nuevos cielos y la nueva tierra. El propósito de Dios no es simplemente satisfacer nuestra curiosidad sobre nuestro futuro brillante y eterno, sino que quiere que participemos de algunas cosas nuevas ahora. Él nos invita a disfrutar de la fuente de agua viva (Juan 4:14; 7:37-39). Desea que estemos cerca de Jesús. Los que no quieren, los que se apartan por el miedo, la incredulidad, la codicia o el egoísmo, lo perderán todo. Los que siguen sectas falsas y religiones falsas terminarán también en el lago de fuego.

Como creyentes, Dios nos ha hecho coherederos con Cristo (Romanos 8:16-17), quien es el heredero de todas las cosas (Salmo 2:8; Hebreos 1:2). Por consiguiente, los que creen en Jesús y le obedecen también heredarán todas las cosas. Podemos estar seguros de que esto incluye cosas y oportunidades maravillosas, siempre nuevas, que nuestro eterno Dios y su Cristo han preparado para nosotros. En realidad, el lenguaje gráfico y concreto del Nuevo Testamento podría ser, en el mejor de los casos, un pálido reflejo de las riquezas y la gloria que señala.

A modo de repaso, sabemos que la nueva Jerusalén será un lugar de belleza y luz sobresalientes (Apocalipsis 21:23; 22:5). Allí habrá plenitud de conocimiento (1 Corintios 13:12). Será un lugar de actividad interesante, pero por sobre todo será un lugar de descanso de los frustrantes afanes y conmociones (Apocalipsis 14:13; 21:4). Pero no estaremos completamente inactivos, porque prestaremos un servicio significativo (Apocalipsis 7:15; 22:3). La ciudad estará llena de gozo (Apocalipsis 21:4). Habrá una comunión maravillosa (Juan 14:3; 2 Corintios 5:18; Filipenses 1:23; 1 Tesalonicenses 4:13-18; Hebreos 12:22-23). No habrá más dolor, ni más soledad, ni más sufrimiento. Y todo esto será permanente, sin riesgo de ser quebrantado, porque el pecado (de una vez por todas) será destruido por el Poderoso vencedor[4].

Preguntas de estudio

1. ¿Qué se entiende por «tercer cielo»?
2. ¿Cuáles son los principales argumentos para considerar la tierra nueva como simplemente renovada?
3. ¿Cuáles son los principales argumentos para considerar la tierra nueva como una creación totalmente nueva?
4. ¿Qué efectos tendrá en los seres humanos el juicio que vendrá sobre la tierra actual?
5. ¿Por qué la Biblia nos habla sobre lo que va a suceder con la tierra y los cielos actuales?
6. ¿Qué nos dice la Biblia sobre la tierra nueva?
7. ¿Qué razones hay para considerar a la nueva Jerusalén como una ciudad real?
8. ¿Quiénes habitarán en la nueva Jerusalén?
9. ¿Por qué no habrá templo en la nueva Jerusalén?
10. ¿Cuál será nuestra relación con Cristo en la nueva Jerusalén?
11. ¿Cuál es el propósito de Dios al hablarnos sobre la nueva Jerusalén?

GLOSARIO

Adopción. Con la salvación el nuevo creyente forma parte de la familia de Dios y recibe el favor divino como hijo suyo (Gálatas 4:5; Efesios 1:5; 2:19). La adopción incluye también un aspecto futuro: aquel en que los creyentes recibirán sus nuevos cuerpos en la resurrección y el arrebatamiento, y participarán de los privilegios del trono de Cristo.

Amilenarismo. Creencia de que no habrá un futuro reinado de Cristo en la tierra. Algunos espiritualizan el milenio haciéndolo representar el actual reinado de Cristo en el cielo durante toda la era de la iglesia.

Anglicano. Perteneciente a la iglesia de Inglaterra o iglesia episcopal.

Aniquilación. Enseñanza de que los malos dejarán de existir con la muerte o después de estar cierto período en el lago de fuego.

Anticristo. Falso Cristo que aparecerá al final de esta era, se convertirá en un dictador mundial y exigirá que se le rinda culto.

Antisobrenatural. Que niega la existencia y realidad de lo sobrenatural. Trata de explicarlo todo en función de las leyes naturales.

Apostasía. Rechazo total y deliberado de Cristo y sus enseñanzas.

Apóstol. «Enviado» o embajador. Específicamente los que escogió Jesús para que estuvieran con él y fueran los primeros testigos de su resurrección y enseñanzas (Mateo 10:2-42; Hechos 1:21-22; 1 Corintios 9:1).

Arca del pacto. En el Antiguo Testamento, caja de madera de acacia cubierta de oro donde se guardaban las tablas de piedra grabadas con los Diez Mandamientos que recibió Moisés en el monte Sinaí.

Armagedón. «El monte de Meguido», lugar de la batalla final entre Cristo y el anticristo (Apocalipsis 16:16).

Arminianos. Seguidores de Jacobo Arminio (1560-1609), quien enseñó que Dios decidió salvar a todos los que crean en Cristo, que es posible resistir la gracia de Dios y que es también posible que los verdaderos cristianos caigan y pierdan la salvación.

Arrebatamiento. Salida de los verdaderos creyentes para reunirse con Jesús en el aire.

Arrepentimiento. En griego, *metanoia*, «cambio de idea». Es decir, un cambio radical en cuanto a la actitud para con Dios y con Cristo, que implica rechazar el pecado y buscar la autoridad y justicia de Dios.

Ascensión. Regreso corporal de Cristo al cielo cuarenta días después de su resurrección (Hechos 1:3, 9; Efesios 1:20-21).

Atribución de justicia. Acto por el cual Dios imputa la justicia de Cristo a los que creen en él y aceptan el don de la salvación que les da. Dios, pues, trata al creyente como si nunca hubiera pecado.

Atributos de Dios. Rasgos, características o cualidades especiales de Dios que constituyen su naturaleza.

Autógrafos. Manuscritos originales escritos por los autores humanos de las Escrituras. Probablemente se los hizo circular y se los copió tantas veces que se estropearon. En la actualidad no se sabe de la existencia de ninguno de ellos. Pero sí existen copias que datan de un tiempo muy cercano a aquel en que fueron escritos.

Avivamiento. Obra del Espíritu Santo en que renueva la vitalidad espiritual de los creyentes y las iglesias. El verdadero avivamiento hace más fácil la evangelización.

Bárbaro. Palabra que en la época del Nuevo Testamento se usaba para referirse a todo el que no hablaba griego. En la Reina-Valera, revisión de 1960, se usa una sola vez (Colosenses 3:11). En otros casos se ha preferido *extranjero* o *no griego*.

Caída del hombre. Acto inicial de desobediencia de Adán y Eva por el cual perdieron su comunión íntima con Dios.

Calvario. Nombre proveniente de la palabra latina *calvarium*, la cual es traducción de la voz griega *kraníon* y de la aramea *Golgotha*, «calavera». Una antigua tradición dice que el lugar se llamó así porque se suponía que allí estaba la calavera de Adán.

Calvino, Juan. Reformador francés (1509-1564) que enseñó que la soberanía absoluta de Dios exigía la predestinación absoluta de los que habían de ser salvos y de los que debían perderse. Pero no consideró el hecho de que Dios ejerce la soberanía sobre sí mismo y, por lo tanto, puede darles verdadero libre albedrío a los seres humanos.

Campamento. Reunión de personas en un sitio despoblado, donde se establecen temporalmente bajo tiendas de campaña. En la región fronteriza de los Estados Unidos, miles de creyentes armaban sus tiendas en lugares despejados y tenían reuniones de avivamiento al aire libre. Más adelante se levantaron grandes tiendas de campaña o se construyeron auditorios sencillos para acomodar a los que asistían mientras adoraban.

Canon. Lista de los libros aceptados por la iglesia como Escrituras inspiradas por el Espíritu Santo.

Canónico. Aceptado como parte del canon de la Biblia.

Carismático. Que posee dones espirituales poderosos o tiene relación con ellos. El movimiento carismático se caracteriza por el énfasis y la práctica de los dones carismáticos del Espíritu Santo.

Castigo eterno. Castigo final y eterno de los impíos en el lago de fuego.

Cena de las bodas del Cordero. Una gran celebración por la unión de Cristo y la iglesia. Tiene lugar precisamente antes que Jesús venga triunfante para destruir los ejércitos del anticristo y establecer el reino milenario.

Circuncisión. Acción de cortar el extremo del prepucio. Fue una señal del pacto de Dios con Abrahán (Génesis 17:9-14) y vino a ser también una señal de ser judío.

Clero. Conjunto de los que han sido ordenados por la iglesia para realizar funciones pastorales y didácticas.

Colectivismo. Teoría que sustenta el control de la colectividad sobre la producción y distribución de los bienes y servicios.

Comunión. Sentido de unidad y asociación con Dios, con Cristo y unos con otros cuando los cristianos oran y trabajan juntos en un espíritu de estímulo mutuo.

Concilio de la iglesia. Reunión de representantes de iglesias para deliberar sobre materias de doctrina y práctica.

Confesión. Grupo de iglesias que tienen un nombre particular, están organizadas y trabajan juntas basándose en un conjunto de creencias y prácticas que aceptan.

Consagración. Acción de apartar una persona o cosa para el uso o servicio del Señor. Se usa también esta palabra para referirse a la búsqueda de una vida cristiana abundante, profunda y totalmente entregada a Dios.

Conversión. Cambio que ocurre en la vida de una persona cuando se vuelve del pecado a Cristo. Implica arrepentimiento en el hecho de que se confiesa y se desecha el pecado y se pone la fe en Cristo.

Convicción. Obra del Espíritu Santo por la cual convence a una persona de que es pecadora y necesita a Jesús como Salvador.

Creencia fácil. Idea de que una persona puede mostrar una fe mental en el evangelio y en Jesús como Salvador sin verdadero arrepentimiento y sin ninguna obligación de seguirlo ni obedecerlo.

Cristo. Del griego *Christos*, «Ungido», que a su vez es traducción de la palabra hebrea *Mashiach*, «Mesías», y que también significa «Ungido». Se usa como título de Jesús en su calidad de profeta, sacerdote y rey ungido de Dios.

Deidad. Ser o naturaleza de Dios, que existe como un solo Dios en tres personas distintas.

Demonios. Seres espirituales, a veces llamados espíritus malos o espíritus inmundos, que actúan bajo el dominio de Satanás. Algunos creen que son ángeles caídos.

Depravación. Corrupción o perversión moral o espiritual.

Devoción personal. Adoración a Dios y estudio de la Biblia de manera personal y privada.

Día de expiación. Décimo día del séptimo mes (para nosotros septiembre-octubre) del año en el Antiguo Testamento. En ese día el sumo sacerdote ofrecía sacrificios para hacer expiación por los pecados de todo el pueblo de Israel (Levítico 16).

Diablo. «Calumniador» (en griego, *diábolos*). Jefe de los espíritus malos, conocido también como Satanás.

Diácono. Palabra que significa «servidor», «ayudador». Se usa para referirse a un oficial de la iglesia local. Tanto los hombres como las mujeres servían en el diaconado (Romanos 16:1; 1 Timoteo 3:8-13).

Doctrina. Enseñanza, en especial la relativa a las verdades bíblicas.

Dominio. Autoridad, soberanía.

Edificación. Fortalecimiento y crecimiento espiritual de los creyentes.

Eficaz. Que logra lo que Dios se propone.

Encarnación. Acto por el cual el eterno Hijo de Dios se hizo hombre sin renunciar a su deidad.

Era apostólica. Período comprendido entre la ascensión de Cristo y la muerte del apóstol Juan, cerca del fin del primer siglo d.C.

Era de la iglesia. Período entre la resurrección de Cristo y su Segunda Venida.

Escita. Miembro de una de las tribus guerreras indoarias que vinieron del Asia Central e invadieron varias veces el Oriente Medio a partir del siglo octavo a.C. Por el año 100 a.C. se habían establecido en Crimea, cerca del mar Negro.

Espíritu Santo. Tercera persona de la Deidad.

Espiritualizado. Que se le ha dado un significado espiritual que no está en el sentido literal o real de la palabra o enseñanza.

Esposo, El. Jesucristo, quien espera su futura unión con su esposa, la iglesia, cuando venga otra vez al fin de esta era.

Evangelicalismo. Afirma la inspiración y autoridad de la Biblia y la verdad de sus enseñanzas, con énfasis en la necesidad de una conversión y regeneración personal por el Espíritu Santo.

Expiación. El cubrir los pecados del hombre mediante el pago del precio de la muerte de Cristo y el derramamiento de su sangre. Borra el pecado y la culpa y hace posible la reconciliación con Dios.

Facultad. Habilidad, poder, capacidad para actuar o hacer; aptitud natural.

Fe. Creencia en Dios y en Cristo que se muestra por una obediencia sincera. La fe bíblica es siempre más que la creencia de que algo es verdadero. Tiene siempre a Dios y a Cristo como su objeto.

Folclore. Costumbres, historias y dichos que se han transmitido oralmente de una generación a otra.

Fundamentalista. Creyente evangélico conservador que enfatiza la inerrancia e interpretación literal de la Biblia y toma partido contra el liberalismo antisobrenatural.

Gentiles. Paganos, adoradores de dioses falsos.

Gnósticos. Los que a partir del siglo segundo d.C. enseñaron que la salvación viene por medio de un conocimiento superior. Algunos enseñaban que la materia era mala y la mayoría negaba la humanidad de Cristo.

Gracia. Las riquezas de Dios propiciadas por medio de Cristo; su generosidad para con la humanidad.

Gran Comisión. El mandato de Jesús de difundir el evangelio a todo el mundo.

Gran tribulación. El período en que Dios derramará su ira como juicio sobre el sistema mundial impío al final de esta era.

Hablar en lenguas. Hablar en una lengua dada por el Espíritu Santo.

Herejía. Opinión o manera de pensar que contradice las enseñanzas de la Biblia.

Humanístico. Relativo al humanismo, doctrina que aboga por la autosuficiencia humana y rechaza lo sobrenatural. El humanismo secular hace de la razón humana su dios.

Idolatría. Adoración que se da a todo lo que sea distinto del Dios verdadero.

Impenitente. Que se niega a arrepentirse o a cambiar de actitud hacia el pecado y el evangelio.

Información empírica. Información recibida por medio de los cinco sentidos físicos.

Inmersión. Forma de bautismo en que se sumerge a la persona en el agua.

Inminente. Que está a punto de ocurrir o que puede ocurrir en cualquier momento.

Inmortal. No sujeto a la muerte ni a la corrupción; que vive para siempre.

Interceder. Orar en favor de otra u otras personas.

Intuición. Percepción o conocimiento instantáneo de algo, sin hacer uso del razonamiento.

Investidura. Acción de investir. Se usa para referirse al poder que recibe el creyente cuando es bautizado en el Espíritu Santo (Lucas 24:49).

Irracionalidad. Manera de pensar que desconfía de la razón humana o que carece de claridad y coherencia.

Itinerante. Que va de un lugar a otro.

Jerárquico. Relativo a un sistema de gobierno de la iglesia que tiene varios niveles y donde el ejercicio de la autoridad es de arriba abajo.

Jeroglíficos. Escritura ideográfica utilizada en el antiguo Egipto.

Judaísmo. Religión y cultura que desarrolló el fariseísmo, entre los judíos después de la destrucción del templo en el año 70 d.C.

Juicio ante el gran trono blanco. Juicio final sobre los malos (Apocalipsis 20:11-14).

Justicia. Correcta relación con Dios dentro de su pacto. El creyente se ajusta a los modelos de verdad y justicia que Dios ha dado en la Biblia.

Justificación. La obra de Dios de declarar y aceptar a una persona como justa delante de él. Dios perdona a los pecadores que han aceptado a Cristo y trata con ellos como si no fueran culpables, como si nunca hubieran pecado.

Lago de fuego. Lugar del castigo eterno final para Satanás, los demonios y los impíos.

Laicado. Originalmente, el pueblo de Dios en su totalidad. Después la palabra se usa para referirse a los cristianos no ordenados por la iglesia como ministros.

Laico. Miembro del laicado (no ordenado para ministro).

Liberalismo. Un movimiento que niega lo sobrenatural y redefine las enseñanzas y prácticas cristianas en función de los sistemas filosóficos actuales.

Libro de la vida. Libro que contiene los nombres de los creyentes que han nacido de nuevo (Lucas 10:20; Filipenses 4:3; Hebreos 12:23; Apocalipsis 21:27) y que, por lo tanto, son «conciudadanos de los santos» (Efesios 2:19).

Libros apócrifos. Libros escritos durante el período comprendido entre el libro de Malaquías y el nacimiento de Jesús. Los judíos no los incluyeron en la Biblia hebrea y todos los reformadores protestantes los rechazaron como no inspirados.

Lutero, Martín. (1483-1546). Líder de la Reforma alemana. Enfatizó la justificación solo por la fe en lugar de por las obras.

Manifestaciones sobrenaturales. Dones repartidos por el Espíritu Santo y usados por quienes los reciben.

Maniqueos. Seguidores de Mani (ca. 216 - ca. 276 d.C.), un persa que enseñó que habría una lucha continua entre el reino de la luz y el reino de las·tinieblas por 1468 años. Enfatizó la negación de los deseos del cuerpo como medio de salvación.

Manuscrito. Libro escrito a mano. Antes del año 100 d.C. consistían en rollos o pergaminos. Después de esto, fueron libros encuadernados.

Materialismo. Doctrina que enseña que la materia y sus leyes son la realidad fundamental o única. El término también se emplea para quienes ponen en el lugar más alto el bienestar material y la adquisición de bienes materiales.

Mediador. Uno que está entre dos partes para reconciliarlas. Jesús es el único mediador entre Dios y los hombres (1 Timoteo 2:5).

Meditación trascendental. Práctica religiosa de la India de meditar con el propósito de asegurar la felicidad.

Mesías. «Ungido». Véase «Cristo».

Milagro. Hecho de intervención divina donde el poder de Dios es mayor y reemplaza cualquier fuerza natural que esté presente.

Ministerio. Servicio rendido a Dios o a otros. Dios tiene un ministerio para cada creyente.

Misionero. Uno que ministra a otras culturas y comunica el evangelio más allá de las limitaciones culturales.

Modernismo. Liberalismo teológico protestante con su acercamiento crítico a la Biblia y una inclinación a aceptar las teorías científicas actuales aun cuando estas parecen contradecir la Biblia.

Monarquianos. Movimiento de los siglos segundo y tercero que enfatizaba la unidad y singularidad de Dios. Algunos hicieron de Jesús solamente un hombre. Otros enseñaron que Dios aparece a veces como el Padre, a veces como el Hijo y a veces como el Espíritu Santo.

Monte de los Olivos. Colina (ochocientos treinta metros de elevación) situada al este del templo de Jerusalén.

Movimiento de discipulado y sumisión. Movimiento que enseña que una persona debe escoger a alguien para que sea su «pastor» (siempre un hombre) y obedecerle. Se le conoce también como movimiento pastoral.

Movimiento de santidad. Movimiento que se originó a mediados del siglo diecinueve y que enfatiza la enseñanza de Juan Wesley sobre la santificación total y la perfección cristiana.

Muerte segunda. Castigo eterno en el lago de fuego.

Nacido de nuevo. También significa «nacido de arriba». Se dice de la persona que luego de poner su fe en Cristo Jesús, experimenta un nacimiento espiritual y comienza una nueva vida de obediencia a él (Juan 3:3). Se evidencia por un sincero deseo de agradarle, mostrar su amor y dejar el pecado.

Nacimiento virginal. Nacimiento de Jesucristo efectuado por un acto creador de Dios por medio del Espíritu Santo, de manera que María vino a ser su madre sin que él tuviera un padre humano.

No regenerado. Que no ha nacido de nuevo, que no tiene vida espiritual.

Normativo. Que tiene autoridad bíblica con relación a lo que los cristianos deben creer y hacer.

Nuevo pacto. El pacto prometido en Jeremías 31:31 y que tuvo efecto con la muerte de Jesús (Hebreos 8:6; 9:15-17).

Obispo. Del griego *epískopos*, «supervisor», «superintendente». En el Nuevo Testamento es sinónimo de «anciano» (en griego, *presbyteros*), que era el presidente de la congregación. Con el transcurso del tiempo vino a ser el título del pastor principal de una iglesia.

Ocultismo. Conocimiento secreto de fuerzas o agentes supuestamente sobrenaturales, especialmente en el espiritismo, la adivinación, la brujería y la astrología. Estas son aventuras peligrosas en el terreno de Satanás.

Omnipresente. Que está presente en todo lugar y que no hay nada que le sea oculto. Es uno de los atributos de Dios.

Ontológico. Relacionado con el ser o la existencia.

Ordenación. Reconocimiento público de parte de la iglesia de un ministerio dado por Dios.

Ordenado. Reconocido públicamente por la iglesia como poseedor de un ministerio dado por Dios.

Ordenanza. Práctica ordenada por Jesús y continuada como recordatorio en obediencia a él. Las dos ordenanzas específicas son el bautismo en agua y la Cena del Señor.

Ortodoxo. De la palabra griega *orthos*, «vertical», «derecho», «correcto», «verdadero» y *dokeo*, «pensar«, «creer». Se refiere a las enseñanzas y prácticas correctas como están establecidas por la iglesia. Utilizado por los evangélicos para las enseñanzas correctas de la Biblia. Las iglesias del este tomaron el nombre de «ortodoxas» cuando la iglesia occidental. (católica romana) se separó de ellas.

Pacto. Convenio solemne y comprometedor. Los pactos de Dios son convenios por los cuales él promete bendecir a los que aceptan el pacto.

Panteísmo. Creencia de que Dios y la naturaleza o el universo son una misma cosa: «Dios es todo, todo es Dios».

Pascua. Ceremonia anual por medio de la cual los judíos conmemoraban la liberación de la muerte de los primogénitos, la décima plaga que Dios trajo sobre Egipto para librarlos del Faraón (Éxodo 12:1-32).

Pentecostal. Se dice del movimiento que comenzó en 1901 y que enfatiza la renovación del bautismo en el Espíritu Santo con la señal de hablar en otras lenguas y la renovación de los dones del Espíritu Santo.

Pentecostés. «Cincuenta», nombre para la fiesta de la cosecha que ocurría cincuenta días después de la pascua. En el primer Pentecostés después de la resurrección de Jesús, el Espíritu Santo fue derramado sobre ciento veinte creyentes para darles poder.

Posmilenario. Se refiere a la enseñanza de que el milenio es la era de la iglesia o una extensión de la era de la iglesia, en que Cristo gobernará pero no estará presente personalmente.

Predestinación. Enseñanza de que Dios escoge algo de antemano. Él predestinó que Jesús sería la cabeza de la iglesia y que la iglesia es un cuerpo escogido que él glorificará cuando Jesús regrese. Los calvinistas creen que Dios predestina a las personas para ser salvas. Esto viene de la filosofía calvinista y no de la Biblia.

Premilenarismo. Doctrina que enseña que Jesús regresará personalmente al final de la era de la iglesia y establecerá su reino en la tierra por mil años. Enfatiza la interpretación literal de la Biblia.

Primicias. Primera parte de la cosecha que en el Antiguo Testamento se le daba cada año a Dios. Esto vino a incluir el sentido de «lo mejor».

Probación. La enseñanza de que nuestra vida actual es una preparación para la vida futura.

Profanación. Acción de tratar algo sagrado con irreverencia y desprecio, por lo general de manera ultrajante.

Profeta. Alguien que habla por Dios. En el Antiguo Testamento, Dios usó a los profetas para dar su mensaje a su pueblo y al mundo. Ellos fueron «anunciadores», en vez de personas que predecían. Los profetas del Nuevo Testamento eran dotados por el Espíritu Santo para dar mensajes de aliento (Hechos 15:32; 1 Corintios 14:3).

Providencial. Que implica el cuidado y la guía de Dios.

Puritanos. Movimiento del siglo dieciséis en Inglaterra que intentó purificar la iglesia de Inglaterra introduciendo más reformas calvinistas, junto con una simplicidad en la adoración.

Reconciliación. Acto de traer a las personas a una comunión restaurada con Dios.

Redención. Pago que hizo Cristo por la culpa de nuestros pecados mediante su muerte en la cruz y su sangre derramada.

Redentor. Jesucristo, el único capaz de librarnos del pecado.

Reforma. Movimiento del siglo dieciséis guiado por Martín Lutero que intentó reformar la iglesia católica romana.

Regeneración. Obra del Santo Espíritu para dar nueva vida al pecador que se arrepiente y cree en Jesús.

Reincidencia. Cesación del compromiso cristiano de hacer la voluntad de Dios.

Reino de Dios. El reinado, imperio y poder de Dios como rey en el corazón de los creyentes, en la iglesia, en el mundo y con el tiempo, en el reino milenario gobernado por Cristo en la tierra.

Reino eterno. Estado final de los redimidos en los cielos nuevos y la tierra nueva, con la nueva Jerusalén como morada de ellos.

Reino milenario. El reinado por mil años de Cristo sobre la tierra.

Relativismo. Doctrina que enseña que cualquier concepto, significado o verdad cambia cuando cambia la situación o cambia de un grupo de personas a otro. A menudo niega que exista una verdad absoluta.

Revelación de Cristo. Regreso de Cristo con poder y gloria para destruir las fuerzas del anticristo y establecer el reino milenario.

Ritualismo. Dependencia de modelos predeterminados de palabras y ceremonias.

Sabelianos. Seguidores de Sabelio (tercer siglo, d.C.), quien enseñó que Dios es una Persona que se revela en tres formas, modos o manifestaciones, en sucesión.

Sacramental. Relativo a la creencia de que la gracia es otorgada a través de ritos religiosos llamados sacramentos.

Salvación. Incluye todo lo que Dios ha hecho y hará por el creyente para librarlo del poder del pecado y la muerte, y restaurarlo al compañerismo y la seguridad de la resurrección futura y a la herencia plena que él ha prometido.

Santidad. Separación del pecado y dedicación a la adoración y el servicio del Señor.

Santificación. La labor del Espíritu Santo separando a los creyentes del pecado y la maldad, y consagrándolos a la adoración y el servicio del Señor. Hay un acto inicial de santificación en la conversión y un proceso continuo de santificación en la medida que cooperamos con el Espíritu Santo haciendo morir los deseos carnales.

Santificar. «Separar para Dios», «hacer santo».

Santo. Se dice de Dios, que es santo en sumo grado y está completamente separado de todo pecado. En sentido positivo está dedicado también a hacer su voluntad y llevar a cabo su plan. Los creyentes son santos hasta donde son semejantes a él. Es también traducción de la palabra griega *hagios*, «persona santa». En el Nuevo Testamento todos los creyentes son santos, no porque hayan alcanzado la perfección, sino porque les han vuelto las espaldas al mundo para seguir a Cristo. De este modo van en la dirección correcta.

Santuario. «Lugar santo».

Satanás. El nombre hebreo del diablo significa «acusador», «adversario». Se opone a Dios y a todos los creyentes.

Secularismo. Vida y pensamiento que ignora a Dios y a la religión.

Sello. Una marca o impresión estampada sobre algo con un anillo o con un pequeño cilindro con determinada grabación en su extremo. Fue usado para dar autenticidad o identificar un documento u objeto. Espiritualmente identifica que una persona pertenece a Cristo.

Seminario. Institución de educación superior para la preparación de ministros y misioneros.

Señor. «Maestro», «dueño». Un término utilizado para Dios y que representa el nombre personal de Dios (Yahvé) en el Antiguo Testamento y usado tanto para Dios como para Jesús en el Nuevo Testamento.

Siclo. Originalmente un peso de aproximadamente diez gramos. Posteriormente una moneda de ese peso.

Sistemas filosóficos de la Nueva Era. Conjunto de enseñanzas sin cohesión basadas en sistemas filosóficos orientales con un énfasis en la adoración a la naturaleza, teniendo a menudo un barniz de terminología cristiana.

Soberano. Que tiene autoridad y gobierno supremo. La soberanía de Dios incluye su derecho a escoger de acuerdo con su propia naturaleza y voluntad.

Sobrenatural. Más allá del dominio y las actividades humanas o naturales. Lo emplean los creyentes en la Biblia para describir las actividades de Dios que van más allá de los acontecimientos comunes de la naturaleza.

Tabernáculo. La tienda de campaña hecha por Israel en el desierto como un lugar donde Dios manifestaba su presencia en medio de su pueblo.

Teleológico. Que se refiere al argumento de la existencia de Dios basado en el designio o propósito.

Teología de la esperanza. La elaboración por Teodoro Moltmann de una teología en función de la esperanza futura.

Testamento. «Pacto» o «voluntad». También utilizado para designar las dos grandes divisiones de la Biblia.

Testigos. Los que testifican con relación a su experiencia y conocimiento de la verdad del evangelio, en especial con la intención de que otros se vuelvan a Jesús.

Tipología. Estudio de las personas o los hechos del Antiguo Testamento que prefiguran verdades del Nuevo Testamento, en especial las relacionadas con Jesucristo.

Totalitarismo. Teoría de que la autoridad centralizada del estado debe tener un control total y absoluto sobre cada ciudadano en particular.

Transfiguración. Experiencia de Jesús en la cima de una de las montañas de Galilea durante la cual su gloria interior se mostró de forma resplandeciente.

Glosario: Transfiguración

Transgresión. Traducción de la palabra hebrea *pesha'*, «rebelión», y de la griega *parabasis*, «traspasarse», «violación», describiendo al pecado que rechaza el conformarse a los límites o modelos puestos por Dios.

Transposición de personas. Llevar a las personas al cielo sin morir.

Tribulación. Del griego *thlipsis*, «presión», «opresión», «aflicción», «calamidad producto de las circunstancias». También usada para referirse a la gran tribulación al final del tiempo, precediendo justamente el regreso de Cristo en gloria.

Ungido. En el Antiguo Testamento se refiere a un acto de dedicación al servicio de Dios derramando aceite en la cabeza de la persona. En el Nuevo Testamento se refiere a la autoridad o poder concedido por el Espíritu Santo.

Vencedores. «Ganadores», «victoriosos». Todos los creyentes que mantienen su fe en Cristo (Romanos 8:37; 1 Juan 5:4).

Versión. Traducción de la Biblia.

Versión de los Setenta. Traducción del Antiguo Testamento del hebreo al griego realizada en el año 200 a.C. Una tradición posterior dijo que fue hecha por setenta (o setenta y dos) hombres. En consecuencia, a menudo se hace referencia a ella con los números romanos para setenta, LXX.

Vicario. Totalmente para el beneficio de otro o como un sustituto para otro.

Virtud. Otra traducción de las palabras griegas *dunamis*, «poder» (Marcos 5:30; Lucas 6:19; 8:46) y *arete*, «excelencia moral» (2 Pedro 1:3).

Visión. Otra palabra usada a veces para un sueño. Utilizada en algunas oportunidades para una aparición sobrenatural que trae revelación divina.

Vocación. El llamamiento de Dios a una vida de fe y obediencia y a ministerios particulares.

Zoroastro. Dirigente religioso persa (siglo seis a.C.) que enseñó que había dos dioses, uno bueno y otro malo, que mantenían al mundo en una batalla constante entre la luz y las tinieblas. El dios bueno, Ahura Mazda, exigía buenas obras.

DECLARACIÓN DE VERDADES FUNDAMENTALES

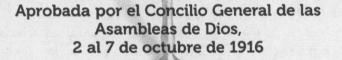

Aprobada por el Concilio General de las Asambleas de Dios, 2 al 7 de octubre de 1916

ESTA DECLARACIÓN DE VERDADES FUNDAMENTALES NO PRETENDE SER UN CREDO PARA la iglesia ni una base de comunión entre los cristianos, sino solo una base para la unidad del ministerio (es decir, para que todos hablemos una misma cosa, 1 Corintios 1:10; Hechos 2:42). La fraseología empleada en esta declaración no es inspirada ni se pretende que lo sea, pero las verdades presentadas por medio de ella son esenciales para el pleno ministerio del evangelio. No afirmamos que esta declaración contenga todas las verdades de la Biblia, sino solo que abarca las que son imprescindibles para nuestras necesidades actuales.

1. Las Escrituras inspiradas.

La Biblia es la Palabra inspirada de Dios, la revelación divina para el hombre y la regla infalible de fe y conducta; es superior a la conciencia y la razón, pero no contraria a esta (2 Timoteo 3:15, 16; 1 Pedro 2:2).

2. El único Dios verdadero.

El único Dios verdadero se ha manifestado a sí mismo como el eterno «Yo soy» de existencia y revelación propia. Se ha revelado además como la personificación de los principios de parentesco y asociación, es decir, como Padre, Hijo y Espíritu Santo (Deuteronomio 6:4; Marcos 12:29; Isaías 43:10, 11; Mateo 28:19).

3. El hombre, su caída y redención.

El hombre fue creado bueno y justo. En efecto, Dios dijo: «Hagamos al hombre a nuestra imagen, conforme a nuestra semejanza». Pero el hombre cayó por transgresión voluntaria y su única esperanza de redención está en Jesucristo, el Hijo de Dios (Génesis 1:26-31; 3:1-7; Romanos 5:12-21).

4. La salvación del hombre.
a) Condiciones para la salvación.

La gracia de Dios se ha manifestado para salvación a todos los hombres mediante la predicación del arrepentimiento para con Dios y la fe en el Señor Jesucristo; por lo cual el hombre es salvo por el lavamiento de la regeneración y por la renovación en el Espíritu Santo, el cual es derramado en él abundantemente por Jesucristo nuestro Salvador; y justificado por gracia por medio de la fe, viene a ser heredero de Dios conforme a la esperanza de la vida eterna (Tito 2:11; Romanos 10:13-15; Lucas 24:47; Tito 3:5-7).

b) Pruebas de la salvación.

Para el creyente, la prueba interna de su salvación consiste en el testimonio inequívoco del Espíritu (Romanos 8:16). Para todos los hombres, la prueba externa consiste en una vida de justicia y santidad (Lucas 1:73-75; Tito 2:12-14), en el fruto del Espíritu (Gálatas 5:22-23) y en el amor fraternal (Juan 13:35; Hebreos 13:1; 1 Juan 3:14).

5. La promesa del Padre.

Todos los creyentes tienen derecho a la promesa del Padre, el bautismo en Espíritu Santo y fuego, y en virtud del mandamiento de nuestro Señor Jesucristo deben esperarla y buscarla ardientemente. El bautismo en el Espíritu Santo era la experiencia normal de todos los creyentes de la iglesia primitiva. Junto con él viene una investidura de poder para la vida y el servicio cristianos, la concesión de los dones y el uso de ellos en la obra del ministerio (Lucas 24:49; Hechos 1:4, 8; 1 Corintios 12:1-31).

6. La consumación del bautismo en el Espíritu Santo.

La consumación del bautismo de los creyentes en Espíritu Santo y fuego se indica con la señal inicial de hablar en lenguas, según el Espíritu de Dios les da que hablen (Hechos 2:4). Esta maravillosa experiencia es distinta del nuevo nacimiento y posterior a él (Hechos 10:44-46; 11:14-16; 15:8, 9).

7. Santificación completa, la meta para todos los creyentes.

Las Escrituras enseñan que el hombre debe vivir en santidad, sin la cual nadie verá al Señor. Por el poder del Espíritu Santo podemos obedecer el mandamiento que dice: «Sed santos, porque yo soy santo». La santificación completa es la voluntad de Dios para todos los creyentes, por lo cual debemos seguirla con la mayor seriedad, andando en conformidad a la Palabra de Dios (Hebreos 12:14; 1 Pedro 1:15, 16; 1 Tesalonicenses 5:23, 24; 1 Juan 2:6).

8. La iglesia, un organismo.

La iglesia es un organismo, un cuerpo vivo, el cuerpo de Cristo, la morada de Dios en el Espíritu, designada por decreto divino para el cumplimiento de la Gran Comisión. Cada asamblea local es parte integral de la congregación de los primogénitos que están inscritos en los cielos (Efesios 1:22-23; 2:22; Hebreos 12:23).

9. El ministerio y el evangelismo.

El mandato del Señor y el principal interés de la iglesia es un ministerio llamado por voluntad divina y ordenado conforme a las Escrituras para la evangelización del mundo (Marcos 16:15-20; Efesios 4:11-13).

10. La Cena del Señor.

La Cena del Señor, que consiste en ciertos elementos como son el pan y el fruto de la vid, es el símbolo que representa nuestra participación en la naturaleza divina de nuestro Señor Jesucristo (2 Pedro 1:4), es un recordatorio de sus sufrimientos y su muerte (1 Corintios 11:26), y una profecía de su Segunda Venida (1 Corintios 11:26). Todos los creyentes deben participar de ella «hasta que él venga».

11. El bautismo en agua.

Según la enseñanza de las Escrituras, todos los que se han arrepentido sinceramente y creen en Cristo como Señor y Salvador deben someterse a la ordenanza del bautismo en agua por inmersión. Al hacer esto, se lavan el cuerpo con agua pura como símbolo exterior de limpieza en tanto que su corazón ya ha sido rociado con la sangre de Cristo como limpieza interior. De este modo declaran ante el mundo que han muerto con Cristo y que también han resucitado con él para andar en vida nueva (Mateo 28:19; Hechos 10:47-48; Romanos 6:4; Hechos 20:21; Hebreos 10:22).

12. La sanidad divina.

En la expiación se han proporcionado los medios para la liberación de las enfermedades y esto es el privilegio de todos los creyentes (Isaías 53:4-5; Mateo 8:16-17).

13. Aspectos esenciales de la deidad.
a) Definición de términos.

Con relación a la Deidad, los términos Trinidad y personas, aunque no se hallan en las Escrituras, son palabras que están en armonía con ellas y por medio de las cuales podemos comunicar a otros nuestros conocimientos inmediatos de la doctrina de Cristo respecto al ser de Dios, a diferencia de los «muchos dioses y muchos señores». Por lo tanto, podemos hablar con toda propiedad del Señor nuestro Dios, que es un Señor, como de una Trinidad o un Ser de tres personas y, no obstante, atenernos estrictamente a las Escrituras (por ejemplo, Mateo 28:19; Juan 14:16-17; 2 Corintios 13:14).

b) Distinción y parentesco en la Deidad.

Cristo enseñó que en la Deidad hay una distinción de personas, la cual expresó en términos específicos de relación y parentesco como Padre, Hijo y Espíritu Santo; y que en cuanto a su existencia, esta distinción y parentesco es un hecho eterno, pero que en cuanto a su modo, esta distinción y parentesco es inescrutable e incomprensible, porque no se la explica (es decir, no se explica en cuanto a cómo puede haber tres personas en la Deidad). (Mateo 11:25-27; 28:19; Lucas 1:35; 1 Corintios 1:24; 2 Corintios 13:14; 1 Juan 1:3-4).

c) Unidad del Padre, el Hijo y el Espíritu Santo en un solo Ser.

Por consiguiente, hay algo en el Padre que lo constituye Padre y no Hijo; hay algo en el Hijo que lo constituye Hijo y no Padre; y hay algo en el Espíritu Santo que lo constituye Espíritu Santo y no Padre ni Hijo. Así que el Padre es el que engendra; y el Hijo, el engendrado; en tanto que el Espíritu Santo es el que procede del Padre y del Hijo. Por lo tanto, como en la Deidad estas tres personas, eternamente distintas y relacionadas entre sí, están en unidad, no hay más que un Señor Dios Todopoderoso y uno es su nombre (Zacarías 14:9; Juan 1:18; 15:26); 17:11,21).

d) Identidad y cooperación en la Deidad.

El Padre, el Hijo y el Espíritu Santo no son idénticos en lo que respecta a personas, ni se los confunde en lo relativo a relación o parentesco, ni están divididos en lo referente a la Deidad, ni se oponen en lo tocante a cooperación. En cuanto a la relación que hay entre ellos, el Hijo está en el Padre y el Padre en el Hijo. En cuanto a la comunión, el Hijo está con el Padre y el Padre con el Hijo. En lo que respecta a la autoridad, el Padre no procede del Hijo, sino que el Hijo procede del Padre. En lo tocante a la naturaleza, la relación, la cooperación y la autoridad, el Espíritu Santo procede del Padre y del Hijo. De ahí que ninguna de las personas de la Deidad exista o actúe separada o independientemente de las otras (Juan 5:17-30).

e) El título Señor Jesucristo.

«Señor Jesucristo» es un nombre propio. En el Nuevo Testamento no se lo aplica nunca ni al Padre ni al Espíritu Santo. Por lo tanto, pertenece exclusivamente al Hijo de Dios (Romanos 1:1-3,7; 2 Juan 3).

f) El Señor Jesucristo, Dios con nosotros.

En lo que respecta a su naturaleza divina y eterna, el Señor Jesucristo es el verdadero unigénito del Padre; pero en lo que se refiere a su naturaleza humana es el verdadero Hijo del Hombre. Por lo tanto, se lo reconoce como Dios y hombre; y por el hecho de ser Dios y hombre es también «Emmanuel», esto es, Dios con nosotros (Mateo 1:23; 1 Juan 4:2,10,14; Apocalipsis 1:13-17).

13. Aspectos esenciales de la deidad.

g) El título Hijo de Dios.

En virtud de que el nombre Emanuel incluye a la naturaleza divina y la humana en una misma persona, nuestro Señor Jesucristo, se entiende que el título Hijo de Dios se refiere a su deidad y el título Hijo del Hombre a su humanidad. Por lo tanto, el título Hijo de Dios corresponde al orden eterno y el título Hijo del Hombre al orden temporal (Mateo 1:21-23; Hebreos 1:1-13; 7:3; 1 Juan 3:8; 2 Juan 3).

h) Perversión de la doctrina de Cristo.

Por lo tanto, es una perversión de la doctrina de Cristo afirmar que Jesucristo recibió el título de Hijo de Dios por el solo hecho de la encarnación o a causa de su relación con el plan de redención. Así que, negar que el Padre sea un Padre real y eterno y que el Hijo sea un Hijo real y eterno es negar la distinción y relación que hay en el ser de Dios, lo que equivale a negar al Padre y al Hijo, y a negar también la verdad de que Jesucristo ha venido en carne (Juan 1:1-2, 14, 18, 29, 49; 8:57-58; Hebreos 12:2; 1 Juan 2:22-23; 4:1-5; 2 Juan 9).

i) Exaltación de Jesucristo como Señor.

El Hijo de Dios, nuestro Señor Jesucristo, después de haber efectuado la purificación de nuestros pecados por medio de sí mismo, se sentó a la diestra de la Majestad en las alturas; ahora ángeles, principados y potestades están sujetos a su autoridad. Y una vez hecho Señor y Cristo, envió al Espíritu Santo para que nosotros, en el nombre de Jesús, doblemos nuestras rodillas y confesemos que Jesucristo es el Señor para gloria de Dios Padre hasta el fin, cuando el Hijo se sujete al Padre para que Dios sea todo en todos (Hechos 2:32-36; Romanos 14:11; 1 Corintios 15:24-28; Hebreos 1:3; 1 Pedro 3:22).

j) Igual honra para el Padre y el Hijo.

Por lo tanto, como el Padre dio todo el juicio al Hijo, no solo es el deber expreso de todos los que están en los cielos y en la tierra doblar la rodilla, sino que es un gozo inefable en el Espíritu Santo asignar al Hijo todos los atributos de la Deidad y darle a él toda la honra y la gloria contenida en los nombres y títulos de la Deidad excepto los que expresan relación (véanse los párrafos b, c y d), y así honremos al Hijo como honramos al Padre (Juan 5:22-23; Filipenses 2:8-9; 1 Pedro 1:8; Apocalipsis 4:8-11; 5:6-14; 7:9-10).

13. Aspectos esenciales de la deidad.

14. La esperanza bienaventurada.

La resurrección de los que han dormido en Cristo, el arrebatamiento de los que estén vivos y hayan quedado y la traslación de la iglesia verdadera constituyen la esperanza bienaventurada de todos los creyentes (1 Tesalonicenses 4:16-17; Romanos 8:23; Tito 2:13).

15. La venida inminente y el reino milenario de Jesús.

La esperanza de la verdadera iglesia de Cristo es la venida inminente, antes del milenio, de nuestro Señor para reunir a su pueblo consigo y para juzgar al mundo con justicia mientras reina mil años sobre la tierra.

16. El lago de fuego.

El diablo y sus ángeles, la bestia y el falso profeta, y todos los que no se hallen inscritos en el libro de la vida, los cobardes e incrédulos, los abominables y homicidas, los fornicarios y hechiceros, y los idólatras y todos los mentirosos sufrirán el castigo eterno en el lago que arde con fuego y azufre, que es la muerte segunda.

17. Los cielos nuevos y la tierra nueva.

Nosotros esperamos cielos nuevos y tierra nueva, en los cuales mora la justicia (2 Pedro 3:13; Apocalipsis 21-22).

Notas

Introducción

1 William W. Menzies, *Anointed to Serv: The Story of the Assemblies of God*, Gospel Publishing House, Springfield, MO, 1971, p. 33.

2 Stanley H. Frodsham, *With Signs Following*, ed. rev., Gospel Publishing House, Springfield, MO, 1946, p. 20.

3 Gary B. McGee, «A Brief History of the Modern Pentecostal Outpouring», *Paraclete* 18, marzo a mayo de 1984, p. 22.

4 *In the Last Days: An Early History of the Assemblies of God*, Assemblies of God, Springfield, MO, 1962, p. 11.

5 Carl Brunback, *Like a River: The Early Years of the Assemblies of God*, Gospel Publishing House, Springfield, MO, 1977, p. 55.

6 Concilio General de las Asambleas de Dios, Actas del Concilio General, 2 al 7 de octubre de 1916. Esto está ligeramente modificado en la declaración actual, la cual está disponible en forma de folleto y se intitula *The General Council of the Assemblies of God Statement of Fundamental Truths*, rev., Gospel Publishing House, Springfield, MO, 1983.

7 Originalmente había diecisiete puntos; pero al hacerse una revisión se combinaron los puntos 2 y 13, se añadió uno en cuanto a la deidad de Cristo y se combinaron también los puntos 10 y 11, quedando dieciséis en total.

8 Menzies, *Anointed*, p. 318. (Para un estudio más amplio sobre este cambio, véanse las páginas 317-318).

9 *Where We Stand*, Gospel Publishing House, Springfield, MO, 1990. Los artículos están disponibles también por separado.

Capítulo 1
Las Escrituras inspiradas

1 La diferencia clave entre el cristianismo y las otras religiones consiste en que estas estiman que los seres humanos están en tinieblas y buscan algo dentro o fuera de sí mismos. El cristianismo revela que Dios trae la luz en medio de las tinieblas cuando desciende y se introduce en el curso de la vida humana y en la historia de la humanidad, y extiende su amor a los seres humanos caídos.

2 *Where We Stand*, Gospel Publishing House, Springfield, MO, 1990, p. 7.

3 Con «verdad proporcional» queremos decir información real, objetiva, racional.

4 Esto es, dicen que Dios es infinitamente diferente de los seres humanos y que, por lo tanto, es imposible conocerlo.

5 *Where we Stand*, pp. 7-8.

6 Ibíd., p. 9.

7 Juan W. Haley, *Alleged Discrepancies of the Bible*, Baker Book House, Grand Rapids, 1988.

8 Para un estudio más amplio de esto, véase Edwin R. Thiele, *The Mysterious Numbers of the Hebrew Kings*, Zondervan Publishing House, Grand Rapids, 1983.

9 R. K. Harrison y otros, *Biblical Critiscism: Historical, Literary and Textual*, Zondervan Publishing House, Grand Rapids, 1980, p. 150.

10 Por ejemplo, el Dr. Stanley Horton oyó decir a un profesor de la Universidad de Harvard que los candeleros de siete brazos no existían en los tiempos de Moisés; por lo tanto, la Biblia estaba equivocada cuando hablaba de que uno se había hecho y puesto en el tabernáculo (véase Éxodo 37:17-24). Pero en 1962,

en una expedición arqueológica a Dotán, en la que viajó con el Dr. Joseph Free de Wheaton College, el Dr. Horton vio a los obreros dejar al descubierto un candelero de siete brazos que databa del año 1400 a.C., precisamente del tiempo de Moisés. Stanley M. Horton, «Why the Bible is Reliable», *Pentecostal Evangel*, 14 de enero de 1973, pp. 8-11.

11 Everett F. Harrison, *Introduction to the New Testament*, Wm. B. Erdmans Pub. Co., Grand Rapids, 1982, p. 108.

12 Ibíd.

13 Sir Frederic Kenyon, *The Story of the Bible*, 2da. ed., Wm. B. Eerdmans Pub. Co., Grand Rapids, 1964, p. 26.

14 Sir Frederic Kenyon, *Our Bible and the Ancient Manuscripts*, 5ta. ed. rev., Eyre y Sportiswoode Londres, 1958, pp. 318-319.

15 Geza Vermes, *The Dead Sea Scrolls in English*, 2da. ed., Penguin Books, Ltd., Harmondsworth, Middlesex, England, 1975), p. 12.

16 Gran parte del estudio de las traducciones se ha tomado de Stanley M. Horton, «Perspective on Those New Translations», *Pentecostal Evangel*, 11 de julio de 1971, pp. 6-8

17 Gleason L. Archer, Jr., *A Survey of Old Testament Introduction*, ed. rev., Chicago, Moody Press, 1981, p. 44.

18 Ibíd., p. 80.

19 Jack P. Lewis, *The English Bible/From KJV to NIV: A History and Evaluation*, Baker Book House, Grand Rapids, 1981, pp. 19-20; K. B. McFarlane, *John Wycliffe*, The English Universities Press, Londres, 1952, p. 106.

20 Ibíd., pp. 20-21.

21 Nota del traductor: Este material ha sido tomado del Rdo. José Silva Delgado, *El libro siempre nuevo*, «Las versiones españolas».

22 Lewis, *English Bible*, p. 366

Capítulo 2
El único Dios verdadero

1 William W. Menzies, *Anointed to Serve: The Story of the Assemblies of God*, Gospel Publishing House, Springfield, MO, 1971, p. 111.

2   La mayoría de las personas pronunciaba Ewart como «luart».

3   Menzies, *Anointed*, pp. 112-113. Tanto Sheppe como Ewart fueron influenciados por un sermón de R. E. McAlister sobre el bautismo en agua en el nombre de Jesucristo.

4   Esto se lo dijeron a Myrle M. Fisher en 1913. Ella se rebautizó; pero después, con el estudio personal de las Escrituras, regresó al punto de vista trinitario. Se casó con Harry Horton y fue la madre de Stanley M. Horton, que con frecuencia la oyó hablar sobre esto.

5   Ésta doctrina fue sostenida por los sabelianos y los monarquianos del siglo tercero d.C.; pero fue rechazada por la mayoría de los cristianos de aquellos días.

6   Para un estudio de esta controversia, véase Thomas F. Harrison, *Christology* 2da. ed. rev. Publicado por el autor, Springfield, MO, 1985, pp. 35-77.

7   Para un estudio más amplio sobre el valor del argumento ontológico, véase James Oliver Buswell, *A Systematic Theology of the Christian Religion*, t. 1, Zondervan Publishing House, Gran Rapids, 1962, pp. 98-100.

8   Para un estudio más amplio del Salmo 19 y otros pasajes que se refieren a la revelación general de la naturaleza, véase Millard J. Erickson, ed., *Christian Theology*, Baker Book House, Grand Rapids, 1986, pp. 166-171.

9   Véase «The Revelation of God to Humankind», pp. 20-21.

10 La consonantes del nombre personal YHWH se escribieron en latín moderno como JHWH y se combinaron con las vocales de la palabra hebrea que significa Señor para producir la forma «Jehová», que es ajena a la Biblia.

11 El panteísmo dice que el universo con sus fuerzas y leyes es todo lo que existe. Por lo tanto, llama Dios al universo.

12 Una de las mayores pruebas de la capacidad de Dios para limitarse se ve en el nacimiento de Jesús como un niño acostado en un pesebre, y en su vida, ministerio y muerte en la cruz. Véase además Filipenses 2:6-8.

13 El Dr. Nathan Wood, ex presidente de la Universidad Gordon y de la Facultad de Teología Gordon, creía que podíamos ver la huella de la Trinidad en la naturaleza. Él sugería, por ejemplo, que el espacio tridimensional la muestra. Si las dimensiones de una sala se consideran como unidades iguales, el largo abarca toda la sala, y de igual modo el ancho y el alto; pero cada uno es distinto. Y para obtener el volumen de la sala no se suma 1+1+1, sino que se multiplica 1x l

x l, lo que sigue siendo uno. (Pero como todas las analogías, esta es insuficiente para ilustrar la Trinidad, ya que las dimensiones no son personales).

14 Aquí «uno» es la traducción de la voz hebrea 'echad, que puede representar una unidad compuesta o compleja. Aunque el hebreo tiene una palabra que significa «uno solo», «el único», yachid, esta no se usa para referirse a Dios.

15 Generalmente señalan el hecho de que en Mateo 28:19 la palabra *nombre* está en singular y dicen que este «nombre» es Jesús. Pero en los tiempos bíblicos la palabra *nombre* incluía tanto el nombre como el título y se usaba en singular solo cuando se le daba un nombre a cada persona (como en Rut 1:2 donde en hebreo el nombre está en singular cuando se refiere a los dos hijos). Debe observarse también que en Mateo 28:19 la orden consiste en bautizar literalmente a los discípulos «hacia el nombre», que fue la manera de decir en el culto al Padre, al Hijo y al Espíritu Santo. Sin embargo, en Hechos 2:38 se usa en griego una forma diferente que significa «sobre el nombre de Jesús» y que fue la manera de decir «sobre la autoridad de Jesús», autoridad que se expresa en Mateo 28:19. Lucas usa esa terminología para distinguir el bautismo cristiano del de Juan el Bautista.

16 Algunos de los unitarios usan una ilustración como esta: Cuando el doctor Guillermo Jones está en su oficina, se le dirige la palabra por su título Dr. Jones. En el campo de golf, sus amigos lo llaman por su nombre, Guillermo. En la casa, sus niños lo llaman papi o papito. El problema que hay en esto es que en el campo de golf Guillermo no va al teléfono a hablar con el papá que está en la casa, ni con el Dr. Jones que está en la oficina. Pero Jesús oró al Padre, y el Padre declaró: «Tú eres mi Hijo amado; en ti tengo complacencia» (Lucas 3:22).

17 Algunos de los pasajes que refutan esta subordinación son Juan 15:26; 16:13; 17:1,18, 23 (véanse también 1 Corintios 12:4-6; Efesios 4:1-6; Hebreos 10:7-17).

Capítulo 3
La deidad del Señor Jesucristo

1 Aunque en griego la palabra «Dios» no tiene artículo aquí, claramente significa Dios con letra inicial mayúscula, tal como ocurre en Juan 1:18, Juan 3:21 y muchos otros lugares donde en griego no tiene artículo. Debe observarse también que Tomás llamó literalmente a Jesús «el Señor mío y el Dios mío» (en griego, ho theas mou). De esta manera quiso decir claramente Dios con mayúscula.

2   Hay cierto temor en el sentido de que al identificar al ángel de Jehová con Cristo se pudiera restar importancia a la unicidad de su encarnación en el Nuevo Testamento. Sin embargo, esta unicidad abarca la completa identificación de Cristo con la humanidad en su nacimiento, vida, ministerio, muerte y resurrección. Ninguna manifestación temporal ocurrida antes de la encarnación le resta importancia a la unicidad de esta.

3   Un título: «mi Señor, mi Amo, Aquel a quien pertenezco».

4   En Isaías 7:14, la palabra hebrea que se ha traducido por «virgen» es *'almah*, palabra que siempre se usaba para referirse a las vírgenes que estaban en edad de contraer matrimonio (véase, por ejemplo, Génesis 24:16).

5   Para un excelente estudio de este asunto, véase *The New Testament Greek-English Dictionary, Sigma-Omega*, t. 16, The Complete Biblical Library, Springfield, MO, 1991, pp. 524-529.

6   En el Antiguo Testamento muchas veces corresponde a la palabra hebrea *navi'*, que viene de una antigua palabra usada para referirse a un vocero.

7   O de un dios o diosa. Hubo profetas del falso dios Baal y de su consorte, Asera (1 Reyes 18:19).

8   El término *pasión* proviene del latín *passio*, que significa «sufrimiento». *La pasión de Cristo* es una frase que se usa para describir los sufrimientos que pasó Jesús entre la Última Cena y su muerte en la cruz.

9   Frank Morrison, *Who Moved the Stone?*, Faber & Faber, Londres, 1930. Vale la pena leer toda la monografía.

10 La palabra griega *entetuligmenon* está en tiempo perfecto, lo que indica que había estado y aún estaba en la misma forma que cuando se lo enrollaron alrededor de la cabeza.

11 La palabra «moradas» viene del griego *monai* y se deriva de *meno*, que significa «quedarse», «permanecer», «residir», «continuar», «estar permanente». Esto indica que, aunque nuestra estancia en la tierra es temporal, nuestra estancia con el Señor será permanente (cf. 1 Tesalonicenses 4:17). «Muchas» indica también que Dios no ha puesto límites en cuanto al número de personas que pueden estar.

12 «Otro» significa «otro de la misma clase», uno como él mismo. Véase Stanley M. Horton, «Paraclete», *Paraclete* 1, diciembre a febrero de 1967, pp. 5-8.

Capítulo 4
La caída del hombre

1 La Biblia no proporciona el total de los años transcurridos desde Adán hasta Abraham. Algunos que han tratado de determinar la fecha de la creación han sumado las genealogías y han obtenido fechas que oscilan entre el año 3900 a.C. y el 9000 a.C., dependiendo de cómo las hayan sumado. Los antiguos historiadores de la iglesia, Eusebio y Agustín, aceptaron la fecha de 5202 a.C. Más tarde el arzobispo de Dublín propuso el año 4004 a.C. Pero cuando examinamos las genealogías de la Biblia, vemos que esta nunca ha pretendido mencionar a todas las personas de un linaje. Mateo 1:8, por ejemplo, deja fuera a tres personas que se mencionan en los libros 2 Reyes y 2 Crónicas. En otras genealogías ocurre lo mismo. Dios nunca pretendió que las sumáramos.

2 Se han publicado algunos libros que tratan sobre este tema. Generalmente se pueden hallar en una librería cristiana.

3 En Génesis 1, la palabra *género* (que en hebreo es *min*) es un término general de sentido más amplio que *especie*. Este último se emplea en Levítico 11, incluso para referirse a superfamilias (de animales).

4 Para un estudio más amplio en esta área, véase Duane T. Gish, *Evolución: The Fossils Say No!*, 2a ed., ICR Publishing Co., San Diego, 1973, y Pattie T.T. Pun, *Evolution, Nature and Scripture in Conflict?*, Zondervan Publishing House, Grand Rapids, 1982.

5 Existen varias organizaciones cristianas cuyos miembros tienen estudios científicos. Un ejemplo es la American Scientific Affiliation con más de dos mil quinientos miembros.

6 La palabra hebrea *chayyim* es la forma plural. Algunos interpretan que esto quiere decir que Dios le dio a Adán la vida espiritual y física al mismo tiempo.

7 En este caso, la palabra hebrea *nephesh* se traduce por «ser viviente». También se traduce por «persona» en Números 31:19; 35:30, y en muchos otros lugares; y por «vida» en Génesis 9:4-5; 19:17, 19; Levítico 17:14; Job 2:4, y en muchos otros pasajes. En Génesis 2:7 se pone énfasis en el hecho de que Adán fue una persona viva y real.

8 Algunos dicotomistas estiman que la naturaleza interior tiene dos aspectos: el alma en su relación con el mundo circundante y el espíritu en su relación con Dios.

9 Los animales actúan mayormente por instinto. Ellos hacen lo que les es natural; por lo tanto, no tienen sentido moral. No pueden tener comunión con las personas. Un perro puede ser leal a su amo e incluso gemir sobre su tumba; pero no puede participar de los sueños, planes y aspiraciones de él. Por otra parte, nosotros podemos comprender los planes y propósitos de Dios y participar de ellos a medida que usamos las cualidades de nuestra imagen moral. De esta manera podemos tener verdadera comunión con él.

10 Reinhold Niebuhr, *Moral Man and Immoral Society*, Charles Scribner's Sons, Nueva York, 1932.

11 Hay ciertas cosas que Dios no nos ha revelado. La teología especulativa trata de averiguarlas por medio de la razón. Un ejemplo, es el escolasticismo que dominó el pensamiento de Europa occidental entre los siglos noveno y decimoséptimo. Este combinaba las enseñanzas religiosas con los sistemas filosóficos, principalmente los de Agustín y Aristóteles, y pretendía decir más de lo que Dios quiere revelar.

12 Para un estudio más amplio sobre el concepto arminiano del pecado y la soberanía de Dios, véase Clark H. Pinnock, *The Grace of God and the Will of Man*, Zondervan Publishing House, Grand Rapids, 1989.

13 Véase Apocalipsis 12:9, donde se habla de «la serpiente antigua, que se llama diablo y Satanás».

14 Algunos confunden los sentimientos de culpa con la culpa misma. Los que hacen esto son cristianos que han aceptado el perdón de Cristo, pero que aún abrigan constantes sentimientos de culpa. Tales sentimientos se deben a una «mala conciencia». Pero la culpa en sí, la cual acarrea condenación, es la responsabilidad legal de uno por haber hecho lo malo ante los ojos de Dios.

15 La Biblia no nos dice cuál es la edad específica de la responsabilidad. Algunos niños llegan a un punto en que comprenden antes que otros.

16 Véase Jack Finegan, *Light from the Ancient Past*, 2a ed., Princeton University Press, Princeton, NJ, 1959, p. 206.

17 Del hebreo *ha'ish*, hombre ordinario, persona del sexo masculino.

18 Algunos ven cierto paralelo entre la jactancia de Tiglar-pileser (que también se llamaba Pul) y la jactancia y caída de Satanás. Sin duda, Satanás estaba detrás de él y fomentaba su orgullo, un orgullo semejante al que mostró después Senaquerib (véase Isaías 36:18-20; 37:12-13, 23-24).

19 Véase Romanos 1:18-32, donde la Biblia muestra cuánto sufrimiento hay en el mundo a causa del pecado, y por lo tanto, cuánto necesita del evangelio.

20 La misma palabra se utiliza en Jueces 20:16 para referirse a los soldados zurdos que podían tirar una piedra con la honda a un cabello y no «erraban».

Capítulo 5
La salvación del hombre

1 John Rogerson y Philip Davies, *The Old Testament World*, Prentice-Hall, Englewood Cliffs, NJ, 1989, p. 255

2 En griego, este versículo no es tan absoluto como en español. No descarta el hecho de que Dios acepte de los más pobres unos cuantos puñados de flor de harina como ofrenda por el pecado (véase Levítico 5:11-13). La gracia de Dios no depende de cuánto puede dar la gente.

3 En el día de expiación, que bajo la ley se celebraba una vez al año, se debían ofrecer dos machos cabríos como ofrenda por el pecado. El primero se inmolaba y su sangre se rociaba sobre el propiciatorio, la cubierta de oro puro del arca del pacto. Debajo del propiciatorio estaban los Diez Mandamientos escritos en tablas de piedra. La ley que se había quebrantado exigía la muerte y el juicio. Pero cuando se rociaba la sangre, Dios no miraba más la ley quebrantada, sino la muerte del animal sin mancha que representaba la sangre. Una vez que se sacrificaba la vida sin mancha, había razón para mostrar misericordia, dar gracia y conceder perdón. Como chivo expiatorio, el segundo macho cabrío se enviaba al desierto para indicar que no solo se perdonaban los pecados, sino que también eran llevados. Todo esto prefiguraba la muerte de Cristo, por la cual Dios nos perdona y quita nuestra culpa.

4 Estas palabras no se usan en la Biblia, pero sí se utilizan otras palabras afines (*emunah 'omen*) en Isaías 25:1 para referirse a la perfecta fidelidad y confiabilidad de Dios.

5 Algunos escritores han traducido Marcos 11:22 por «Tened la fe de Dios». Sin embargo, Dios no necesita fe. Él sabe lo que sucede y lo que va a suceder. Además, el griego se centra indudablemente en la fe en Dios; de modo que, en realidad, la traducción correcta es: «Tened fe *en* Dios» (cursivas añadidas), como aparece en la gran mayoría de las versiones de la Biblia.

6 Debe notarse que la vida eterna es la vida de Cristo en nosotros, la cual mana de él como la savia de la vid fluye por los pámpanos (véase Juan 15:1-8). «Por-

que como el Padre tiene vida en sí mismo, así también ha dado al Hijo el tener vida en sí mismo», esto es, por naturaleza y por derecho propio (cf. Juan 5:26). Pero Dios no le ha dado esto a nadie más. Tenemos vida eterna solo mientras tenemos comunión y un contacto vital con Cristo por medio de la fe-obediencia viva.

7   En aquellos días, los niños eran adoptados al igual que en nuestros tiempos; pero incluso los de familias ricas e importantes tenían sus vidas reguladas por estrictas disposiciones legales, a menudo bajo la tutela de un esclavo. Solo cuando llegaban a la madurez, se daban en adopción y entonces recibían todos los privilegios y llegaban a ser miembros de la familia.

Capítulo 6
Las ordenanzas de la iglesia

1   Con el paso del tiempo, la iglesia católica añadió otros sacramentos. Para un estudio de los siete sacramentos tradicionales de esta iglesia —eucaristía, bautismo, confirmación, penitencia (llamada ahora reconciliación), unción de los enfermos (antes llamada extremaunción), órdenes sagradas u ordenación y matrimonio— como se los considera en la actualidad, véase Arthur P. Flannery, ed., *The Documets of Vatican II*, ed. rev., Wm. B. Ferdmans, Grand Rapids, 1984.

2   Véase el capítulo 5, nota 5.

3   Recientemente algunos arqueólogos han encontrado en los edificios de las primeras iglesias (del siglo segundo d.C.) tanques bautismales para inmersión. También en Jerusalén había varias piscinas grandes donde a los ciento veinte debió de haberles sido fácil bautizar a los tres mil que se convirtieron el día de Pentecostés.

4   Véase Walter Bauer, William F. Arndt y F. Wilbur Gingrich, eds., *A Greek Lexinton of the New Testament*, trad. Frederick W. Danker, The University of Chicago Press, Chicago, 1971, p. 576.

5   La misma forma distributiva (en vez de colectiva) aparece en Rut 1:2, donde el *nombre* (singular en hebreo) de los dos hijos era Mahlón y Quelión. Si *nombre* hubiera estado en plural, la Biblia hubiera tenido que dar más de un nombre para cada uno de los hijos.

6   Véanse Mateo 26:26-29; Marcos 14:22-25; Lucas 22:15-20; y 1 Corintios 11:23-26.

7   Algunas iglesias celebran la Cena del Señor en cada culto, otras una vez a la se-
    mana; pero la mayoría de las congregaciones lo hacen una vez al mes. Lo que
    dijo Pablo al respecto fue: «*Todas las veces* que comiereis este pan, y bebiereis es-
    ta copa, la muerte del Señor anunciáis hasta que él venga» (1 Corintios 11: 26,
    cursivas añadidas).

8   Hay bastantes pruebas de que el vino que se usaba en la Cena del Señor era ju-
    go de uvas, y por lo mismo, no estaba fermentado. Véase «El vino en la época
    del Nuevo Testamento» en *Biblia de estudio pentecostal*, Donald C. Stamps, ed.,
    Editorial Vida, Deerfield, 1995, pp. 1400-1402.

9   Los católicos romanos enseñan la transubstanciación, la creencia de que el pan
    y el vino se convierten milagrosamente en el cuerpo y la sangre de Cristo conser-
    vando solo la apariencia de estos elementos. Así pues, ellos adoran al pan y al
    vino. Los luteranos y muchos anglicanos (episcopales) enseñan la consubstan-
    ciación, la creencia de que Jesús está presente de un modo sustancial en el pan
    y el vino. Pero «esto es mi cuerpo» y «esta copa es el nuevo pacto en mi sangre»
    son metáforas. Jesús estaba presente junto a sus discípulos cuando dijo tales co-
    sas acerca del pan y el vino. Véase también 1 Corintios 5:8 donde Pablo habla
    sobre los panes «de sinceridad y de verdad».

10 Véanse Mateo 26:27-28; Marcos 14:23-24; Lucas 22:19-20; y 1 Corintios 11:24-26.

Capítulo 7
El bautismo en el Espíritu Santo

1   Véase Stanley M. Horton, *El Espíritu Santo revelado en la Biblia*, Editorial Vida,
    Deerfield, 1984.

2   E. W. Bullinger, *The Giver and His Gifts*, The Lamp Press, Londres, 1953, pp. 26,
    27, 258-259. (Véase también la página 250).

3   Ibíd., pp. 146-147.

4   Esto se ve también en Hechos 19:1-7. Sin duda los doce hombres profesaban ser
    discípulos de Jesús; pero Pablo notó que les faltaba algo, por lo que les preguntó
    (literalmente): «¿Recibisteis el Espíritu Santo después de haber creído?». La frase
    «después de haber creído» es en griego un participio aoristo (*pisteusantes*), una
    forma que por lo general indica una acción anterior a la del verbo principal (en
    este caso; anterior al acto de recibir). Se ven construcciones gramaticales simi-
    lares en pasajes como estos (traducidos literalmente): «Después de haberse ca-
    sado, murió» (Mateo 22:25); «después de haberla sacado [a Safira], la sepul-

taron» (Hechos 5:10); «después de haber sacudido contra ellos el polvo de sus pies, llegaron a Iconio» (Hechos 13:51); «después de haber recibido este mandato, los metió en el calabozo de más adentro» (Hechos 16:24). Es evidente también que Pablo bautizó en agua a los creyentes antes de imponerles las manos y de que el Espíritu Santo viniera sobre ellos. Véase Horton, *El Espíritu Santo revelado en la Biblia*, Editorial Vida, Deerfield, 1984; y Donald C. Stamps, ed., *Biblia de estudio pentecostal*, Editorial Vida, Deerfield, 1995.

5 Como estos dones son para el cuerpo social de la iglesia local y su edificación, los consideraremos más detalladamente en el capítulo 10 que trata sobre la iglesia.

6 Horton, *What the Bible Says*, p. 261

7 René Pache, *The Person and Work of the Holy Spirit*, ed. rev., Moody Bible Institute, Chicago, 1966, p. 25.

8 George Eldon Ladd, *The Pattern of New Testament Truth*, Wm. B. Eerdmans Pub. Co., Grand Rapids, 1968, pp. 101-102.

9 William Barclay, *The Promise of the Spirit*, The Westminster Press, Philadelphia, 1960, p. 15.

10 Ibíd., pp. 237-238.

11 «La mayoría de los comentaristas se olvidan que el bautismo en el Espíritu Santo era la experiencia normal de todos los creyentes de los tiempos del Nuevo Testamento. Por lo tanto, en la mente de Pablo no hay una línea divisoria entre los creyentes sellados y los que no tienen este privilegio. Él estima que todos los creyente tienen esta experiencia y que, por lo tanto, están incluidos» (Ibíd., p. 239).

12 Anthony D. Palma, «Baptism by the Spirit», *Advance*, Junio de 1980, p. 16. Véase también Horton, *What the Bible Says*, pp. 214-216.

13 Horton, *El Espíritu Santo revelado en la Biblia*, Editorial Vida, Deerfield, 1984.

14 Véase *Biblia de estudio pentecostal*, Editorial Vida, Deerfield, 1995. El fuego del fervor está relacionado con el Espíritu Santo. Este está en contraste con el fuego del juicio. Para un estudio del significado del bautismo «en Espíritu Santo y fuego», donde tal vez Juan el Bautista ofrece una opción entre el bautismo en el Espíritu Santo y un bautismo en el Fuego del juicio, véase Horton, *El Espíritu Santo revelado en la Biblia*, Editorial Vida, Deerfield, 1984.

Capítulo 8
La señal inicial física del bautismo en el Espíritu Santo

1 Para un estudio más amplio sobre esto, véase Roger Stronstad, *La teología caris-mática de Lucas*, Editorial Vida, Deerfield, Florida, 1995.

2 *Where We Stand*, Gospel Publishing House, Springfield, MO, 1990, p. 147.

3 Stanley M. Horton, *El Espíritu Santo revelado en la Biblia*, Editorial Vida, Deerfield, 1984.

4 Algunos escritores afirman que la doctrina se debe basar en las exposiciones declarativas de las epístolas, y no en la historia del libro de Hechos. Sin embargo, el Espíritu Santo inspiró a Pablo a decir: «Toda la Escritura es inspirada por Dios, y útil para enseñar [exponer la doctrina]» (2 Timoteo 3:16). Además, «las cosas que se escribieron antes, para nuestra enseñanza se escribieron» (Romanos 15:4). Cuando la Biblia necesita explicar la doctrina de la justificación por la fe en Romanos 4, se remonta a un pasaje histórico del Génesis y nos habla de Abraham. Y cuando necesita mostrar cómo se introduce la gracia, se remonta a otro pasaje histórico y nos habla de David.

5 «La palabra que se ha traducido por "lenguas" en los Hechos es la misma que se utiliza en 1 Corintios y que se refiere a los idiomas de los hombres o de los ángeles (1 Corintios 13:1). No hay justificación para interpretar la palabra como sonidos extraños o arrobadores. En los tiempos del Nuevo Testamento, como en los nuestros, hubo personas que oyeron y entendieron lo que decían los que hablaban en lenguas». (*Where We Stand*, p. 147).

6 Una persona puede recibir las lenguas como señal del bautismo en el Espíritu Santo y solo después recibir el don de lenguas que puede manifestarse en las devociones personales o en los cultos públicos. Véanse Smith Wigglesworth, *Ever Icreasing Faith*, ed. rev., Gospel Publishing House, Springfield, MO, 1971, p. 114; Frank M. Boyd, *The Spirit Works Today*, Gospel Publishing House, Springfield, MO, 1970, pp. 83-86.

7 El siguiente material se ha adaptado de *Where We Stand*, pp. 150-154.

8 Aquí «lo perfecto» debe de referirse al tiempo del regreso de Cristo. Compárese con 1 Juan 3:2.

9 Véase Donald F. Stamps, ed., *Biblia de estudio pentecostal*, Editorial Vida, Deerfield, 1995.

10 R. P. Spittler, «Glossolalia», en *Dictionary of Pentecostal and Charismatic Movements*, Regency Reference Library, S. M. Burgess and G. B. McGee eds., Zondervan Publishing House, Grand Rapids, 1988, pp. 339-340.

11 Véase *Full Life Study Bible*, pp. 232, 254. Este es un estudio amplio que trata sobre hablar falsamente en lenguas y las pruebas de un genuino bautismo en el Espíritu Santo.

Capítulo 9
La santificación

1 Stanley M. Horton, «The Pentecostal Perspectiva», en Melvin E. Dieter, *Five Views On Santification*, Zondervan Publishing House, Grand Rapids, 1987, p. 113.

2 Véase «Separación espiritual de los creyentes» en *Biblia de estudio pentecostal*, Donald Stamps, ed., Editorial Vida, Deerfield, 1995, p.1654.

3 Ibíd., p. 526.

4 Myer Pearlman, *Teología bíblica y sistemática*, Editorial Vida, Deerfield, 1990.

5 Ralph W. Harris, *Our Faith and Fellowship*, Gospel Publishing House, Springfield, MO, 1963; revisión por G. Raymond Carlson, 1977, p. 74 (la referencia a la página es de la edición revisada).

6 Horton, «Pentecostal Perspective», p. 115.

7 La palabra *santo* ha sido corrompida por algunas iglesias que la reservan para ciertas personas que ponen sobre un pedestal, personas a las que les atribuyen méritos adicionales y de los cuales otros pueden obtener algo. En realidad, Cristo es el único cuyos méritos están a nuestra disposición. Ningún otro tiene méritos adicionales.

8 Horton «Pentecostal Perspectiva», p. 116.

9 Ibíd., p. 114.

10 Véase Zenas Bicket, «The Holy Spirit—Our Sanctifier», *Paraclete* 2, junio a agosto de 1968, pp. 4-5.

11 J. Dalton Utsey, «Romans 7 and Sanctification», *Paraclete* 18, marzo a mayo de 1984, p.4.

12 No solo necesitamos la limpieza continua de la sangre de Cristo (1 Juan 1:7), sino que en esta vida nunca llegaremos al estado en que no la necesitemos más.

De esto nos habla 1 Juan 1:10: «Si decimos que no hemos pecado, le hacemos a él [Dios] mentiroso, y su palabra no está en nosotros». En griego, la frase *no hemos pecado* está en tiempo perfecto. Por lo general este indica una acción realizada en el tiempo pasado, pero cuyos resultados continúan en el presente. Por lo tanto, sería mejor traducir el versículo así: «Si decimos que hemos llegado a un estado, o hemos tenido una experiencia, en que ya no podemos pecar o no pecamos más, hacemos a Dios mentiroso [porque él nos ha proporcionado una limpieza continua por medio de la sangre de Cristo, hecho que evidentemente implica que la necesitamos, y nosotros decimos que no la necesitamos]».

13 Albert L. Hoy, «Santificación», *Paraclete* 15, septiembre a noviembre de 1981, p. 7.

Capítulo 10
La iglesia y su misión

1 La palabra se deriva de *ek*, «fuera de», y *kaleo*, «llamar». Pero en la Biblia se usa para referirse a una asamblea: Es el uso, no la etimología, el que determina el significado de una palabra. El Nuevo Testamento muestra que este vocablo dejó de usarse en el sentido de «llamados afuera» o «convocados». Así que la mejor traducción es «asamblea».

2 Véase *The New Testament Greek-English Dictionary, Delta-Epsilon*, The Complete Biblical Library, Springfield, MO, 1990, p. 336.

3 Stanley M. Horton, *El Espíritu Santo revelado en la Biblia*, Editorial Vida, Deerfield, 1984.

4 El idioma griego tiene otra palabra, *hieron*, para referirse a todo el recinto del templo, con todos sus edificios y atrios.

5 Más adelante, los rabinos llamaron a esta gloria la *shekinah*, palabra derivada de la voz hebrea *shakan*, «habitación, morada».

6 Nótese que Cristo es el único a quien acudimos. Él, y no Pedro, es la «roca» sobre la cual se edifica la iglesia (Mateo 16:18). Nótese además que en 1 Pedro 2:8 la palabra «piedra» (en griego, *lithos*) es similar a «roca» (en griego, *petra*), que es la palabra empleada en Mateo 16:18.

7 Pedro puede mezclar estas metáforas porque en la Biblia la iglesia es siempre un «pueblo».

8 Debe prestarse atención al hecho de que, donde Marcos y Lucas se refieren a «el reino de Dios», Mateo, como escribe para los judíos, habla en el mismo contex-

to de «el reino de los cielos». Ambas expresiones son sinónimas. En los tiempos del Nuevo Testamento, los judíos preferían evitar el nombre de Dios por miedo de tomarlo en vano.

9 *Where We Stand*, Gospel Publishing House, Springfield, MO, 1990, pp. 185-186, 187, 189, 190.

10 Stanley M. Horton, *The Book of Acts*, Gospel Publishing House, Springfield, MO, 1981, p. 13.

11 *The Westminster Larger Catechism*, Presbyterian Committe of Publication, Richmond, 1939, p. 162.

12 Myer Pearlman, estimado escritor y maestro, solía decir: «Si tienes que fregar el piso, toma el trapo y di: "No te dejaré, si no me bendices"».

13 Horton, *What the Bible Says*, p 208. La palabra *charismata*, «dones», sí se emplea en 1 Corintios 12:4, 9, 28, 30-31; 14:1.

14 John Owen, *The Holy Spirit*, Sovereign Grace Publishers, Grand Rapids, 1971, pp. 208-209.

15 David Lim, *Spiritual Gifts: A Fresh Look*, Gospel Publishing House, Springfield, MO, 1991, p, 71.

16 Véase, por ejemplo, Hechos 6:1-7; 10:47; 15:13-21; 16:35-40.

17 Donald Gee, *Spiritual Gifts in the Work of the Ministry Today*, Gospel Publishing House, Springfield, MO, 1963, p. 29.

18 Lim, *Spiritual Gifts*, pp. 74-75.

19 Horton, *What the Bible Says*, pp. 277-279.

20 Ibíd., p. 209.

21 Ibíd., p. 210.

22 Ibíd., pp. 263-264.

23 Ibíd., p. 282.

24 Véase «Las obras de la carne y el fruto del Espíritu» en *Biblia de estudio pentecostal*, Editorial Vida, Deerfield, 1995, p. 1678.

25 Ernest Swing Williams, *Systematic Theology*, t. 3, Gospel Publishing House, Springfield, MO, 1953, p. 107.

Capítulo 10

Capítulo 11
El ministerio

1 Escogieron a Matías para que tomara el lugar de Judas debido a que este había perdido su oficio; pero cuando el apóstol Jacobo fue muerto, no escogieron a nadie para que tomara su lugar. Él estará entre los doce que regirán a las tribus de Israel en el milenio (Mateo 19:28; Lucas 22:30). La Biblia no da indicios de ningún apóstol, a excepción del apóstol Pablo, que no fuera comisionado por Jesús antes de su ascensión.

2 Véase Hechos 14:23, donde la palabra *constituyeron* proviene de la voz griega *xeirotonesantes*, que significa literalmente «dirigir una elección que se efectúa levantando las manos».

3 La figura se toma de la antigua costumbre de los conquistadores que tomaban cautivos, los hacían esclavos y los daban como dones a sus amistades. Jesús, el que ascendió al cielo, tomó cautivos para sí y los dio como dones a la iglesia. Nótese como Pablo se llama a sí mismo siervo, literalmente «esclavo» (en griego, *doulos*) de Jesucristo (Romanos 1: 1; Filipenses 1:1).

4 Junias es un nombre femenino en griego.

5 Stanley M. Horton, *El Espíritu Santo revelado en la Biblia*, Editorial Vida, Deerfield, 1984.

6 Nótese como Pablo defiende su apostolado en 1 Corintios 15:8-10; 2 Corintios 12:12; Gálatas 1:1, 12, 16; 2:8.

7 Véase los requisitos prescritos para la elección de un sustituto de Judas (Hechos 1-21-22).

8 Este uso de la palabra *sacerdote* es ajeno a la Biblia y desvía la atención de la palabra neotestamentaria (*hiereus*) que se usa en Apocalipsis 1:6; 5:10; 20:6.

9 Véase «The Assemblies of God View of Ordination» en *Where We Stand*, Gospel Publishing House, Springfield, MO, 1990, pp. 87-99.

10 En 1 Timoteo 3:11, «mujeres» es la traducción de la palabra griega *gunaikas*, que se refiere simplemente a personas del sexo femenino; por lo tanto, este versículo es un paréntesis que presenta requisitos adicionales para las diaconisas.

11 Véase «Deacons and Trustees» en *Where We Stand*, pp. 77-82.

12 El moderno movimiento «pastoral» ha caído en la misma trampa al establecer otro sacerdocio entre el creyente y Dios.

13 Véase «Assemblies of God View» en *Where We Stand*, pp. 87-99.

Capítulo 12
La sanidad divina

1 Véase Hugh Jeter, *By His Stripes*, Gospel Publishing House, Springfield, MO, 1977, p. 25.

2 Véanse Génesis 47:30; Deuteronomio 31:16; 1 Reyes 1:21; Job 14:13-15; Daniel 12:2; Hebreos 11:19, 35.

3 Platón registra las palabras de Sócrates, quien habló de ser «sepultado en esto que llevamos a todas partes con nosotros y que llamamos cuerpo, en el cual estamos presos como una ostra en su concha» (Phoedrus, 250c). *Platón*, t. 1, trad. Harod N. Fowler, Harvard University Press, Cambridge, MA, 1914, p. 485.

4 En hebreo se usa la palabra cordero para referirse a un macho cabrío joven o a una oveja joven. En este caso, la ofrenda por el pecado exigía un macho cabrío.

5 El material anterior se adaptó de *Where We Stand*, Gospel Publishing House, Springfield, MO, 1990, pp. 47-50.

6 *Enfermedades* es la misma palabra que se usa para referirse a la enfermedad física en 2 Crónicas 16:12; 21:15, 18-19; Isaías 38:9. *Dolores* es la misma palabra que se usa para referirse al dolor físico en Job 33:19.

7 *Where We Stand*, p. 45.

8 Jeter, *Stripes*, pp. 57-59. Véase también Joseph Pohle, *The Sacraments*, t. 4, ed. Arthur Preuss, B. Herder Book Co., St. Louis, 1945, pp. 1-2, 44-45.

9 El Concilio Vaticano II ha cambiado el nombre «extremaunción» por el de «unción de los enfermos».

10 Véanse Mateo 9:32-33; 12:22; 17:14-16; Marcos 9:20-22; Lucas 13:11, 16. Los demonios pueden posesionarse de los cuerpos de los incrédulos e incluso usar sus voces para hablar (Marcos 5:15; Lucas 4:41; 8:27-28; Hechos 16:18).

11 *Where We Stand*, pp. 19-20.

12 Para un estudio bíblico de toda la materia sobre la actividad y posesión demoníaca, véanse Opal L. Reddin, ed. *Enfrentamiento de poderes*, Editorial Vida, Deerfield, 1994; «Can Born-Again Believers Be Demon Possessed?» en *Where We*

Stand, pp. 15-23, y «Poder sobre Satanás y los demonios» en *Biblia de estudio pentecostal*, Donald C. Stamps, ed., Editorial Vida, Deerfield, 1995, p. 1354.

13 *Where We Stand*, p. 23.

14 Véase Gordon Wright, *In Quest of Healing*, Gospel Publishing House, Springfield, MO, 1984, pp. 88-98.

15 Gran parte del material precedente se adaptó de *Where We Stand*, pp. 50-54.

16 Para un estudio más amplio sobre este asunto véase Wright, *In Quest*, pp. 115-136.

17 Véase «Hindrances to Healing» y «Earnestly Contend for the Faith» en Jeter, *By His Stripes*, pp. 92-99, 189-195; y «Divine Healing» en *Study Bible*, pp. 20-21; Wright, *In Quest*, pp. 137-159.

Capítulo 13
La esperanza bienaventurada

1 Nathan R. Wood, de una conferencia dada en Gordon Divinity School, Boston, MA, 1944.

2 Cuando Jesús dijo: «Consumado es» (Juan 19:30), quiso decir que con sus sufrimientos y su muerte pagó el precio total de nuestra redención. Pero nosotros todavía no tenemos la plenitud de nuestra salvación y herencia. Eso está por ocurrir, cuando Cristo regrese (Romanos 13:11; 8:23; Hebreos 9:28). La victoria de la cruz tiene aspectos que ya están a nuestra disposición. Pero hay otros aspectos de dicha victoria que «todavía» no son nuestros.

3 *Bema*, la palabra griega que aparece en 2 Corintios 5:10, la emplean a menudo los teólogos para hacer distinción entre este juicio y el que se hará ante el gran trono blanco de Apocalipsis 20:11.

4 Para un estudio más amplio, véase Donald C. Stamps, ed., *Biblia de estudio pentecostal*, Editorial Vida, Deerfield, 1995.

5 La palabra griega que se usa aquí es el pasivo futuro de *harpazo*, el cual se emplea para describir a los ladrones que se apoderan del producto de sus pillajes y a las águilas que arrebatan sus presas, y en el Nuevo Testamento, para referirse al arrebatamiento de Pablo al tercer cielo (2 Corintios 12:2). Esta palabra se tradujo al latín por *raptus*, de donde se deriva nuestra palabra castellana *rapto*. De esta manera, ser arrebatado se podría traducir por «ser raptado»; así nuestra palabra «rapto» se convierte en un vocablo legítimo para designar este aconte-

cimiento que la Biblia ha profetizado. Véase Stanley M. Horton, *It's Getting Late*, Gospel Publishing House, Springfield, MO, 1975, p. 49.

6 Véase S. M. Horton, «One Is Taken; One Is Left», *Pentecostal Evangel*, 15 de septiembre de 1973, p. 6.

7 Véase Stanley M. Horton, «I Believe in the Pre-Tribulation Rapture», *Pentecostal Evangel*, 2 de Julio de 1989, pp. 8-9; «Counted Worthy to Escape», *Pentecostal Evangel*, 15 de agosto de 1976, pp. 6-7.

8 Gran parte del material se ha adaptado de Horton, *Getting Late*, pp. 50-54.

9 El contexto de 1 Tesalonicenses 5:9 muestra que la ira es lo que viene después del arrebatamiento, es decir, durante la tribulación.

10 Horton, «Pre-Tribulation Rapture», pp. 8-9.

11 Horton, *Getting Late*, p. 69.

12 Ibíd., pp. 69-70.

13 Stanley M. Horton, *The Ultimate Victory*, Gospel Publishing House, Springfield, MO, 1991, pp. 184-186.

14 Véase Stanley M. Horton, *Ready Always*, Gospel Publishing House, Springfield, MO, 1974, pp. 111-113.

15 Como Pedro está preocupado por el juicio sobre los falsos maestros, pasa por encima del tiempo del arrebatamiento y del milenio hasta el tiempo del juicio final, todo lo cual ocurre en el «día del Señor», que en sí constituye todo el período más bien que un día de veinticuatro horas.

16 No «antes» del día del Señor. La palabra primero significa prioridad en el mismo día y no antes de dicho día. Véase Horton, *Getting Late*, pp. 100-101.

17 Ibíd., pp. 94-101. Véase además *Study Bible*, pp. 445-446.

18 Véase «The Rapture of the Church» en *Where We Stand*, Gospel Publishing House, Springfield, MO, 1990, pp. 125-130.

Capítulo 14
El reino milenario de Cristo

1 Véase Stanley M. Horton, «I Believe in the Pre-Tribulation Rapture», *Pentecostal Evangel*, 2 de Julio de 1989, pp. 8-9; Stanley M. Horton, «Counted Worthy to Escape», *Pentecostal Evangel*, 15 de agosto de 1976, pp. 6-7.

2   La palabra *milenio* viene de las voces latinas *mille*, «mil», y *annus*, «año».

3   Véase Stanley M. Horton, *The Ultimate Victory: An Exposition of the Book of Revelation*, Gospel Publishing House, Springfield, MO, 1991, pp. 281-284.

4   El prefijo *pos* significa «después de». Es decir, los que sustentan esta doctrina creen que el regreso de Cristo será después de este «milenio».

5   Agustín, obispo de Hipona, ciudad del norte de África, 396-430 d.C., fue probablemente uno de los principales promotores de esta clase de posmilenarismo, aunque también la sostienen los amilenaristas.

6   A veces es difícil distinguir entre los posmilenaristas y los amilenaristas. Ambos comparten muchas de sus enseñanzas y espiritualizan excesivamente las Escrituras.

7   Entre ellos están los que sostienen doctrinas como el «Reino ahora», el «Restauracionismo» y la «Teología del dominio». Véase L. Thomas Holdcroft, «Is the Kingdom Now?», *The Pentecostal Minister*, septiembre a noviembre de 1988, pp. 15-19.

8   Los premilenaristas creen que Jesús volverá antes del milenio.

9   Véase William L. Holladay, *A Concise Hebrew and Aramaic Lexicon of the Old Testament*, Wm. B. Eerdmans Pub. Co., Grand Rapids, 1971, p. 156.

10 Lo anterior se adaptó de Ernest Swing Williams, *Systematic Theology*, t. 3, Gospel Publishing House, Springfield, MO, 1953, pp. 235-236.

11 Horton, *Ultimate Victory*, pp. 293-298. Véanse además Salmo 2:8; 24:7-8; Isaías 9:7; 11:6-16; 35:1-2; 61:3; Ezequiel 40—48; Daniel 2:44; Oseas 1:10; 3:5; Amós 9:11-15; Miqueas 4:1-8; Zacarías 8:1-9; Mateo 8:11; 19:28; Hechos 15:16-18; Apocalipsis 2:25-28; 11:15.

Capítulo 15
El juicio final

1   Es decir, supusieron que debía haber un lugar para los justos en el Seol, ya que Jacob había hablado de ir allí y suponía que su hijo ya estaba en ese lugar. Pero como Jacob «no quiso recibir consuelo» (Génesis 37:35) y no se consigna que más adelante hubiera buscado a Dios sino hasta después de recibir la noticia de que su hijo José estaba vivo, es probable que él pensara que el Seol era el juicio de Dios sobre ambos.

2   Gehenna es el nombre arameo del valle de Hinom, al sur de Jerusalén. El rey
    Acaz lo convirtió en un lugar de adoración idólatra (2 Crónicas 28:3; véanse
    2 Crónicas 33:6; Jeremías 7:31; 32:35). Por lo tanto, el rey Josías, entre sus refor-
    mas, lo contaminó, convirtiéndolo en un vertedero de basura y desperdicios, un
    sitio abominable. Jesús se refirió a este como un tipo del lugar de castigo eterno
    (Mateo 25:46; Marcos 9:47-48; cf. Apocalipsis 14:11).

3   Pablo identifica al tercer cielo (donde está el trono de Dios) con el paraíso. Véase
    el capítulo 16. La palabra paraíso, que proviene de la voz griega *paradeísos*, y
    esta última de una palabra persa que significa «parque cercado», se emplea en
    el Nuevo Testamento solo para referirse al lugar de bienaventuranza en el cielo.

4   Véase James Oliver Buswell, *A Systematic Theology of the Christian Religion*, t. 2,
    Zondervan Publishing House, Grand Rapids, 1962, pp. 417-423.

5   Stanley M. Horton, *The Ultimate Victory: An Exposition of the Book of Revelation*,
    Gospel Publishing House, Springfield, MO, 1991, p. 301.

6   Ibíd., p. 303.

7   Horton, *Utimate Victory*, p. 336.

Capítulo 16
Los cielos nuevos y la tierra nueva

1   En el v. 2, Pablo habla de «un hombre» para suavizar la idea de gloriarse (v. 1).
    Pero en el v. 7 pone en claro que ese «hombre» fue en realidad él mismo

2   «Pedro, sin embargo, no entra en todos los detalles que acompañarán y segui-
    rán el regreso de Cristo. Todos son parte del día del Señor que antecederán al
    juicio final. Por lo tanto, Pedro se adelanta a sacar una lección de este juicio».
    Stanley M. Horton, *Ready Always*, Gospel Publishing House, Springfield, MO,
    1974, p. 115.

3   Algunos dicen que 2 Pedro 3:10 significa simplemente una reordenación de los
    elementos; sin embargo, el v. 11 dice que todo será destruido y esto mismo se
    enfatiza en el v. 12.

4   Algunos de los materiales de este capítulo fueron adaptados de *Ready Always*,
    pp. 117-125, y *Ultimate Victory*, pp. 307-340 de Horton.